Dichter über ihre Dichtungen

Band 10/II

Verantwortliche Herausgeber
Rudolf Hirsch
und Werner Vordtriede

Heimeran

Henrik Ibsen

Teil II

Übertragen und herausgegeben
von
Verner Arpe

Heimeran

Kristiania, den 6 Januar 1895.

Herr dr. Aug. Arppe,
            Helsingfors.

Jeg takker Dem forbindtligst for Deres venlige skrivelse, hvoraf jeg med glæde erfarer at såvel det svenske som det finske teater i Helsingfors kommer til at opføre mit nye skuespil "Lille Eyolf".

Det mig frivillig tilbudte honorar, 500 finske mark, fra begge teatrene tilsammen, vil det være mig en ære at modtage.

Med udmærket højagtelse tegner jeg mig

            Deres særdeles forbundne
                Henrik Ibsen.

Mit freundlicher Genehmigung
der Königlichen Bibliothek Stockholm

Werke und Fragmente

Stützen der Gesellschaft
(Samfundets støtter)
Schauspiel in vier Akten

Abgeschlossen: 15. Juni 1877 in München
Erstdruck erschienen: 11. Oktober 1877 in Kopenhagen
Uraufführung: 14. November 1877 in Odense

Ibsen an Frederik Hegel   Dresden, 14. Dezember 1869
Ich gehe mit dem Plan zu einem neuen zeitgenössischen Drama in
drei Akten um.[1] Wahrscheinlich werde ich es in die nächste Zukunft verlegen.   (HI XVI, 261)

Ibsen an Johan Herman Thoresen   Dresden, 17. Dezember 1869
Ich arbeite schon an dem Entwurf zu einem neuen Gegenwartsschauspiel; im Laufe des Winters hoffe ich es fertig zu haben.
                                             (HI XVI, 263)

Ibsen an Frederik Hegel   Dresden, 11. April 1870
Mein neues Schauspiel ist noch nicht über den Entwurf hinausge-
kommen.   (HI XVI, 288)

---

[1] Es handelt sich in diesem wie in den folgenden Zitaten jeweils um
Stützen der Gesellschaft.

Ibsen an Frederik Hegel   Dresden, 10. Oktober 1870

Meine neue Arbeit, ein Schauspiel in drei Akten, hat nun in Gedanken so weit Gestalt angenommen, daß ich in den nächsten Tagen mit der Niederschrift beginnen werde.   (HI XVI, 315)

Aufzeichnungen zum Lustspiel *Stützen der Gesellschaft* (1870)

I.

Den Grundton müssen hier die Frauen angeben, gleichsam eingeschüchtert von der männlichen Geschäftigkeit mit ihren kleinen Zwecken, die sich mit irritierender, aber auch imponierender Sicherheit breitmachen.

Die Hauptpersonen sollen sein:

1. Die alte weißhaarige Dame, die Mutter, mit klarem Sinn und stark geworden durch positive Lebenserfahrung. 2. Ihr Sohn, der Marineoffizier, der zehn Jahre in fremden Diensten gestanden hat. Ihn hat die Furcht, sein Dasein an Verpflichtungen zu binden, in die Ferne getrieben. Jetzt sucht er die Heimat mit ängstlichem Verlangen nach Ruhe. 3. Ihr anderer Sohn, der Reeder, der große Geschäftsmann, Mitglied zahlreicher Kommissionen, betraut mit vielen Ämtern. Er verhöhnte alles Ideale und äußert seinen Hohn vorwiegend seiner Frau gegenüber, weil sie ihn meistens herausfordert. 4. Dessen Frau, vor der Ehe eine gefeierte Schönheit, poetisch veranlagt, aber verbittert und unbefriedigt, mit Ansprüchen, die irgendwie übertrieben sind oder es doch zu sein scheinen. 5. Ihre Schwester, noch nicht mit sich selbst im klaren, aufgewachsen in stiller Bewunderung für den Abwesenden. 6. Deren Vater, alter Kapitän, später Kaufmann, begrenzter Horizont, aber mit Humor. – Um diese gruppieren sich die übrigen: Junge Mädchen voller Lebenslust und Wünsche, jedoch gedämpft und zurückgehalten durch die kleinen und engen Verhältnisse. Junge Männer, unsicher, jung, zwischen Leben und Beruf stehend. Ein junger Bevollmächtigter, Kandidat, verlobt mit der Schwester. Der Marineoffizier ist in sie verliebt. Seine Mutter dazwischentretend. Eine Schuld gegen die andere fordert Versöhnung. Eine Mutter darf nicht in ihrem Tun

durch eine naheliegende Frage gestört werden. Er überwindet die Vorurteile. Die Frau wird frei, aber er besiegt sich selbst, indem er seinem Nebenbuhler die Augen öffnet. Er reist weg. Die Mutter: »Liebe Kinder, es gibt nur einen vollen Sieg in der Welt – den Sieg über sich selbst!« – *[Durchgestrichen: Die Mutter (lächelt): Liebes Kind, weißt du, was der größte Sieg ist? Sie: Nein? Was ist der größte Sieg? Die Mutter: Der Sieg über sich selbst –]* Zu diesen Personen kommen hinzu: Der Freund des Kaufmanns, der alte ehemalige Schiffer, seine Töchter gehören zu den jungen Mädchen. Unter den Nebenpersonen befinden sich ein paar Beamte, die nichts zur Hebung der Gesellschaft beitragen. Das Kleinstadtleben hat sie frühzeitig abgestumpft.

Die Mutter: Ach, liebe Kinder, es gibt nur einen wirklichen Sieg in der Welt. Sie: Was ist das für ein Sieg? Die Mutter: Ja, kannst du's nicht erraten?

Oder: Die Mutter: Er hat gesiegt, wie er soll. Sie: Er? Er hat doch verloren. Die Mutter: Liebes Kind, gerade das ist der schönste Sieg. Der Marineoffizier hat durch seine Heimkehr in kurzer Zeit Leben in die kleine Stadt gebracht. Besonders in die junge Damenwelt und überhaupt in die Jugend. Daß die anständigen Bürgerkreise daran Anstoß nehmen, ist natürlich. Man hat eine große Reittour unternommen und damit Ärgernis erregt, jetzt ist eine große Segelfahrt im Gange, mit dem neuen Kutter des Marineoffiziers an der Spitze. Alle Schiffe beflaggt, abends Ball, nachts nach Haus mit Lampen und Musik. Damen und Herren im Seemannskostüm. Rasende Opposition seitens der Bürger, aus Scherz wird Ernst. Dahinter steckt eine Bedeutung, etwas Symbolisches: die Loslösung von Brauch und Sitte. Ein neues freies und schönes Leben. Darum dreht sich das Stück. Die Sache und die Interessen beleuchtet von allen Seiten.

II.

13. Oktober 1870

Nach vielen Jahren ist er heimgekehrt und stellt nun die kleine Stadt auf den Kopf. Ein Abenteurer ist er immer gewesen. Widersprüche im Charakter. Ruhe, Ruhe! Er ist müde. Dann wieder lustige Streiche. Eine große Reittour mit allen jungen Damen der Stadt wird arrangiert. Das erregt viel Ärgernis. Im letzten Augenblick sind die meisten ausgeblieben, nur die nächsten Familienmitglieder mit einigen anderen haben teilgenommen. – Der ältere ehrenwerte Bruder mit den vielen Vertrauensposten ist höchst peinlich berührt wegen all des Geredes, dem sein Haus ausgesetzt ist. Ein dämonischer Zug von Ruhe liegt in diesem Charakter. – Die Mutter mit dem hübschen graugelockten Haar unter der Spitzenhaube. – Die Ehefrau phantastisch ungeduldig. – Die Schwester mit der starken, gesunden, tiefen Seele und dem bewahrten Geheimnis. – Das Pflegekind von 16 Jahren, voller Phantastereien und Erwartungen.

Aufzeichnungen 1875–1877

I.
Erster Akt
Ein offenes Gartenzimmer im Haus des »großen Industriellen«. Die Damen der Stadt sind versammelt, beschäftigt mit Handarbeiten zum Besten der »moralisch Verderbten«. Der Adjunkt hat den Damen etwas aus einem erbaulichen Buch vorgelesen. Im Hintergrund der Fabrikbesitzer in Geschäftsbesprechungen mit vermögenden Herren der Stadt und Umgebung. Heftiger Auftritt mit Valborg, die es hier unerträglich findet und nach Haus zu ihrer Mutter will. Der Großkaufmann kommt herein, triumphierend, weil die neue Eisenbahn offenbar durchgesetzt werden kann. Im Gespräch fallen aufklärende Äußerungen über vorausgegangene Ereignisse. »Der alte Dachs« kommt und meldet die Schiffshavarie. Wer ist der Kapitän? Ankunft des Dampfschiffs [im Fjord]. Der Kapitän kommt, wird erkannt. Olaf aus der Schule, erzählt, daß Tante Lone mit dem Schiff gekommen ist. Allgemeine Überraschung und gemischte Stimmung. Sie erscheint am Gartentor, als gerade der Vorhang fällt.

Zweiter Akt
Die Heimgekehrten stellen in der Stadt allerlei auf den Kopf. Gerüchte über den großen Reichtum des Kapitäns und über den früheren Skandal mit Valborgs Mutter. Der Adjunkt denkt allmählich

an eine Verlobung mit Valborg. Beginnende Zusammenstöße zwischen dem Fabrikbesitzer und dem Kapitän.

Dritter Akt
Bei der Reparatur des Schiffes kommt man hinter Mißlichkeiten. Die Verlobung wird erklärt und gefeiert. Der Kapitän beschließt, das Land zu verlassen. Neue Mitteilungen von der Werft. Der Fabrikbesitzer im Zweifel, vorläufig soll Schweigen bewahrt werden.

Vierter Akt
Heimliches Einverständnis zwischen dem Kapitän und Valborg. Die Eisenbahnanlage gesichert. Große Huldigungen. Olafs Flucht mit Auswanderern. Spannende Schlußkatastrophe.

Personen:
Großkaufmann Bennick, Wald- und Fabrikbesitzer
Frau Bennick, seine Frau
Frau Oberst Bennick, seine Mutter
Margrete, ihre Tochter
Mads Tønnesen, Reeder und Baumeister
Emil [geändert in: Hilmar] Tønnesen, sein Sohn
Adjunkt Rørstad
Madam Dorf, ehemalige Schauspielerin
Dina, ihre Tochter
Fräulein Hassel
Kapitän John Tennyson
Lehrer Evensen

II.
Erster Akt
Einleitungsszene. Bernicks viele Pläne in Andeutungen. Das frühere weltliche Leben in der Stadt. Lone Hassels Abreise. Die Damen auf die Gartentreppe, um ihren Vormittagskaffee zu trinken. Wortwechsel zwischen dem Adjunkten und Dina, die am Abend vorher heimlich ihre Mutter besucht hat. Hilmar Tønnesen kommt. Herr Bernick und der alte Tønnesen von links zusammen mit einigen führenden Männern der Stadt, alle unfreiwillig beeindruckt von Bernicks Plan, eine [neue] Eisenbahn zustandezubringen. Große

13

Auseinandersetzung zwischen den Standpunkten. Bernick entwikkelt seine überlegene Ansicht und die Verpflichtung des einzelnen
gegenüber der Gesellschaft. Ankunft des Dampfschiffes. Olaf
kommt mit Fräulein Hassel, die erzählt, daß Kapitän John Tennyson mit an Bord ist [geändert in: war].

Zweiter Akt

Bernicks Garten, dahinter die Straße mit Häuserreihen. Dina im
Garten. Hilda und Netta kommen die Straße herauf, fragen nach
dem Amerikaner. Abenteuerliche Gerüchte im Schwang. Bernick
und Knap von vorn links. Der Zimmermann soll geholt werden,
Knap ab durch das Gartentor. Kaufmann Sandstad geht vorbei.
Gespräch mit B. – Gerüchte über den Ankauf aller großen Landeigentümer im Hochland seitens einer englischen Gesellschaft.
Sandstad ab. Der alte Tønnesen kommt mit beiden Söhnen. Die
drei die Gartentreppe hinauf zu den Damen. Bernick und der Zimmermann Aune. Dieser ab. Die Vorigen zurück mit allen Damen
und dem Adjunkten nebst Fräulein Hessel. Der Adjunkt erklärt
sich gegenüber Dina.
Die Frauen R. und H. spekulieren für ihre Töchter zuerst auf den
Adjunkten, nach dessen Verlobung legen sie es auf den Amerikaner
an.

III.

Stützen der Gesellschaft
Erster Akt

Einleitungsszene: Der Damenverein versammelt im Haus des Großkaufmanns. Der Adjunkt anwesend.
Hilmar Tønnesen kommt. Dina nach dem Kaffeeklatsch. Die Damen allmählich auf den Balkon.
Der alte Tønnesen kommt. Er und Hilmar ab.
Der Großkaufmann und die Kaufleute kommen, die letzteren ab.

IV.

Erster Akt (Zimmer beim Großkaufmann)

Das Verhältnis [die Beziehung] zu Aune vorbereitet. Versammlung der Damen. Dina und der Adjunkt. Hilmar, danach der alte
Tønnesen. Der Großkaufmann und die Prominenz der Stadt. Die

Eisenbahnangelegenheit. Der Bericht des Großkaufmanns. Heimkehr des amerikanischen Kapitäns und des Fräulein Hessel usw.

Zweiter Akt (Garten des Großkaufmanns)
Der Großkaufmann und seine Frau im Garten. Danach die Damen. Aune degradiert. Gerüchte von den großen Landerwerbungen in den Distrikten. Der Adjunkt kommt. Der alte Tønnesen mit beiden Söhnen. Lona Hessel. Johan und die Million. Zusammenstoß. Der Adjunkt erklärt sich Dina.

Dritter Akt (Strandpromenade)
Johan, Olaf und die jungen Mädchen nebst Martha. Johan und Martha, Erklärung zwischen ihnen. Johan und der Großkaufman. Die alten Geschichten werden berührt. Der Bevollmächtigte vertraut dem Großkaufmann seine Beobachtungen auf der Werft an. Der Großkaufmann will selbst Beobachtungen anstellen. Das große ländliche Fest wird beschlossen. Schwierigkeiten mit der Eisenbahn. –

Vierter Akt (Im Lustwald)
Das große ländliche Fest findet statt. Viele Menschen aus der Stadt und Umgebung. Der Großkaufmann im Begriff, Aune anzuzeigen. Johan droht, Jugendgeschichten zu offenbaren.

V.
Zweiter Akt

1. Der Großkaufmann und der Bevollmächtigte Krap. (Dieser links ab.)
2. Kaufmann Sandstad und der Großkaufmann. (Sandstad ab.)
3. Der Großkaufmann und Frau Bernick, später Dina.
4. Die Vorigen. Frau Rummel und Frau Holt.
5. Die Vorigen und der Adjunkt.
6. Die Vorigen, John Tennyson.   (HI VIII, 154 ff)

Ibsen an Frederik Hegel   Dresden, 20. Februar 1875
Mitte April werde ich meinen Wohnsitz nach München verlegen, weil Dresden jetzt der ungefähr teuerste Aufenthaltsort in ganz Deutschland geworden ist und deshalb so gut wie ganz ohne

Fremde. Ich habe in dieser Zeit den Plan zu einem neuen Gegenwartsschauspiel in fünf Akten entworfen, das ich hoffentlich im Sommer schreiben kann. Ich freue mich sehr, an diese Arbeit heranzugehen, die lange meine Gedanken beschäftigt hat und nun endlich gereift ist. (HI XVII, 168)

Ibsen an Frederik Hegel   Kitzbühel, 22. August 1875
Von meinem hiesigen Sommeraufenthalt zwischen den Bergen will ich Ihnen heute ein paar Zeilen senden und kann Ihnen da zunächst berichten, daß ich nun den ganzen Plan zu dem fünfaktigen Schauspiel aus der Gegenwart vollständig ausgearbeitet habe. Ich habe schon lange daran gedacht, es zu schreiben und werde es im Laufe des Winters ausführen, sofern nichts Unvorhergesehenes eintrifft.
(HI XVII, 197)

Ibsen an Georg Brandes   Kitzbühel, 16. September 1875
Es ist mir unmöglich, für das Oktoberheft[2] einen Beitrag zu liefern. Gerade jetzt habe ich nämlich eine größere dramatische Arbeit im Kopf, und das schließt notwendiger Weise die Beschäftigung mit allem anderen aus. Ende des Monats kehre ich nach München zurück und beginne dann ernstlich zu schreiben.   (HI XVII, 201 f)

Ibsen an Frederik Hegel   München, 23. Oktober 1875
Mit meiner neuen Arbeit geht es rasch vorwärts. In ein paar Tagen habe ich den ersten Akt fertig, und der ist immer der schwierigste für mich. Der Titel wird heißen *Stützen der Gesellschaft,* Schauspiel in fünf Akten. Diese Arbeit kann man in einer Weise als ein Gegenstück zum *Bund der Jugend* betrachten, denn sie wirft einige bedeutungsvolle Fragen unserer Zeit auf. Das soll jedoch vorläufig unter uns bleiben. Späterhin will ich gern, daß es bekannt wird, weil ich glaube, daß etwas Gerede im voraus beim Publikum zum besseren Absatz beiträgt. (HI XVII, 204)

2 der Zeitschrift »Das 19. Jahrhundert«.

Ibsen an Frederik Hegel   München, 10. Dezember 1875
An meinem neuen Stück *[Stützen der Gesellschaft]* arbeite ich
täglich, denn ich habe ja nun doppelten Anlaß,[3] das Manuskript so
schnell wie möglich zu liefern.   (HI XVII, 209]

Ibsen an Nils Lund   München, 25. Januar 1876
Ich bin zur Zeit mit einem Gegenwartsschauspiel in fünf Akten beschäftigt und werde hoffentlich in ein paar Monaten damit fertig
sein.   (HI XVII, 212)

Ibsen an Edvard Stjernström   München, 27. Januar 1876
Außerdem kann ich Dir anvertrauen, daß ich zur Zeit an einem
neuen fünfaktigen Schauspiel aus unserem nordischen *Gegenwartsleben* schreibe und daß ich hoffe, damit im Mai fertig zu sein.
                                                  (HI XVII, 215)

Ibsen an Frederik Hegel   München, 5. Februar 1876
An meinem neuen Stück arbeite ich ununterbrochen.(HI XVII, 216)

Ibsen an Johan Herman Thoresen   München, 6. Februar 1876
Von hier ist nichts sonderlich Neues zu berichten. Doch will ich Dir
mitteilen, daß ich zur Zeit an einem neuen Schauspiel aus der Gegenwart arbeite. [...]   (HI XVII, 217)

Ibsen an August Rasmussen   München, 26. Februar 1876
Mit verbindlichstem Dank für die mit Ihrem sehr geehrten Schrei-
ben vom 17. ds. als Honorar für die *Nordische Heerfahrt* übersandten 100 Kronen beehre ich mich, Ihnen mitzuteilen, daß die
Arbeit, mit der ich zur Zeit beschäftigt bin, ein Schauspiel in fünf
Akten umfaßt, das Verhältnisse unseres modernen Lebens behandelt
und für die Bühne gedacht ist. Wahrscheinlich wird es im Laufe des
Sommers gedruckt, kommt aber erst gegen Weihnachten in den
Buchhandel. Sowie ich im Besitz eines gedruckten Exemplares bin,
werde ich Ihnen – wie auch den übrigen nordischen Theatern –
mit Vergnügen eins zustellen. Das Stück erfordert ein ziemlich großes Personal, wird aber in Bezug auf Dekorationen, Kostüme und
andere Ausstattung keine Schwierigkeiten bereiten.(HI XVII, 221 f)

3 Große Ausgaben für die Einrichtung einer eigenen Wohnung.

Ibsen an Frederik Hegel   Kaltern, 15. September 1876
Während der Erledigung all dieser Angelegenheiten habe ich die
Fertigstellung meines neuen Schauspiels unterbrechen müssen. Aber
sobald ich Anfang nächsten Monats wieder in München bin, ist es
meine Absicht, die letzte Hand daran zu legen, obwohl es unleugbar nicht sehr verlockend ist, für die Theater zu Hause[4] zu schreiben.   (HI XVII, 234)

Ibsen an Frederik Hegel   München, 9. Februar 1877
Mein neues Stück mache ich im Sommer fertig und sende Ihnen
dann das Manuskript sobald wie möglich. Wahrscheinlich kommt
es gleichzeitig auf deutsch heraus.   (HI XVII, 251 f)

Ibsen an Bendix Edvard Bendixen   München, 30. März 1877
Mein neues Schauspiel ist nun bald fertig und wird im Laufe des
Sommers gedruckt werden, wonach es Ihnen unmittelbar zugesandt
werden wird. Es erfordert allerdings ein ziemlich großes Personal.
                                                  (HI XVII, 254)

Ibsen an Frederik Hegel   München, 20. April 1877
Mein neues Schauspiel nähert sich endlich mit raschen Schritten der
Vollendung. Es besteht aus vier Akten und wird ungefähr 180
Druckseiten umfassen – kaum weniger, vielleicht etwas mehr. Die
Reinschrift werde ich Ihnen in Partien zusenden, falls Sie den
Druck schon um Mittsommer beginnen wollen. Erscheinen sollte
das Stück wohl erst in den letzten Monaten dieses Jahres. Den
Theatern will ich es natürlich anbieten, und ich bezweifle nicht,
daß es auch in Kopenhagen angenommen wird. Aber die Aufführung wird wohl auch diesmal so lange auf sich warten lassen, daß
wir die Druckausgabe nicht zurückhalten können, bis das Stück
auf die Bühne gebracht worden ist. Unter allen Umständen sollte
es doch vor Weihnachten im Buchhandel sein.   (HI XVII, 258)

Ibsen an Frederik Hegel   München, 24. Juni 1877
Heute will ich einen freien Augenblick benutzen, um Ihnen mitzuteilen, daß ich am 15. ds. mit meinem neuen Stück fertig geworden

4 In Norwegen.

18

bin und daß ich jetzt mit der Reinschrift in vollem Gange bin. Das Manuskript macht 164 Seiten aus, aber bei der Abschrift kommen ja immer wieder neue Repliken hinzu, und da ich außerdem ein ziemlich großes Format benutze, bin ich beinahe sicher, daß das Buch ungefähr 12 Druckbogen umfassen wird. Mit Rücksicht auf das Königliche Theater in Stockholm, das nur auf Umwegen gedruckte Stücke honorieren kann, bin ich vielleicht gezwungen, *zwei* Abschriften anzufertigen und ich schicke Ihnen deshalb vorläufig keine. Später werde ich Ihnen das Manuskript nach und nach zustellen. Falls Sie eine Mitteilung an die Buchhändler verschicken wollen, will ich hier nennen, daß das Stück *Stützen der Gesellschaft* heißt, ein Schauspiel in vier Akten. (HI XVII, 263)

Ibsen an Frederik Hegel München, 29. Juli 1877
Hiermit habe ich das Vergnügen, Ihnen die ersten vier Hefte des Manuskripts von meinem neuen Stück *[Stützen der Gesellschaft]* zu senden. Nächsten Samstag oder Sonntag schicke ich Ihnen die vier folgenden und acht Tage später die letzten fünf. Das Ganze wird 13 Druckbogen ausmachen. Ich hoffe, Sie beginnen gleich nach Empfang dieser ersten Sendung mit dem Druck, damit ich die erforderlichen Exemplare den Theatern Ende August zustellen kann. [...] Es wäre mir lieb, wenn die Auflage so hoch bemessen würde, daß das Buch nicht gleich nach dem Erscheinen ausverkauft ist. Denn in den Wochen vor einer neuen Auflage erleidet der Autor einen großen Verlust durch die sinkende Kauflust und durch die Tatsache, daß viele [Leser] das Buch von Freunden und Bekannten leihen. – Ich wage zu sagen, daß dieses Stück einen großen Absatz finden wird.
[...]
Bitte, sorgen Sie dafür, daß kein Unbefugter in meinem Manuskript fingert, solange das Buch nicht im Druck vorliegt. Ich glaube mit Sicherheit sagen zu dürfen, daß wir beide mit dieser Arbeit zufrieden sein werden. Sie ist neu und in jeder Hinsicht zeitgemäß – vielleicht auch von all meinen Arbeiten am künstlerischsten komponiert. (H XVII, 264 f)

Ibsen an Frederik Hegel   München, 6. August 1877
Ich hoffe, die große Auflage wird raschen Absatz finden, aber ich
glaube bestimmt, das Buch sollte ebenso früh in Dänemark herauskommen wie in Schweden und Norwegen. Doch darüber werde ich
vielleicht Gelegenheit haben, auf meiner Durchreise mit Ihnen zu
sprechen. Anbei folgen wieder vier Hefte [Manuskript], das
nächste Mal schicke ich drei und danach die letzten beiden.
                                          (HI XVII, 265 f)

Ibsen an Frederik Hegel   München, 14. August 1877
Hiermit sende ich Ihnen wieder drei Hefte Manuskript [von *Stützen der Gesellschaft*], die letzten beiden werden unverzüglich folgen. Ich hoffe, Sie haben die vorige Sendung richtig erhalten.
                                          (HI XVII, 266)

Ibsen an Frederik Hegel   München, 19. August 1877
Morgen schicke ich Ihnen den Rest des Manuskriptes, wovon nur
die letzten anderthalb Seiten fehlen. Zur Abschrift dieses Restes
finde ich heute keine Zeit mehr, wenn dieser Brief mit der Abendpost abgehen soll, was für mich wichtig ist. [...] Die Briefe an
die Theater schicke ich Ihnen noch vor meiner Abreise von hier.
                                          (HI XVII, 266 f)

Ibsen an Frederik Hegel   München, 20. August 1877
Hiermit schicke ich Ihnen den Schluß des Manuskriptes. [...]
Ich glaube sagen zu dürfen, daß wir an diesem neuen Buch Freude
haben werden.   (HI XVII, 267)

Ibsen an Frederik Hegel   München, 23. August 1877
Einliegend sende ich Ihnen die Begleitschreiben[5] an das Königliche
Theater [in Kopenhagen] und an das Theater in Göteborg. Mit
dem Theater in Stockholm werde ich persönlich verhandeln. An das
Theater in Bergen soll das Buch erst geschickt werden, wenn es
im Handel erscheint. Ich habe nämlich mit diesem Theater einen
festen Vertrag. Und wenn wir schon jetzt ein Exemplar dorthin
schicken, besteht die Gefahr, daß es in unbefugte Hände gerät, was

5 Mit dem Angebot, *Stützen der Gesellschaft* zu spielen.

den dortigen Absatz verringern würde. Dem Christiania Theater denke ich das Stück zur Zeit nicht einzureichen. Der neue Direktor ist ein völlig untauglicher Mann, und sobald mein Buch im Handel erscheint, werde ich in einer norwegischen Zeitung erklären, daß ich während der Direktionszeit dieses Mannes jegliche Verbindung mit seinem Theater abbreche. Ich habe Anlaß zu glauben, daß [Bjørnstjerne] Bjørnson dasselbe tun wird. Soweit ich die Verhältnisse da oben kenne, darf ich versichern, daß dieses Verfahren dem Absatz des Buches keineswegs schaden wird, sondern eher dazu beiträgt, daß das Stück um so mehr gekauft und gelesen wird. Ebenso halte ich es für selbstverständlich, daß ein übereinstimmendes Verhalten von Bjørnson und mir sehr bald zum Rücktritt des neuen Direktors führen muß. Das Buch sollte meiner Ansicht nach sobald wie möglich in allen drei Ländern[6] gleichzeitig erscheinen. Ich sehe voraus, daß diese Arbeit einiges Aufsehen erregen wird, und geben wir sie rechtzeitig heraus, ist es nicht unmöglich, daß trotz der Höhe der Auflage eine neue schon zu Weihnachten erforderlich werden könnte. Das, meine ich, sollten wir uns stark vor Augen halten.

Aus den Begleitschreiben ersehen Sie, daß ich vorläufig nur nach Annahme oder Ablehnung gefragt habe. Dieses Verfahren halte ich für richtig. Ist diese Frage erst einmal geklärt, können wir verhandeln wegen der Bedingungen. (HI XVII, 267 f)

Ibsen an Frederik Hegel   Stockholm, 4. September 1877
Ich habe nun mit der Direktion des hiesigen Königlichen Theaters wegen meines neuen Stückes einen Vertrag abgeschlossen, und bitte Sie daher, mir gleich nach Fertigstellung ein Exemplar mit *geschriebenem* Titelblatt an die Adresse »Rydbergs Hotel« zu schicken. [...] Heute geht der Festzug nach Uppsala, am Samstag kommen wir hierher zurück, und wahrscheinlich reise ich am Dienstag oder Mittwoch wieder südwärts und werde ich mir erlauben, Sie auf der Durchreise zu begrüßen. Hoffentlich ist das Stück bis *dahin* nicht im Handel erschienen, denn das schwedische Theater könnte sofalls das Stück nicht als Manuskript honorieren. (HI XVII, 270)

6 Dänemark, Norwegen und Schweden.

Ibsen an Sigurd Ibsen   Uppsala, 7. [?] September 1877
Stützen der Gesellschaft ist bereits hier und in Kopenhagen angenommen worden.   (BI 72)

Ibsen an Frederik Hegel   Stockholm, 12. Dezember 1877
Besten Dank für das Exemplar von *Stützen der Gesellschaft*. Das
Stück ist hier angenommen worden und wird schon übersetzt. Ich
schreibe diese Zeilen hauptsächlich, um Sie zu bitten, ein Exemplar
für König Oskar [II. von Schweden und Norwegen] hübsch ein-
binden zu lassen. Er hat mich nämlich gebeten, das Buch sobald wie
möglich zu bekommen.   (HI XVII, 271)

Ibsen an Bendix Edvard Bendixen   München, 20. September 1877
Hiermit habe ich das Vergnügen, Ihnen ein Exemplar meines neuen
Stückes zu senden. Möge es für die Kräfte Ihres Theaters [in Ber-
gen] passen. Ich bitte Sie inständig, das Exemplar nicht auszulei-
hen, weder jetzt noch nach dem Erscheinen des Buches im Handel.
Das wird bald der Fall sein, und dann ist es sicher ökonomischer,
für die großen Rollen gedruckte Exemplare zu kaufen. Ich hoffe
auf eine gute und sorgfältige Einstudierung. Lassen Sie bald von
sich hören.   (HI XVII, 271)

Ibsen an Frederik Hegel   München, 21. September 1877
Wenn die Angelegenheit mit dem Theater in Göteborg entschieden
ist und Sie von dort die verlangten 1000 Kronen bekommen haben,
kann das Stück, wenn Sie meinen, gern acht Tage später in den
Handel kommen. Doch wäre ich Ihnen sehr dankbar, wenn Sie in
den Kopenhagener Blättern eine Notiz veröffentlichen könnten,
daß das Stück gleichzeitig in einer vom Autor veranstalteten deutschen Ausgabe erscheint. Ich fürchte nämlich, daß sich sonst ein anderer beeilt, es zu übersetzen.
Das mir zugegangene Exemplar habe ich noch nicht durchlesen
können, aber es sieht ganz hübsch aus. Einige Exemplare möchte ich
gern verteilen, und ich werde Ihnen in den nächsten Tagen die da-
zugehörenden Begleitbriefe schicken. Heute füge ich nur ein Schreiben an den Vorsitzenden des Theatervereins in Bergen bei, der
demnächst ein Exemplar erhalten wird.   (HI XVII, 272)

Ibsen an Elise Aubert   München, 30. September 1877
Erlauben Sie mir, Ihnen und Ihrem Mann mit diesen Zeilen vor allem für das angenehme Beisammensein in Stockholm zu danken und Ihnen gleichzeitig ein Exemplar meines neuen Buches [Stützen der Gesellschaft] zu übersenden, das ich gerade Ihnen für die Lektüre zugänglich machen möchte, ehe es in die Klauen der Menge gerät. Ich habe versucht, es so lange wie möglich zurückzuhalten. Denn jedesmal, wenn ich dem Buchhandel ein neue Arbeit anvertraue, habe ich ein ähnliches Gefühl wie Eltern, die eine Tochter verheiraten sollen. Es steckt etwas wie Eifersucht darin: man meint nicht ganz zu besitzen, was man nicht mehr allein besitzt.
Wie Sie sich nun zu diesem Buch stellen wollen oder mögen, weiß ich nicht ganz sicher. Sie werden darin vielleicht auf einzelne Punkte stoßen, die Sie nicht billigen können, aber im großen ganzen ahne ich doch Ihr Urteil, daß es an der Zeit war, ein solches Buch zu schreiben. Denn es berührt ja Verhältnisse und Zustände, die durch eine Dichtung zwar nicht verbessert, wohl aber ins richtige und wahre Licht gerückt werden können.   (HI XVII, 273)

Ibsen an Frederik Hegel   München, 1. Oktober 1877
Hoffentlich ist nun die Sache mit dem Göteborger Theater in Ordnung. Dann ist es wohl am besten, das Buch gleich in den Handel zu bringen.
Ihr Telegramm habe ich erhalten, aber vom Königlichen Theater [in Kopenhagen] ist bis heute keine Bitte um Verschiebung der Herausgabe eingetroffen. Kommt sie, wird sie natürlich abgelehnt.
     (HI XVII, 274)

Ibsen an Nils Lund   München, 3. Oktober 1877
Mein neues Schauspiel liegt bereits seit längerer Zeit gedruckt vor und wird, wie Sie vielleicht wissen, in einigen Tagen erscheinen.
     (HI XVII, 275)

Ibsen an Edvard Fallesen   München, 5. Oktober 1877
In meiner Antwort auf Ihr Telegramm muß ich mich darauf beschränken, eine Verschiebung des Erscheinungstermins meines neuen Schauspiels im Buchhandel auf den 30. November als unmöglich zu

bezeichnen, und ich erlaube mir deshalb, hiermit die Notwendigkeit dieser Ablehnung zu begründen.

Da das Kgl. Theater in Kopenhagen nicht gesonnen ist, mich mit prozentualem Anteil am Billettverkauf zu honorieren, bin ich genötigt, mein wesentlichstes Einkommen aus dem Absatz des Buches zu beziehen. Das Stück ist in sehr vielen Exemplaren gedruckt. Für diese 1. Auflage hat [Frederik] Hegel mir ein bedeutendes Honorar gezahlt, hinzu kommen seine Ausgaben für den Druck, für Papier usw., die natürlich keinen geringen Betrag ausmachen. Ich bin daher sowohl ihm als auch mir schuldig, keine Dispositionen zu treffen, die gegen unsere gemeinsamen Interessen verstoßen. In unseren Ländern findet ja der hauptsächliche Buchverkauf in den letzten beiden Monaten des Jahres statt. Aber wenn ein Buch in Kopenhagen erscheint und rechtzeitig in den ferner gelegenen Ländern wie Schweden und Norwegen vorliegen soll, ganz zu schweigen von Finnland und Amerika, wohin ebenfalls etliche Exemplare meiner Arbeiten gehen, ist es notwendig, daß es schon gegen Mitte Oktober abgeschickt wird. Geschieht das nicht, kann man nicht damit rechnen, daß das Buch auf dem literarischen Weihnachtsmarkt ausverkauft wird, und der Autor muß dann ein ganzes Jahr warten, ehe eine neue Auflage angebracht ist. *Das* ist es, worauf ich mich weder einlassen darf noch kann. Denn dabei würde ich mir einen Verlust aufladen, der bei weitem nicht von dem Honorar aufgewogen wird, das mir das Kgl. Theater in Aussicht gestellt hat. Außerdem sind von den skandinavischen Buchhändlern zahlreiche Bestellungen eingelaufen, und man hat den Bestellern eine bestimmte Lieferungszeit zugesichert. Ich muß auch darauf Rücksicht nehmen, daß das Publikum, wie es heißt, dieser Arbeit mit einiger Erwartung entgegensieht, und es ist nie gut, wenn ein Autor derartige Erwartungen über eine vernünftige Zeitspanne hinaus in die Länge zieht. Das Interesse kann dann leicht erschlaffen, noch ehe das Buch erscheint.

Eine andere Sache ist es, daß ich es für eine dramatische Arbeit schädlich finde, wenn sie der Öffentlichkeit zuerst durch eine Bühnendarstellung zugänglich gemacht wird. Ich glaube, daß die diesbezügliche Bestimmung im Regulativ des Kgl. Theaters sich auf die dramatische Produktion in Dänemark nur hemmend ausgewirkt hat. Tatsache ist jedenfalls, daß diese Produktion keine aufblühende Tendenz gezeigt hat, seit das Regulativ in Kraft getreten ist. Das ist auch leicht zu erklären. Auf Grund der jetzigen Verhältnisse kann ein neues Schauspiel niemals isoliert aufgefaßt und beurteilt werden, in seiner Reinheit, als Dichtung an und für sich. Das Urteil wird sich stets auf das Stück und die ihm zuteilgewordene Ausführung beziehen. Diese beiden ganz verschiedenen Dinge werden vermischt, aber das Hauptinteresse des Publikums richtet sich in der Regel mehr auf die Darstellung, die Ausführung, die Schauspieler als auf das Stück selbst.

Ich glaubte mir selbst Rechenschaft schuldig zu sein, da ich nicht möchte, daß meine Weigerung als mangelndes Entgegenkommen aufgefaßt wird. Hätte es in meiner Macht gestanden, solches Entgegenkommen zu zeigen, wäre mir nichts lieber gewesen. Im übrigen glaube ich kaum, daß meine notgedrungene Weigerung dem Theater schaden kann. Wird bekannt, daß das Stück schon im November zur Aufführung kommt, wird ein großer Teil des Kopenhagener Publikums das Buch nicht vorher kaufen.

(HI XVII, 275 ff)

Ibsen an Frederik Hegel   München, 10. Oktober 1877
Kammerherr [Edvard] Fallesen hat, wie Sie vermuten, tatsächlich telegraphiert, und ich habe natürlich erst telegraphisch und danach schriftlich abgelehnt.[7] Auf sein Verlangen konnte man unmöglich eingehen. Es ist nicht klug, das Publikum noch länger warten zu lassen, und ich hoffe deshalb, daß das Buch verabredungsgemäß am Freitag erscheint, selbst wenn das Göteborger Theater bis dahin nicht hat von sich hören lassen. Herr Gustafson hat mich um Angabe meiner Bedingungen gebeten. Das habe ich getan, und wenn er nicht antwortet, muß ich annehmen, daß er einverstanden ist.

Am Kgl. Theater [in Kopenhagen] sieht es leider danach aus, als würde mein Stück Anlaß zu Streitigkeiten geben. [Christian] Molbech hat mir einen langen Brief voller Beschwerden über Fallesen geschrieben, weil der gegenüber Molbechs [Schauspiel] *Ambro-*

7 Siehe Ibsens Brief vom 5. 10. 1877 an Fellesen.

sius (1877) meinem Stück den Vorrang gegeben hat. Ich kann es Molbech nicht verdenken, daß er unzufrieden ist. Aber ich glaube, er handelt sehr unklug und übereilt, wenn er die Angelegenheit, wie er andeutet, vor Gericht bringen wollte. Ich werde ihm übrigens morgen schreiben! Es liegt nicht in meinem Interesse, daß mein Stück so bald zur Aufführung kommt, aber es steht ja auch nicht in meiner Macht, es zu verhindern! (HI XVII, 277 f)

Ibsen an Johan Herman Thoresen   München, 10. Oktober 1877
Hiermit habe ich das Vergnügen, Dir ein Exemplar meines neuen Schauspiels zu schicken, das schon längere Zeit im Druck vorliegt, aber mit Rücksicht auf die Theater in Schweden und Dänemark erst jetzt im Buchhandel erscheint. Ich höre, daß man in Norwegen der Auffassung ist, diese Arbeit sei ein Pamphlet oder etwas ähnliches. Beim Durchlesen wirst Du sehen, daß dies nicht der Fall ist, sondern daß das Buch ganz andere Probleme behandelt.
[. . .]
Heute bin ich nicht in der Lage, Dir einen längeren Brief zu schreiben, da ich auf Grund des bevorstehenden Erscheinens meines neuen Buches stark von Geschäften in Anspruch genommen bin, um so mehr, als zu gleicher Zeit eine deutsche Originalausgabe herauskommen soll. (HI XVII, 279)

Ibsen an Christian K. F. Molbech   München, 11. Oktober 1877
Am Tage, nach dem ich die Freude hatte, Dein Buch mit dem freundschaftlichen Begleitbrief zu bekommen, traf Dein anderes Schreiben ein, worin Du mich über die Verwicklungen unterrichtest, die mein Stück am Kgl. Theater [in Kopenhagen] verursacht hat und wovon ich bis dahin keine Ahnung hatte.
Unter diesen Umständen wirst Du mir erlauben, daß ich Deinen ersten Brief bis auf weiteres unbeantwortet liegen lasse und daß ich mich ausschließlich an den letzteren halte.
Ich muß Dir da vor allem versichern, daß ich niemals – selbst ohne Deine erschöpfende Erklärung – Deinen Protest gegen eine Aufführung von *Stützen der Gesellschaft* in diesem Herbst falsch aufgefaßt hätte. Dazu bin ich viel zu unerschütterlich überzeugt von Deiner alten Freundschaft. Aber da Du nun einmal eine Erklä-

rung für wünschenswert hältst, so laß mich auch versichern, daß ich in keiner Weise an den Dispositionen beteiligt bin, die das Theater jetzt getroffen hat. Während meines einzigen Gesprächs mit dem Intendanten äußerte er, mein Stück solle am 3. Januar nächsten Jahres zum erstenmal zur Aufführung kommen. Ich wußte da, daß Dein Schauspiel angenommen war, setzte aber als selbstverständlich voraus, daß es vor diesem Zeitpunkt aufgeführt würde. Von der Annahme der beiden Tragödien wußte ich gar nichts, von ihnen und von Deinem Stück war bei dieser Gelegenheit überhaupt nicht die Rede. Am 3. Oktober bekam ich vom Kammerherrn Fallesen ein Telegramm, worin er mir mitteilte, daß er mein Stück schon im November herausbringen wolle, falls ich die Buchausgabe bis zum 30. desselben Monats aufschieben würde. Dieses Telegramm beantwortete ich am nächsten Tag mit einer unbedingten Ablehnung, und in einem Brief, geschrieben und abgeschickt am 5. Oktober [siehe dort], begründete ich genauer, warum ich auf seinen Vorschlag nicht eingehen konnte. Ich betonte darin ausdrücklich, daß es für mich, der ich ein festes Honorar beziehe, durchaus nicht wünschenswert oder vorteilhaft sei, das Stück so schnell aufgeführt zu sehen, wie ich [auch] befürchten müsse, daß der Absatz des Buches jedenfalls in Kopenhagen und Umgebung dadurch wesentlich mehr reduziert würde, als ich und der Verleger berechnet hatten. Die Bedingung des Theaterchefs für eine Aufführung meines Stückes schon in diesem Herbst hatte ich also abgelehnt, und ich glaubte daher annehmen zu können, daß man bei dem ursprünglichen Entschluß bleiben würde – bis Dein Brief mich vom Gegenteil überzeugte. Die Mitteilung des Kammerherrn Fallesen, von der Du mir eine Abschrift schickst, ist datiert vom Tage, nach dem er meine ablehnende Telegrammantwort erhalten haben muß. Daran sieht man also, daß er meine Weigerung nicht beachtet hat und sich trotzdem mit der Absicht trägt, das Stück im November zu geben. Das kann ich natürlich nicht verhindern. Mein Stück ist vertragsmäßig an das Theater verkauft, noch dazu ohne festgelegten Aufführungstermin. Ich kann den Zeitpunkt weder beschleunigen noch verzögern und selbstverständlich auch nicht das Stück zurückziehen oder überhaupt auf die Dispositionen der Intendanz betreffs der Aufführung des Stückes einwirken.

Sei überzeugt, daß ich mich mit vollem Verständnis in die Stimmung versetzen kann, in der Du Deinen jüngsten Brief geschrieben hast. Aber als alter Freund bitte ich Dich inständig, laß Dich nicht zu einem übereilten Schritt hinreißen. Als einen solchen würde ich jede Aktion von Deiner Seite betrachten, die einen unheilbaren Bruch zwischen Dir und dem Theater herbeiführen könnte. Gibt es keine Möglichkeit, Dein Stück vor die beiden Tragödien zu verlegen? Auf die Weise hättest Du nur *ein* neues Stück vor Deinem eigenen. (HI XVII, 280 ff)

Ibsen an Frederik Hegel   München, 28. Oktober 1877
Besten Dank für die übersandten hübschen Exemplare von *Stützen der Gesellschaft*. Sie wissen natürlich, welche Konflikte dieses Stück zwischen dem Kgl. Theater [in Kopenhagen] und [Christian] Molbech ausgelöst hat? Wir haben ausführlich darüber korrespondiert, und es ist kein Riß in unserem [gegenseitigen] guten und freundschaftlichen Verhältnis entstanden.
[. . .]
Haben Sie etwas vom Theater in Göteborg gehört? Ich habe [zwar] keine Nachricht erhalten, aber auch keinen Grund daran zu zweifeln, daß Herr Gustafson sein Wort hält und das Stück honoriert, sofern er überhaupt wagt, es in einer Stadt wie Göteborg zu geben. (HI XVII, 283 f)

Ibsen an Christian K. F. Molbech   München, 30. Oktober 1877
Was nun mich persönlich betrifft, so habe ich nicht die geringste Lust, mich in die Angelegenheit zu mischen –[8] nicht etwa, weil ich von irgendeiner Seite Unannehmlichkeiten befürchte, sondern weil ich fühle, daß ich kein Recht habe, mich zu beschweren. Ich bin ja freiwillig auf die Honorarbedingungen der [Kopenhagener] Direktion eingegangen und kann dann nicht gut hinterher mit Klagen kommen. Der Intendant schlug mir unabhängig vom Vertrag vor, die Buchausgabe des Stückes [vorläufig] zu verhindern, aber diesen Vorschlag habe ich abgewiesen. Er hat dann ohne mein Wissen die Zeitungsredaktionen ersucht, alle Besprechungen bis zur

8 Siehe Ibsens vorigen Brief an Molbech vom 11. 10. 1877.

Aufführung des Stückes zurückzuhalten. Aber kann ich mich billiger Weise darüber beklagen, ohne gleichzeitig meine Anklage gegen die Redaktionen zu erheben, die dem Ersuchen nachgekommen sind? Ich finde, der Vorwurf müßte sich gerade und hauptsächlich gegen die Presse richten. Würde es aber Deiner Sache dienen, einen derartigen Vorwurf gegen die Presse gerade in dem Augenblick zu erheben, da Du ihres Wohlwollens, ihres Anschlusses und Beistandes bedarfst? Ich meine, ich täte Dir einen schlechten Dienst, wenn ich eine solche Klage jetzt veröffentlichte.   (HI XVII, 285 f)

Ibsen an Camilla Collett   [November 1877?]
Obwohl Sie nicht die erste sind, der ich dieses Buch sende, so waren Sie doch die erste, an die ich dachte, als ich es abschloß. Aber aus naheliegenden Gründen wollte ich nicht meinen Verleger bitten, es Ihnen zu schicken. Lesen Sie es mit großherzigem Gemüt. In vielem können Sie nicht mit mir einig sein, das weiß ich sehr wohl, aber Sie werden jedenfalls aus dem Buch ersehen, wie ich gewisse Verhältnisse auffasse, die Ihnen am Herzen liegen.   (HI XVII, 290)

Ibsen an August Rasmussen   München, 12. November 1877
Der Unterzeichnete erklärt hiermit, Herrn Theaterdirektor August Rasmussen [in Bergen] das alleinige Recht zur Aufführung seines Schauspiels *Stützen der Gesellschaft* in ganz Dänemark außerhalb Kopenhagens erteilt zu haben.   (HI XVII, 290)

Ibsen an Frederik Hegel   München, 24. November 1877
Erlauben Sie mir, Ihnen auf das freundschaftlichste für all die Aufmerksamkeit zu danken, die Sie mir in dieser Zeit durch Zusendung von Telegrammen, Zeitungen und schriftlichen Mitteilungen betr. der [Ur]aufführung meines neuen Stückes[9] erwiesen haben. Man muß ja sagen, daß es ungewöhnlich schnell auf die Bühne gebracht wurde. Und nach der Aufnahme, die es gefunden hat, steht zu hoffen, daß es diesen Winter viele Male gegeben werden kann. Wenn nur kein Krankheitsfall dazwischenkommt!

9 *Stützen der Gesellschaft* wurde am 14. 11. 1877 in Odense uraufgeführt.

29

Für die rasch zustandegebrachte 2. Auflage des Buches bin ich Ihnen ebenfalls besonders verbunden. [. . .]
Die deutsche Ausgabe des Stückes ist nun erschienen und in diesen Tagen an etliche Theater verschickt worden. Hier in München soll das Stück bereits nächsten Monat gegeben werden.

Ibsen an Bendix Edvard Bendixen   München, 21. Dezember 1877
Ebenso danke ich Ihnen ganz besonders für die Zeitungsausschnitte aus Bergen. Ich sehe daraus zu meiner großen Zufriedenheit, daß dieses schwierige Stück gut gespielt und gut aufgenommen worden ist,[10] und ich bitte Sie, dem Regisseur meine aufrichtige Anerkennung zu versichern. Seine Arbeit war gewiß nicht leicht.
Und noch eins. Mit lebhaftem Interesse habe ich die ausgezeichnete Artikelserie in »Bergensposten« gelesen. Dies ist das Geistvollste, Stilvollste, Richtigste und Erschöpfendste, was bisher über dieses Stück geschrieben worden ist. Es ist keineswegs der freundliche und anerkennende Ton, der mich bestochen hat, sie an die Spitze zu stellen. Diese Artikel enthalten zur Erhellung und zum richtigen Verständnis des Stückes alles, was ich am liebsten darüber gesagt wissen möchte, all das, was von anderen Kritikern nicht bemerkt oder auch falsch aufgefaßt worden ist. Nun ist ja der Verfasser in aller Form anonym, und ich habe somit keine Möglichkeit, mich direkt an ihn zu wenden. Aber es wäre mir sehr lieb, wenn Sie Gelegenheit fänden, ihm meinen herzlichen Dank für seinen wohlwollenden, kundigen und nötigen Beistand zu überbringen.[11]
Direktor Foght hat sich nicht an mich gewandt, und wenn Ihr Theater das Stück in den Küstenstädten zu spielen wünscht, erhält er keine Erlaubnis. Sollte er wider Erwarten es trotzdem geben wollen, erteile ich Ihnen hiermit die Vollmacht, bei der betreffenden Polizei, wenn Sie wollen, in meinem Namen, Protest zu erheben. Dieser Brief kann einstweilen als Legitimation dienen. Aber so etwas wird er wohl nicht wagen.   (HI XIX, 252 f)

10 *Stützen der Gesellschaft* wurde am Theater in Bergen am 30. 11. 1877 aufgeführt.
11 Die Artikelserie über *Stützen der Gesellschaft* stammte von Nordahl Rolfsen und erschien 1877 in den Nummern 246, 248, 250 und 256 der Zeitung »Bergensposten«.

Ibsen an Emil Jonas   München, 18. Januar 1878

Als Antwort auf Ihr Schreiben muß ich Sie an [etwas] erinnern, das Ihnen nicht unbekannt sein kann, nämlich daß ich selbst bereits Anfang November vorigen Jahres im hiesigen Theodor Ackermann Verlag eine deutsche Originalausgabe meines Schauspiels *Stützen der Gesellschaft* herausgegeben habe. Eine Übersetzung von Ihrer Hand ist somit ganz überflüssig, und eine Bearbeitung, wie Sie sie in Aussicht stellen, muß ich mir auf das bestimmteste verbitten.

Was Sie über Ihre Striche im ersten Akt schreiben, ist völlig sinnlos und beweist, daß Sie das Werk absolut nicht verstanden haben, welches Sie in Ihrer eingebildeten Tüchtigkeit bearbeiten zu können glauben. Selbst dem simpelsten literarischen Pfuscher muß doch nach meiner Ansicht einleuchten, daß in diesem Stück keine Rolle ausgelassen und kein einziger Satz gestrichen werden kann. Das Stück ist auch bereits ungekürzt und unverfälscht von vielen deutschen Bühnen angenommen worden.

Sollten Sie trotz meiner obigen Erklärung auf Ihrem Vorsatz beharren und somit aus Unverstand meine Arbeit verfälschen und verderben, so lasse ich Sie hiermit wissen, daß ich die Sache unverzüglich in der skandinavischen Presse zur Sprache bringen werde. Sie wird selbst höchsten Ortes bekannt werden, und was die Folgen sein können, werden Sie zu gegebener Zeit erfahren.

Diese Warnung habe ich nicht zurückhalten wollen. Noch ist es Zeit für Sie, die Mißhandlung meines Werkes zu unterlassen, die Sie mir in Ihrem Brief angedroht haben. Und in Ihrem eigenen Interesse rate ich Ihnen zu bedenken, was Sie tun.

Mein Stück kommt übrigens in unverfälschter Form an mindestens zwei anderen Berliner Bühnen zur Aufführung, wo es bereits angenommen ist. Das Publikum wird also reichlich Gelegenheit haben, Vergleiche anzustellen. Lassen Sie dennoch das angekündigte Machwerk vor die Öffentlichkeit treten, dann schulden Sie mir jedenfalls die Ehrenrettung, auf die Plakate des Stadttheaters drucken zu lassen »Verstümmelt von Emil Jonas«.[12]   (HI XVII, 297 f)

---

12 Deutsch formuliert von Ibsen.

Ibsen an Frederik Hegel   München, 28. Januar 1878
Von *Stützen der Gesellschaft* existieren zur Zeit drei deutsche
Übersetzungen. Zwei habe ich Ihnen schon genannt, glaube ich. Die
dritte stammt von einem schrecklich literarischen Banditen namens
Emil Jonas, der sich »kgl. dänischer Kammerrat« nennt und als solcher unterschreibt. Seine Übersetzung soll nun am Berliner Stadttheater gespielt werden, W[ilhelm] Langes am Belle-Alliance-
Theater und meine am Nationaltheater ebenda. Hier in München
soll das Stück am 6. Februar kommen.
Ich hoffe, daß die Ausfälle wegen Krankheit nicht allzu viele Hindernisse für die weiteren Aufführungen des Stückes in Kopenhagen
bereiten, so daß es schon in dieser Saison die 26. Vorstellung erleben
kann, nach welcher das Endhonorar an mich ausbezahlt werden
muß. Auf alle Fälle erwarte ich, daß Kammerherr Fallesen in An-
betracht der guten Einnahmen mir das ganze Honorar am Ende der
Spielzeit oder vorher auszahlen läßt, selbst wenn unvorhergesehene
Ereignisse bis dahin die 26. Vorstellung verhindern sollten.

(HI XVII, 299)

Ibsen an Ernst Possart[13]   München, 15. Februar 1878
Gestatten Sie mir Ihnen meinen verbindlichsten Dank für die ge-
niale Darstellung des Consul Bernick in *Stützen der Gesellschaft*
auszusprechen. Ihre treffliche Leistung kommt meinem Stück in um
so höherem Masse zu statten, als durch dieselbe alle Klippen, welche die Handlung bietet, in glücklichster Weise umschifft werden.
Somit darf ich wohl sagen, dass ich mir die Rolle des Consuls nicht
schöner und richtiger dargestellt denken kann, als dies Ihnen gelungen ist.
Sie werden es demnach begreiflich finden, wenn mein sehnlichster
Wunsch dahingeht, Sie möchten die *Stützen der Gesellschaft* in Ihr
Gastspiel-Repertoire aufnehmen, um künftigen Darstellern des
»Consul« innerhalb und außerhalb Deutschlands ein geradezu
massgebendes Vorbild aufzustellen.   (HI XVII, 300)

13 Im Original deutsch.

Ibsen an Frederik Hegel   München, 6. März 1878
Da das Stück ja weiterhin Publikum ins [Kgl.] Theater [in Kopen-
hagen] lockt, scheint es mir nicht unmöglich, daß es in dieser Saison
26 Mal gegeben werden kann. In Stockholm, wo die Premiere am
13. Dezember [1877] stattfand, wurde es am 13 Februar [1878]
zum 25. Mal gegeben.
[. . .]
Hier unten sind die *Stützen der Gesellschaft* mit ganz außerordentlichem Beifall aufgenommen worden. In Berlin wird das Stück jetzt
an fünf Theatern gegeben, nachdem das Reunion-Theater es ebenfalls angenommen hat. Zur Zeit wird es an den Hoftheatern in
Weimar und Stuttgart sowie an verschiedenen anderen Theatern
vorbereitet.   (HI XVII, 301)

Ibsen an Nils Lund   München, 28. Mai 1878
Aus den Zeitungen ersehe ich, daß Theaterdirektor Foght am
22. ds. zum ersten Mal *Stützen der Gesellschaft* in Drammen gespielt hat, und ich schließe daraus, daß Sie im Sinne meines Briefes
vom 10. ds. von ihm die 400 Kronen erhalten haben, von deren
Vorauszahlung das Aufführungsrecht abhängig war. Da ich jedoch bei früheren Geschäften mit Herrn Foght sehr unangenehme
Erfahrungen gemacht habe, könnte ich mir als zwar fernliegende
Möglichkeit denken, daß er das Stück aufgeführt hat ohne Auszah-
lung des Honorars. Sollte das der Fall sein, so bitte ich Sie, sich gütigst an Rechtsanwalt Emil Stang zu wenden mit der Bitte, meine
Interessen wahrzunehmen. Und das sowohl durch Eintreibung des
ausbedungenen Honorars als auch durch polizeiliches Verbot, mein
Stück von Herrn Foght irgendwo aufführen zu lassen, solange er
seinen Verpflichtungen nicht nachgekommen ist. (HI XVII, 310 f)

Ibsen an August Rasmussen   München, 7. Juni 1878
In Ihrem Schreiben vom 30. 5. 78 wünschten Sie meine Erklärung
zu einigen von Theaterdirektor Cortes aufgestellten Behauptungen.
Diesem Wunsch komme ich hierdurch mit Vergnügen nach, indem
ich folgendes dazu erkläre:
A.) Die Echtheit meines Schreibens vom 12. November 1877 aus
München, worin ich Ihnen das Aufführungsrecht an meinem Schau-

spiel *Stützen der Gesellschaft* für ganz Dänemark außer Kopenhagen übertrage, könnte notfalls von Herrn Kanzleirat [Frederik] Hegel und seinem Buchhalter August Larsen bezeugt werden. B.)[...]

C.) Herrn Cortes' Behauptung, ich habe nichts dagegen, daß er *Stützen der Gesellschaft* aufführt, erkläre ich für eine freche und unverschämte Unwahrheit. So bezeichne ich sie ganz bewußt, weil man sonst daraus schließen könnte, ich suche andere Wege für die Verbreitung meines Schauspiels, obwohl ich von Ihnen Honorare bezogen habe. Ich füge hinzu, daß nichts, nicht mal Honorare, mir das Einverständnis entlocken kann, irgendeines meiner dramatischen Stücke von Herrn Cortes aufgeführt zu sehen.   (DT)

Ibsen an Harald Holst   Rom, 2. November 1878
Daß ich seinerzeit mein Schauspiel *Stützen der Gesellschaft* nicht dem Christiania Theater eingereicht habe, lag ganz sicher zum wesentlichen Teil an meiner Auffassung von der Persönlichkeit des jetzigen künstlerischen Leiters [Johan Vibe]. Hinzu kam, daß ich kaum mit einer wohlwollenderen Stimmung bei der Direktion und auch nicht bei dem ästhetischen Konsulenten rechnen dürfte [...] Solange aber ältere, für die Bühne geeignete dramatische Arbeiten von mir vorliegen, ohne daß das Theater sich dafür interessierte, konnte es mir nicht einfallen, etwas Neues anzubieten. Das Theater hat auch, wie Sie selbst bemerkten, keinen Wunsch geäußert, in den Besitz meines jüngsten Schauspiels zu kommen, was ich ganz erklärlich finde, wenn ich mir das Repertoire des künstlerischen Leiters und seines Konsulenten vor Augen halte.
Da ich jedoch auf Grund Ihres sehr geehrten Schreibens erfahre, daß ein solcher Wunsch seitens des neugewählten Verwaltungsausschusses besteht, und da die *Stützen der Gesellschaft* nun schon so lange gedruckt vorliegen und auch auf so vielen verschiedenen Bühnen die Probe bestanden haben, somit das Risiko einer mißglückten Aufführung in Kristiania nicht das meinige wäre, sondern das des dortigen Theaters, will ich nicht abgeneigt sein, die Aufführung dort unter gewissen Bedingungen zu gestatten. Selbstverständlich muß der Verwaltungsausschuß mir vor allem eine soweit wie möglich den Ansprüchen genügende Führung der Inszenierung zusi-

chern. Bei einem so schwierigen Stück kann sie meiner Meinung nach keinesfalls dem jetzigen künstlerischen Leiter anvertraut werden [...] Als unabänderliche Bedingung gilt, daß der Besetzungsvorschlag der Direktion – nicht der des künstlerischen Leiters – mir zur Genehmigung vorgelegt wird und daß keinem Schauspieler und keiner Schauspielerin in irgendeiner Weise diese oder jene Rolle versprochen wird, solange in der Beziehung keine endgültige Entscheidung getroffen worden ist.   (A 11 ff)

Ibsen an Harald Holst   Rom, 21. November 1878
Zu meiner Freude sah ich gestern beim Empfang Ihres sehr geehrten Schreibens, daß die Ansicht der Direktion [des Christiania Theaters] über die Rollenverteilung in meinem Stück in den meisten Punkten mit dem übereinstimmt, was ich mir gedacht hatte. Einige Abweichungen sind jedoch vorhanden, sie gehen aus dem folgenden Vorschlag hervor, den ich mir hiermit erlaube, zu näherer Erwägung vorzulegen [...]
Es würde zu weit führen, jede einzelne Abweichung schriftlich zu motivieren. Ich will mich deshalb auf die Bemerkung beschränken, daß es mir besonders wichtig scheint, [den Schiffbauer] Aune von Johannes Brun spielen zu lassen. [...] Herr Isachsen würde in mancher Hinsicht, namentlich dem Äußeren nach, besser für [den Konsul] Bernick passen als Herr [Sigvard] Gundersen, aber ich fürchte, er wird den Charakter ins Unnatürliche übertreiben und dabei abstoßend wirken. Übrigens ist es mir aus dieser Entfernung unmöglich, eine ganz bestimmte Ansicht über alle Einzelheiten in der Rollenverteilung zu vertreten, und ich bittte deshalb die Direktion, nach bestem Dafürhalten zu handeln. Daß Johannes Brun das Stück inszeniert, ist allerdings der beste Ausweg, den es zur Zeit gibt. Indessen muß ich besonders darum bitten, daß Herr Brun ersucht wird, genau darauf zu achten, daß die Rollen von Anfang an gut gelernt sind, weil sonst ein verantwortliches Zusammenspiel in diesem Stück unmöglich ist. Ich erlaube mir dabei die Bitte, daß das Tempo durch das ganze Stück, und natürlich besonders in den stark bewegten Szenen, etwas rascher und lebhafter angeschlagen werden möge, als es sonst am Christiania Theater üblich ist. Ich hoffe, daß den Gruppierungen und Stellungen die ge-

bührende Aufmerksamkeit geschenkt wird. Jeglicher Aufmarsch der handelnden Personen im Vordergrund muß vermieden werden, die gegenseitigen Stellungen wechseln, sobald sie sich als natürlich ergeben. Überhaupt soll jede Szene und jedes Bild soweit wie möglich einen Spiegel der Wirklichkeit darstellen. Es könnte für unbedachtsame Schauspieler naheliegen, gewisse Personen des Stücks zu karikieren. Ich hoffe, daß dies nicht geschieht. Einfache, echte Natur möchte ich am liebsten sehen. (A 16 f)

Ibsen an Emil Stang   Rom, 22. November 1878
Ein ähnlicher Eingriff in mein literarisches Urheberrecht zwingt mich heute, Sie um Ihren Beistand zu bitten. Ich darf annehmen, daß Kammerherr Harald Holst als Vorsitzender der Direktion des Christiania Theaters Sie davon in Kenntnis gesetzt hat, daß die von dem schwedischen Theaterdirektor Key kürzlich im Theater an der Müllerstraße (Møllergade) veranstalteten Aufführungen einer schwedischen Übersetzung meines Schauspiels *Stützen der Gesellschaft* ohne mein Wissen und gegen meinen Willen stattgefunden haben und natürlich, ohne daß Herr Key mir dafür ein Honorar bezahlt hat.
Zur Vorgeschichte dieser Angelegenheit erkläre ich folgendes: Gleich nachdem das oben genannte Stück im Buchhandel erschienen war – also gegen Ende vorigen Jahres, wahrscheinlich im November –, erhielt ich von Herrn Key eine Anfrage, ob ich ihm gestatten wolle, das Stück in schwedischer Übersetzung zu spielen und welche Honorarbedingungen ich im zusagenden Falle stellen würde. Darauf antwortete ich ihm, sofern er mir eine respektable künstlerische Darbietung des Stückes garantieren könne, wäre ich bereit, ihm die erbetene Erlaubnis zu erteilen, falls er bei meinem Kommissionär, Buchhändler Nils Lund in Christiania, ein Honorar von eintausend Kronen einbezahlt habe. In einem folgenden Brief fand Herr Key diese Forderung zu hoch und bat mich, günstigere Bedingungen zu stellen. Dieses Ersuchen lehnte ich unbedingt ab und blieb bei meiner ursprünglichen Forderung. Nach Empfang dieses Briefes schickte er mir ein Telegramm, worin es heißt, er betrachte die Entrichtung eines Honorars an mich nur als eine Humanitätsangelegenheit und nicht als [irgend] eine Pflicht, »da er das

Aufführungsrecht von Schweden gekauft habe«, eine Äußerung, mit der er offenbar meinte, er habe in Schweden eine schwedische Übersetzung meines Stücks gekauft. Auf dieses Telegramm fühlte ich mich nicht befugt zu antworten. Dagegen fragte ich bei [Staatsrat] O. A. Bachke an, ob das Gesetz über das literarische Urheberrecht wirklich ein Vorgehen im Sinne des Herrn Key erlaubte. Diese Anfrage beantwortete B. absolut verneinend, indem er bemerkte, daß man bei der Formulierung des Gesetzes derartige Fälle als möglich ins Auge gefaßt und deshalb einen Paragraphen hinzugefügt habe, der solches verhindern solle. Ich sah daher meine literarischen Rechte und Interessen gesetzlich geschützt und ließ mich gar nicht weiter mit Herrn Key ein, von dem ich annehmen muß, daß er sich mit leeren Drohungen nur billigere Honorarbedingungen erzwingen wollte.

In dieser Hoffnung bin ich jedoch auf unangenehme Weise enttäuscht worden, indem das Stück – wie gesagt – ohne mein Wissen und gegen meinen Willen sowie ohne Honorar von Herrn Key auf schwedisch aufgeführt worden ist. Aus diesem Grunde wende ich mich also an Sie mit dem Ersuchen, Herrn Key unter Androhung jedes gesetzlichen Rechtsmittels zur Verantwortung zu ziehen. Aus vielen Gründen kann ich das Geschehene nicht ungerügt lassen.

Ich will mich hier nur auf *einen* beschränken: Am Kgl. Theater in Kopenhagen kann ich, wenn ich eine dramatische Arbeit einreiche, bedeutend günstigere Honorarbedingungen erzielen, sofern ich diesem Theater versichere, daß die Arbeit nicht vorher an einer anderen Bühne zur Aufführung kommt. Würde aber Herrn Keys Methode so weitergehen oder doch ohne Kritik ähnliche Fälle zeitigen, so könnte ich dem kgl. dänischen Theater nicht mehr die obige Versicherung geben und würde also auch dadurch einen empfindlichen Verlust erleiden. Wenn ich Sie also gütigst bitte, sich meiner Sache anzunehmen, ist es selbstverständlich, daß ich Ihnen bezüglich der Höhe Ihrer Forderungen und der Ansprüche gegenüber Herrn Key völlig freie Hände lasse. Es wäre mir lieb, wenn er nicht nach Schweden entwischen könnte, ehe er für seine Handlungsweise gebüßt hat. (HI XVII, 324 ff)

Ibsen an Nils Lund   Rom, 25. November 1878

Wie Sie wissen, hat Schauspieldirektor Key *Stützen der Gesell-schaft* am Theater in der Møllergade [in Christiania] ohne Er-laubnis aufgeführt. Sollte man sich in Zukunft in ähnlicher Weise an meinem literarischen Eigentum vergreifen, so wäre ich Ihnen sehr dankbar, wenn Sie mich schnellstens per Telegramm davon unterrichten wollten, damit ich rechtzeitig Vorkehrungen zum Schutze meines Eigentums und meiner Interessen treffen kann. Ich habe gestern Rechtsanwalt [Emil] Stang schriftlich aufgefordert, Herrn Key gesetzlich zur Verantwortung zu ziehen. Aus den Zeitungen ersehe ich, daß Herr Key die weiteren Aufführungen des Stückes vielleicht einstellen will. Darf ich Sie gütigst bitten, Rechtsanwalt Stang mitzuteilen, daß dieser Umstand – selbst wenn es sich so verhält – nicht im geringsten auf meinen Entschluß ein-wirkt, sondern daß ich [den Betreffenden] selbst dann zur Ver-antwortung zu ziehen gedenke, wenn das Stück nur ein einziges Mal gespielt worden ist. Diesen Punkt habe ich in meinem Brief an Herrn Stang hervorzuheben vergessen, und ich wäre Ihnen deshalb besonders verbunden, wenn diese Mitteilung ihn möglichst bald er-reichte.

An das Christiania Theater habe ich nun das Aufführungsrecht am selben Stück verkauft. Ich habe zwei alternative Honorarbedin-gungen gestellt, unter denen die Theaterdirektion ihre Wahl treffen muß.   (HI XVII, 327)

Ibsen an Nils Lund   Rom, 30. Dezember 1878

Darf ich Sie außerdem bitten, Rechtsanwalt [Emil] Stang auf seine Anfrage mitzuteilen, daß Direktor Key von mir keine Erlaub-nis erhalten hat, *Stützen der Gesellschaft* ins Schwedische übersetz-zen zu lassen, ebenso wenig wie ich einem anderen eine solche Er-laubnis erteilt habe. Von wem Herr Key seine Übersetzung hat, ist mir völlig unbekannt. Die vom Kgl. Theater in Stockholm und vom Theater in Göteborg veranstalteten Übersetzungen dürfen nur von diesen Theatern benutzt und weder verliehen noch anderen überlas-sen werden.   (HI XVII, 331 f)

Ibsen an Frederik Hegel   Rom, 18. Februar 1879
Ob die *Stützen der Gesellschaft* nun ihre 21. Aufführung am Kgl.
Theater [in Kopenhagen?] erlebt haben, weiß ich nicht ganz
sicher, also auch nicht, ob das vereinbarte Schlußhonorar von
500 Kr. fällig ist.   (HI XVII, 334 f)

Ibsen an Nils Lund   Rom, 19. März 1879
Nach den Zeitungsberichten zu urteilen, scheinen die *Stützen der
Gesellschaft* eine recht befriedigende Aufführung am Christiania
Theater erfahren zu haben. Das höre ich gern, denn ich war etwas
unruhig bei dem Gedanken an die unleugbar vorhandenen Mängel
der künstlerischen Leitung da oben, denen wohl auch nicht so
leicht abgeholfen werden dürfte.   (HI XVII, 340)

Ibsen an Frederik Hegel   München, 25. Oktober 1880
Noch eine weitere Bitte habe ich an Sie. Vermutlich haben Sie ab
und zu Anlaß, mit dem Kammerherrn Fallesen zu sprechen. Könnten Sie ihm nicht bei Gelegenheit nahelegen, die restlichen 500 Kronen für *Stützen der Gesellschaft* auszuzahlen? Bitten Sie ihn, das
geringe Honorar zu bedenken, für das er sich das Stück erhandelt
hat. Aus den Zeitungen habe ich ersehen, daß er Sarah Bernhardt
aus freiem Willen ein weit größeres Spielhonorar als vereinbart gezahlt hat. Ich zweifle daher nicht, daß er mir diesen kleinen Gefallen erweisen wird.   (HI XVII, 412)

Ibsen an Frederik Hegel   München, 30. Oktober 1886
Ebenso ersehe ich aus dem Zehnjahresbericht des Kgl. Theaters [in
Kopenhagen], daß die 25. Vorstellung von *Stützen der Gesellschaft* längst stattgefunden hat. Aber die 400 Kronen, die mir danach zustehen sollten, lassen immer noch auf sich warten.

                                          (HI XVIII, 108)

Ibsen an Frederik Hegel   München, 6. November 1886
Daß man mir bei der Annahme von *Stützen der Gesellschaft*[14] ein
Schlußhonorar von 400 Kronen zugesichert hat, steht außer Zwei-

14 Am Kgl. Theater in Kopenhagen.

fel. Im Augenblick habe ich jedoch den betreffenden Brief nicht zur Hand. Aber Auskünfte darüber, falls man es während der dazwischenliegenden neun Jahre vergessen haben sollte, müßte ja die Theaterkanzlei beschaffen können. (HI XVIII, 111 f)

Ibsen an Julius Hoffory München, 23. April 1889
Für das erfreuliche Telegramm aus Anlaß der Aufführung[15] von *Stützen der Gesellschaft*[16] bitte ich Sie und die übrigen Freunde, meinen besten Dank entgegenzunehmen. Ein besonderes Danktelegramm schickte ich sofort an Herrn [Josef] Kainz, dessen Name an der Spitze der Unterschriften stand. Von Herrn L'Arronge habe ich ebenfalls eine telegraphische Mitteilung erhalten, die ich sofort beantwortet habe.
[. . .] Auch weiß ich nicht, ob er[17] seine Absicht, *Stützen der Gesellschaft* in der autorisierten Übersetzung zu spielen, aufgegeben hat. (HI XVIII, 210 f)

Ibsen an einen ungarischen Rechtsanwalt[18] [München, Mai 1891]
Für Ihr freundliches Schreiben vom 10. ds. Mts. bitte ich Sie hierdurch meinen verbindlichsten Dank [entgegenzunehmen] und ersuche Sie entschuldigen zu wollen, dass ich dasselbe nicht schon beantwortet habe.
[. . .]
Für Übersetzungen nach der Originalausgabe meiner Schauspiele habe ich nie einen Agenten oder Vertreter gehabt und die vom ungarischen Nationaltheater angenommene Übersetzungen von *St[üt-zen] der G[esellschaft]* und *Ein V[olksfeind]* sind eben nach der Originalausgabe veranstaltet worden.
[. . .]
Ich erlaube mir bezüglich einer Bemerkung in Ihrem Briefe zu äussern, dass ich bezweifele dem ung[arischen] Nat[ionaltheater]

15 Am Deutschen Theater in Berlin.
16 Von Ibsen auf deutsch und *ohne* Artikel genannt.
17 Direktor Sigmund Lautenburg vom Residenztheater in Berlin.
18 Originalentwurf auf deutsch.

gegenüber irgend ein Recht zu besitzen weil die mir vom Th[eater] zugedachten Tantiemen freiwillig gewährt worden sind.

(HI XIX, 276)

Ibsen an Eric Zachrison   Kristiania, 14. Dezember 1891
Als Antwort auf Ihre geehrte Anfrage teile ich Ihnen mit, daß Sie das erwähnte Aufführungsrecht an *Stützen der Gesellschaft* erhalten können, indem Sie an mich direkt ein Honorar von 40 Kronen einzahlen.
Ich bin gewiß, daß meine Arbeit im großen ganzen wie auch die Rolle des Konsuls Bernick bei Ihnen in kundigen und guten Händen liegen wird.

(UO)

Ein Puppenheim (Nora)
(Et dukkehjem)
Schauspiel in drei Akten

Abgeschlossen: 20. September 1879 in Amalfi
Erstdruck erschienen: 4. Dezember 1879 in Kopenhagen
Uraufführung: 21. Dezember 1879 in Kopenhagen

Ibsen an Frederik Hegel   Rom, 7. Januar 1878
Ich beschäftige mich überhaupt nur mit den Vorbereitungen zu meiner neuen dramatischen Arbeit.[1]   (HI XVII, 329)

Ibsen an Frederik Hegel   München, 5. Mai 1878
Ich habe begonnen, mich mit dem Plan eines neuen Schauspiels aus der Gegenwart zu beschäftigen. Es wird vier Akte lang, wie das

---

[1] *Ein Puppenheim,* in deutscher Übersetzung meistens *Nora oder Ein Puppenheim* genannt. Ibsen hat jedoch niemals diesen Oder-Titel benutzt, sondern sich stets des ursprünglichen, *Ein Puppenheim,* bedient. Die folgenden Äußerungen beziehen sich auf dieses Stück, auch wenn der Titel im Zitat nicht genannt ist.

vorige. Wann es fertig sein kann, darüber kann ich jedoch noch
nichts sagen. (HI XVII, 308)

Ibsen an Bendix Edvard Bendixen   München, 21. Juli 1878
Ich beschäftige mich zur Zeit mit dem Plan zu einem neuen Gegenwartsschauspiel, das ich in Rom schreiben zu können hoffe. Das
bitte ich Sie jedoch, vorläufig nicht Gegenstand öffentlicher Gespräche werden zu lassen. (HI XVII, 317)

Ibsen an Nils Lund   Gossensaß, 23. September 1878
Ich habe die Hoffnung, in Rom Ruhe zu finden, um meine neue
Arbeit fertigzustellen, die seit längerer Zeit meine Gedanken be-
schäftigt. (HI XVII, 320)

Aufzeichnungen zur Gegenwarts-Tragödie *Ein Puppenheim*
Rom, 19. Oktober 1878
Es gibt zwei Arten von geistigem Gesetz, zwei Arten von Gewissen,
eins im Manne und ein ganz anderes im Weibe. Sie verstehen einander nicht, aber die Frau wird im praktischen Leben nach dem Gesetz des Mannes beurteilt, als wäre sie kein Weib, sondern ein
Mann.
Die Frau in diesem Stück weiß am Ende weder aus noch ein, weiß
nicht, was Recht und Unrecht ist. Das natürliche Gefühl einerseits
und der Autoritätsglaube andererseits bringt sie in völlige Ver-
wirrung.
In der heutigen Gesellschaft kann eine Frau sich nicht als Frau, und
nur als Frau, behaupten. Nicht in einer ausschließlich männlichen
Gesellschaft mit Gesetzen, die von Männern geschrieben sind, und
mit Anklägern und Richtern, die das weibliche Verhalten vom
männlichen Standpunkt beurteilen.
Sie hat eine Fälschung begangen, das ist ihr Stolz. Denn sie hat es
aus Liebe zu ihrem Mann getan, um sein Leben zu retten. Aber dieser Mann steht mit seiner alltäglichen Ehre auf dem Boden des Gesetzes und sieht alles mit einem männlichen Auge.
Seelenkampf. Verwirrt und unterdrückt vom Autoritätsglauben
verliert sie den Glauben an ihr moralisches Recht und ihre Kraft,
die Kinder selbst zu erziehen. Verbitterung. Eine Mutter in der heu-

tigen Gesellschaft bereitet sich zu sterben – wie gewisse Insekten, wenn sie ihre Pflicht zur Fortpflanzung des Geschlechts erfüllt haben. Liebe zum Leben, zum Heim, zu Mann und Kindern, zur Familie. Weibliche Versuche, die Gedanken abzuschütteln. Plötzliche Rückkehr zu Angst und Furcht. Alles muß allein ertragen werden. Die Katastrophe nähert sich erbarmungslos, unabwendbar. Verzweiflung, Kampf und Untergang.

Krogstad hat unredlich gehandelt und ist dadurch wohlhabend geworden. Jetzt hilft der Wohlstand ihm nicht, er kann seine Ehre nicht zurückgewinnen.

Personen:

Stenborg, Regierungsmitglied
Nora, seine Frau
Fräulein [geändert in: Frau] Lind [später hinzugefügt: Witwe]
Rechtsanwalt Krogstad
Karen, Kindermädchen bei Stenborgs
Das Zimmermädchen daselbst
Ein Bote
Stenborgs drei kleine Kinder
Dr. Hank

Szenenablauf

Erste Handlung

Ein gemütlich, aber nicht prachtvoll eingerichtetes Zimmer. Die Tür rechts hinten führt in den Hausflur, die Tür links hinten in das Büro des Hausherrn, das man beim Öffnen der Tür deutlich erkennt. Feuer im Kachelofen. Ein Wintertag.

Sie kommt zufrieden summend aus dem Hintergrund, im Mantel, hat eingekauftt und trägt eine Menge Pakete. Wenn sie die Tür öffnet, sieht man im Flur den Boten mit einem Tannenbaum. Sie: Lassen Sie ihn erst mal da draußen stehen. (Nimmt ihr Portemonnaie): Wieviel? Der Bote: Fünfzig Øre. Sie: Da haben Sie eine Krone. Nein, behalten Sie nur. – Der Bote dankt und geht. Sie summt wieder vor sich hin und lächelt zufrieden, während sie einige Pakete öffnet. Ruft, ob er zu Hause ist? Ja! Zunächst ein Dialog durch die geschlossene Tür, danach öffnet er und spricht weiter mit ihr, meistens stehend am Schreibpult weiterarbeitend. Es klingelt draußen. Er will nicht gestört werden, schließt sich ein. Das Zimmermädchen öffnet und läßt die Freundin herein. Frohe Überraschung. Gegenseitiger Bericht über die augenblickliche Situation. Er ist Direktor einer neuen Aktienbank geworden, zu Neujahr soll er seinen Posten antreten, alle finanziellen Sorgen sind vorbei. Die Freundin ist hierher in die Stadt gereist, um irgendwo in einem Kontor oder so eine Stellung zu suchen. Die Frau macht ihr Hoffnung, überzeugt, daß alles gut geht. Das Mädchen öffnet die Tür für einen Inkassobeamten. Die Frau erschrocken. Kurzer Dialog. Er wird ins Büro verwiesen. Die Frau und die Freundin. Das Verhalten des Inkassobeamten wird erörtert. Der Hausherr kommt im Überzieher, hat den Inkassobeamten durch eine andere Tür entlassen. Gespräch über das Anliegen der Freundin. Bedenken seinerseits. Er und die Freundin gehen. Die Frau begleitet beide in den Flur. Das Kindermädchen kommt mit den Kindern, die Mutter spielt mit ihnen. Der Inkassobeamte kommt. Die Frau läßt die Kinder links abgehen. Große Szene zwischen ihr und ihm. Er geht. Der Hausherr kommt, hat ihn auf der Treppe getroffen, unzufrieden, will wissen warum der Inkassobeamte zurückkam? Protektion? Keine Intrigen. Die Frau fragt ihn vorsichtig aus. Antwort im strengen Sinne des Gesetzes. Ab in sein Zimmer. Sie (wieder wie beim Abgang des Inkassobeamten): Aber das ist ja unmöglich! Ich tat es doch aus Liebe!

Zweite Handlung

Der letzte Tag des Jahres. Mittagszeit [gegen 18 Uhr]. Nora und das alte Kindermädchen. Nora, von Unruhe getrieben, zieht sich an für die Straße. Ängstliche Nebenfragen deuten an, daß sie mit dem Gedanken umgeht zu sterben. Versucht, die Gedanken zu verjagen, sich aus dem Kopf zu schlagen, hofft, daß irgendetwas eintreffen soll. Aber was? Das Kindermädchen von links. – Stenborg aus seinem Zimmer. Kurzes Gespräch mit Nora. – Das Kindermädchen wieder herein, sucht Nora. Das kleinste Kind weint. Mißvergnügte Fragen von Stenborg. Das Kindermädchen ab. Stenborg will zu den Kindern. – Dr. Hank kommt. Szene zwischen ihm und Stenborg. – Nora zurück, sie ist umgekehrt, die Angst hat sie ins Haus zurückgetrieben. Stenborg ab in sein Zimmer. – Szene zwischen Nora und dem Doktor. Der Doktor ab. – Nora allein. –

Frau Linde kommt. Szene zwischen ihr und Nora. – Rechtsanwalt Krogstad kommt. Kurze Szene zwischen ihm, Frau Linde und Nora. Frau Linde hinein zu den Kindern. – Szene zwischen Krogstad und Nora. Sie fleht für ihre kleinen Kinder, vergebens. Krogstad geht. Man sieht, wie der Brief durchgesteckt wird. – Frau Linde kommt nach kurzer Pause wieder herein. Szene zwischen ihr und Nora. Halbes Geständnis. – Frau Linde ab. – Nora allein. – Stenborg kommt. Szene zwischen ihm und Nora. Er will den Briefkasten leeren. Bitten, Scherze, halb schelmische Überredungen. Er verspricht, seine Geschäfte bis Neujahr liegen zu lassen. Aber um 12 Uhr mitternachts –! Ab. – Nora allein (auf die Uhr blickend): Jetzt ist es fünf. Fünf. Sieben Stunden bis Mitternacht. 24 Stunden bis morgen Mitternacht. 24 und 7 – einunddreißig. Einunddreißig Stunden zu leben.

Dritte Handlung

Von oben gedämpfte Tanzmusik. Auf dem Tisch eine brennende Lampe. Frau Linde sitzt auf einem Lehnstuhl und blättert zerstreut in einem Buch, versucht zu lesen, scheint sich aber nicht konzentrieren zu können. Hin und wieder sieht sie auf die Uhr. Nora kommt von der Abendgesellschaft oben, getrieben von Unruhe. Überrascht, Frau Linde anzutreffen, die vorgibt, Nora geschmückt sehen zu wollen. Helmer kommt, nicht einverstanden mit ihrem Weggang, um sie zurückzuholen. Der Doktor ebenso, aber um sich zu verabschieden. Frau Linde ist inzwischen ins Nebenzimmer rechts gegangen. Szene zwischen dem Doktor, Helmer und Nora. Er geht schlafen, erklärt er, um nicht wieder aufzustehen. Man soll nicht nach ihm sehen, ein Totenbett ist unschön. Er geht. Nach einigen Abschiedsworten mit Frau Linde geht Helmer mit Nora wieder nach oben. Frau Linde allein, danach Krogstad. Szene und Aussprache zwischen den beiden. Beide ab. Nora mit den Kindern. Dann sie allein. Dann Helmer, nimmt die Post aus dem Briefkasten. Kurze Szene. Gute Nacht. Er ab in sein Zimmer. Nora verwirrt, bereitet sich auf die Entscheidung vor, steht oben an der Tür, als Helmer mit dem geöffneten Brief in der Hand kommt. Große Szene. Es klingelt. Brief von Krogstad an Nora. Schlußszene. Ehescheidung. Nora verläßt das Haus.   (HI VIII, 368 ff)

Ibsen an Nils Lund   Rom, 5. November 1878

Ich beschäftige mich jetzt mit den Vorarbeiten zu einem neuen
Schauspiel und hoffe die Ruhe zu finden, es im Laufe des Winters
vollenden zu können.   (HI XVII, 324)

Ibsen an Frederik Hegel   Rom, 22. Mai 1879

Als ich Ihnen gestern schreiben wollte, war es, um Ihnen mitzuteilen, daß meine neue Arbeit nun so weit vorgeschritten ist, daß ich
annehme, Ihnen die erste Manuskriptsendung ungefähr am 8. Juli
und das übrige in kurzen Abständen schicken zu können. Diese neue
Arbeit ist ein Gegenwartsschauspiel vorwiegend ernsten Charakters. Es besteht aus drei langen Akten, und das Buch wird ungefähr
160 Seiten, also zehn Bogen, ausmachen. Über den Titel möchte ich
noch etwas nachdenken, deshalb teile ich darüber heute nichts mit.
                                                   (HI XVII, 345)

Ibsen an Jonas Lie   Rom, 25. Mai 1879

Ich bin in dieser Zeit mit einer neuen dramatischen Arbeit beschäftigt, die ich hoffe in einem Monat abgeschlossen zu haben.

                                                   (HI XVII, 348)

Ibsen an Frederik Hegel   Rom, 19. Juni 1879

Aus Gesundheitsgründen haben wir unseren ursprünglichen Plan
bezüglich des Sommeraufenthalts geändert. Wir hatten erst an ein
Bergdorf hier in der Umgebung gedacht, aber die sanitären Verhältnisse dort lassen viel zu wünschen übrig, und so haben wir uns
also für Amalfi entschieden, an der Küste südlich von Neapel, wo
man Gelegenheit hat, sich mit Seebädern zu erfrischen. Das wird in
gewissem Maße die Vollendung meines Stückes verzögern. Hinzu
kommt, daß ich Sprache und Dialog die größtmögliche Formvoll-
endung geben will und mir daher vorgenommen habe, das Stück
mitsamt Verbesserungen, Berichtigungen und Änderungen noch einmal abzuschreiben, ehe ich Ihnen die schließliche Reinschrift
schicke. Es ist daher höchst wahrscheinlich, daß Sie von mir nichts
vor August bekommen werden. Aber das ist ja noch zeitig genug.
Habe ich erst mit der Absendung von Manuskripten begonnen,
dann geht es rasch vorwärts.   (HI XVII, 349)

46

Bergliot Ibsen über Ibsen

Als er am *Puppenheim* schrieb, konnte er seiner Frau erzählen, welches Kleid Nora »heute« anhatte. Er konnte sagen: »Heute hat sie ihr blaues Kleid an« oder »Heute trägt sie das Grüne«. Die Figuren [seiner Dramen] folgten ihm Tag und Nacht, auch wo es ihm nicht paßte. In Gesellschaft konnten sie ihn zerstreut und verwirrt machen. Ich erinnere mich, daß er einmal in einer Mittagsgesellschaft ganz bestürzt zu mir kam. Ich fragte ihn, was denn los sei? Das Aussehen seiner Tischdame hatte ihn völlig aus dem Konzept gebracht. Er sagte: »Denk' dir, sie hatte Noras Hände, aber als ich sie ansah – war es nicht Nora!« (BI 186)

Ibsen an Edmund Gosse   Rom, 4. Juli 1879

Hier in Rom lebe ich seit [Ende] September mit meiner Familie. Ich habe mich in dieser Zeit mit einer neuen dramatischen Arbeit beschäftigt, die nun bald fertig ist und im Oktober erscheinen wird. Es ist ein ernstes Schauspiel, eigentlich ein Familiendrama, und behandelt gegenwärtige Verhältnisse und Probleme in der Ehe. Das Stück ist in drei ziemlich lange Akte eingeteilt. Sobald es erschienen ist, wird es Ihnen durch meinen Verleger zugeschickt.

(HI XVII, 353)

Ibsen an Frederik Hegel   Amalfi, 2. September 1879

Hiermit habe ich das Vergnügen, Ihnen die erste Manuskripthälfte meines neuen Stückes zu schicken. Spätestens in acht Tagen schicke ich Ihnen 48 Seiten und eine Woche später den Rest von ungefähr 40 Seiten. Ich bitte Sie, den Druck sofort beginnen zu lassen. Warten Sie nicht auf das [weitere] Manuskript.

Da diese Arbeit Probleme berührt, die man besonders zeitgemäß nennen kann, glaube ich, sie kann mit starkem Absatz rechnen. Es wird wahrscheinlich kein Risiko sein, eine ziemlich hohe Auflage herauszubringen, damit das Buch verkauft wird, solange lebhafte Nachfrage besteht. (HI XVII, 357)

Ibsen an Frederik Hegel   Amalfi, 13. September 1879

Heute morgen ging von hier als eingeschriebene Sendung das Manuskript zum zweiten Akt meines neuen Stückes ab, das Sie hoffentlich gleichzeitig mit diesen Zeilen erhalten. Ich setze voraus, daß der am 2. September abgesandte erste Akt sich seit langem in Ihren Händen befindet und der Buchdrucker schon voll damit arbeitet. Der dritte Akt, etwas mehr als 48 meiner Manuskriptseiten, wird in einigen Tagen fertig sein und Ihnen unmittelbar zugestellt werden.

[...]

Ich glaube, mein Manuskript ist frei von Schreibfehlern, aber ich vertraue es trotzdem Herrn Larsens wohlwollender Fürsorge an. Hier und da dürfte ein Komma vergessen sein, und in solchen Fällen bitte ich ihn, das Fehlende einzufügen.   (HI XVII, 358)

Ibsen an Frederik Hegel   Amalfi, 15. September 1879
Es beruhigt mich außerordentlich zu wissen, daß der erste Teil meines Manuskriptes gut angekommen ist. Dasselbe hoffe ich von der Sendung, die vorgestern morgen von hier abging. Der Rest folgt Ende dieser Woche.
Den Erscheinungstermin des Buches überlasse ich ganz Ihrer Entscheidung. Es wäre mir lieb, wenn es so schnell herauskommen würde, wie eine fürsorgliche Korrekturbehandlung es verantworten kann. Ich teile vollkommen Ihre Ansicht, daß die Buchausgabe eines Stückes dem Theaterbesuch nicht abträglich ist. Im Gegenteil! In den Begleitbriefen an die respektiven Theaterdirektionen in Dänemark und den anderen nordischen Ländern mache ich ausdrücklich darauf aufmerksam, daß der Erscheinungstermin keinesfalls über die erste Hälfte November hinaus verzögert wird.
Für die angebotene hohe Auflage und das noch größere Honorar meinen herzlichsten Dank. Ich hoffe, daß dieses Buch einen guten Absatz und eine lebhafte Aufnahme finden wird. Soviel ist jedenfalls sicher, keines meiner Stücke hat mir größere Zufriedenheit bei der Ausarbeitung der Einzelheiten bereitet als gerade dieses.

(HI XVII, 359)

Ibsen an das Christiania Theater   München, Oktober 1879
Hiermit habe ich die Ehre, dem Christiania Theater meine neue dramatische Arbeit, *Ein Puppenheim,* Schauspiel in drei Akten, einzureichen mit der Anfrage, ob das Theater sich denken kann, das Stück zur Aufführung zu bringen.

PS: Ich muß es zu einer Ehrenpflicht der Direktion machen, das eingereichte Exemplar nicht in unbefugte Hände geraten zu lassen, solange das Stück sich nicht im Buchhandel befindet, d. h. bis zum 15. November. (A 19 f)

München, [zweite Hälfte] Oktober 1879
Ibsen an August Rasmussen
Hiermit habe ich die Ehre, Ihnen ein Exemplar meiner neuen dramatischen Arbeit, *Ein Puppenheim,* Schauspiel in drei Akten, mit der Anfrage zu überreichen, ob Sie dieses Stück in den dänischen Provinzstädten zur Aufführung bringen möchten.
Ich erlaube mir zu bemerken, daß der Ausgang Ihres Prozesses gegen Herrn Cortes förmlich ein hinreichendes Präjudiz für meine bereits früher geäußerte Meinung darstellt, wonach meine dramatischen Arbeiten in ihrer Eigenschaft als dänische Verlagsschriften vom dänischen Gesetz geschützt sind und Sie somit keine Konkurrenz mehr zu befürchten brauchen. (HI XVII, 363)

Ibsen an Frederik Hegel München, 1. November 1879
Am 14. Oktober sind wir hierher zurückgekehrt und haben uns nun einigermaßen in der neuen Wohnung eingerichtet. Ich hoffe, daß Sie Anfang vorigen Monats die aus Sorrent abgeschickten Begleitschreiben an die verschiedenen Theaterdirektoren bekommen haben. Aber ich schwebe in Ungewißheit, ob das Stück schon ausgedruckt und den Theatern zugeschickt worden ist oder nicht. In Ihrem freundlichen Brief vom 22. September stellten Sie mir in Aussicht, daß das Buch Anfang Oktober ausgedruckt sein könnte. Besonders in Stockholm ist es außerordentlich wichtig, daß das Theater so schnell wie möglich ein Exemplar erhält, da die Übersetzung ja etliche Zeit in Anspruch nimmt. [. . .] In einigen Tagen werde ich mir erlauben, Ihnen Briefchen an einige Personen zuzustellen, an die ich gern ein Exemplar des Buches geschickt haben möchte, sobald es erschienen ist. (HI XVII, 363 f)

Ibsen an Bendix Edvard Bendixen München, 12. November 1879
Mein neues Schauspiel *Ein Puppenheim* befindet sich nun hoffentlich in Ihren Händen. Es wird wahrscheinlich kaum vor Ende des

Monats im Buchhandel erscheinen, und ich hoffe, daß das eingelieferte Exemplar bis dahin nicht Unbefugten zugänglich gemacht wird. Das Stück ist bereits vom Kgl. Theater in Kopenhagen angenommen worden. Es würde mich interessieren, inwieweit Noras Rolle in Bergen befriedigend besetzt werden kann. Nach den Beschreibungen, die ich über Fräulein Reimers' Äußeres bekommen habe, paßt sie nicht für die Rolle. Es ist auch nicht ratsam, sie von einer Anfängerin spielen zu lassen. Aber das Theater wird wohl einen Ausweg finden. (HI XVII, 367)

Ibsen an Frederik Hegel   München, 14. November 1879
Mit großer Freude erfuhr ich aus Ihrem freundlichen Brief vom 8. ds., daß *Ein Puppenheim* bereits vom Kgl. Theater [in Kopenhagen] zur Aufführung angenommen worden sein soll. Die Freude dauerte allerdings nicht länger als bis heute abend, da ich einen Brief von dem Kammerherrn Fallesen erhielt, worin er zur Bedingung macht, daß das Buch nicht vor dem 21. Dezember in Dänemark erscheint und daß das Stück an keinem anderen Theater vor diesem Termin aufgeführt werden darf. Das Buch erst zu Weihnachten herauszubringen, wäre ungefähr dasselbe, als es vom Weihnachtsverkauf auszuschließen, und es kommt mir recht unwahrscheinlich vor, daß der Herr Kammerherr das nicht eingesehen haben sollte. Ich kann deshalb seinen Vorschlag nicht anders deuten als eine indirekte Ablehnung des Stückes und habe ihm bereits telegraphisch mitgeteilt, daß ich unmöglich auf seine Forderungen eingehen kann.
Nun frage ich Sie, ob Sie mir raten, das Stück am Volkstheater [Folketeatret in Kopenhagen] einzureichen? Gibt es an dieser Bühne eine Schauspielerin, die die Rolle der Nora übernehmen kann, und wagt man dort, auf Grund des Privilegiums derartige Stücke zu spielen? Ist das nicht der Fall, so meine ich doch, daß eine Sondergenehmigung zu erreichen sein müßte. Für ein paar beratende Worte wäre ich Ihnen sehr dankbar.
Da wir nun keine Rücksicht mehr auf das Kgl. Theater zu nehmen brauchen, bin ich der Ansicht, daß das Buch nicht später als am 22. ds. herauskommen sollte. Ich fände es nicht richtig, wenn die deutsche Übersetzung dem Original zuvorkäme, aber diese Mög-

lichkeit kann ich nicht verhindern. Im übrigen haben Sie natürlich in dieser Angelegenheit völlig freie Hände und können handeln nach bester Überzeugung. (HI XVII, 367 f)

Ibsen an das Christiania Theater   München, 16. November 1879
Mir scheint, daß mein neues Schauspiel in Bezug auf die Besetzung für das Personal des Christiania Theaters besonders geeignet ist. Einen Vorschlag will ich nicht machen. Die Verteilung der Rollen muß natürlich stets der Direktion überlassen bleiben, aber es mag mir vielleicht gestattet sein anzugeben, wie ich mir die Besetzung gedacht habe. [...] Das Kindermädchen hat eigentlich nur eine einzige Szene, aber darauf lege ich aus mehreren Gründen großes Gewicht. Im übrigen glaube ich nicht, daß zwischen dem Verwaltungsausschuß und mir besonders geteilte Meinungen über die Besetzung herrschen werden.
Das Stück erfordert in hohem Maße ein natürliches Spiel und einen raschen, aber durchgearbeiteten Dialog. Ich hoffe, daß die Regie diese wichtige Voraussetzung erkennt und neben den Darstellern bei der Einstudierung und der Inszenierung keine Mühe scheuen wird. (A 21)

Ibsen an Ludvig Josephson   München, 17. November 1879
Das Kgl. Theater [in Stockholm] hat schon lange das alleinige Aufführungsrecht an meinem neuen Schauspiel *Ein Puppenheim* zugesichert bekommen. Es ist mir daher nicht möglich, dieses Recht gleichzeitig Ihrem Theater[2] zu übertragen. Selbst wenn ich noch frei über meine Arbeit hätte verfügen können, sähe ich mich nicht imstande, mit Rücksicht auf das Neue Theater meine Honorarforderungen herabzusetzen. Ich bin im Gegenteil gezwungen, so viel wie möglich aus meinen Arbeiten herauszuschlagen. Zum großen Teil muß ich von meinen Honoraren leben. (HI XVII, 369)

Ibsen an Gustaf Gustafson   München, 18. November 1879
Heute hatte ich das Vergnügen, Ihren freundlichen Brief zu erhalten und erlaube ich mir hiermit, denselben zu beantworten.

2 Neues Theater (Nya teatern) in Stockholm.

Als Honorar für *Ein Puppenheim* bedinge ich mir [. . .] einen Betrag von 1000 Kronen aus, die ich bei Annahme des Stückes an den Gyldendalschen Buchhandel in Kopenhagen auszuzahlen bitte. Mit Erlegung dieses Honorars erhalten Sie das Aufführungsrecht für Göteborg, wie es Ihnen außerdem freistehen soll, das Stück mit dem von Ihnen geleiteten Schauspielpersonal auch andernorts in Schweden aufzuführen, doch nicht in Stockholm. Die jetzige Gesetzgebung, die auch norwegische dramatische Arbeiten umfaßt, sichert Sie, wie Sie wohl wissen, gegen jede Konkurrenz.

[. . .]

In der deutschen Übersetzung, die in Arbeit ist, wird das Stück wahrscheinlich *Ein Puppenheim* heißen, und näher kann man dem Original auf deutsch nicht kommen. Ich vermute, daß [Frans] Hedberg sich jetzt mit einr Übersetzung für das Kgl. Dr[amatische] Theater [in Stockholm] beschäftigt. Wäre es nicht zweckmäßig, mit ihm zu konferieren, damit das Stück in Göteborg und Stockholm unter dem gleichen Titel gehen könnte?   (UO)

Ibsen an Christian Molbech   München, 22. November 1879
Erlaube mir, Dir hiermit ein Exemplar meines neuen Schauspiels zu schicken, das Du in Deiner Eigenschaft als Zensor natürlich schon kennst.   (DT)

Ibsen an Frederik Hegel   München, 22. November 1879
Wie Sie vermutlich wissen, habe ich vom Kammerherrn Fallesen ein Telegramm bekommen und es sofort schriftlich beantwortet. Die Sache kann also als erledigt angesehen werden. Ich kann mir allerdings nicht denken, daß es dem Kgl. Theater [in Kopenhagen] möglich ist, das Stück noch vor Weihnachten zur Aufführung zu bringen. Aber es freut mich über alle Maßen, daß man mit der Einstudierung sofort beginnt.

An das Christiania Theater habe ich das Stück für 2500 Kronen verkauft, für welchen Betrag das Theater das Recht hat, es 50 Mal aufzuführen. Von der 51. Vorstellung an wird mir für jedes Mal eine kleine Abgabe gezahlt.

Auch am Theater in Göteborg ist es angenommen. [. . .] Von Stockholm habe ich noch nichts gehört, auch nicht von Bergen.

Aber man kann davon ausgehen, daß das Stück an beiden Theatern angenommen wird. (HI XVII, 372 f)

Ibsen an Nils Lund   München, 30. November 1879
Hoffentlich ist jetzt mein neues Schauspiel zu Hause im Buchhandel erschienen. Es ist bereits von den nordischen Theatern angenommen worden und in Vorbereitung. [...] Eine deutsche Ausgabe des Stückes habe ich veranstaltet, gleichzeitig mit dem Original gedruckt. Sie ist jetzt fertig und geht in diesen Tagen ab. (UO)

Ibsen an August Rasmussen   München, 1. Dezember 1879
Auch gegenüber dem Kgl. Theater [in Kopenhagen], wo das Stück jetzt einstudiert wird, habe ich mich verpflichtet, es nicht anderswo in Dänemark spielen zu lassen, bevor es am Kgl. Theater aufgeführt worden ist. Da dies aber, wie Kammerherr Fallesen mir mitgeteilt hat, bereits Mitte dieses Monats geschehen wird, oder doch am 21. Dezember, nehme ich an, daß diese Bedingung für Sie ohne Bedeutung ist. (HI XVII, 373 f)

Ibsen an Lorentz Dietrichson   München, 19. Dezember 1879
Ich hätte Dir schon lange schreiben sollen. Aber die Ausgabe und Verschickung meines neuen Schauspiels *Ein Puppenheim* an die Theater hat meine Zeit sehr beansprucht, um so mehr, als gleichzeitig mit dem Original eine deutsche Ausgabe erschienen ist, die mir allerhand Scherereien eingebracht hat. (HI XVII, 375 f)

Ibsen an Frederik Hegel   München, 22. Dezember 1879
Herzlichen Dank für Ihr Telegramm, das wir heute abend erhielten. Die Aufführung ist also doch zum festgesetzten Zeitpunkt fertig geworden.[3] Ich hatte fast daran gezweifelt, sehe aber nun zu meiner großen Befriedigung, daß ich mich geirrt habe. Ich bin dem Kammerherrn Fallesen und allen übrigen Beteiligten sehr dankbar für den Eifer, den man der Einstudierung gewidmet hat. Nun möchte ich nur wünschen, daß die Rezensenten das Stück bis auf

3 Die Uraufführung von *Ein Puppenheim* am Kgl. Theater in Kopenhagen am 21. Dezember 1879.

den Grund verstanden haben. Die Kritik liegt bei uns[4] oft in den Händen von Leuten, die noch nicht die nötige Reife besitzen, um eine literarische Arbeit von allen Seiten erklären und beurteilen zu können. [...]

Meinen besten Dank für die übersandten Exemplare! Mir scheint der Einband diesmal, wenn möglich, noch geschmackvoller als sonst. Besonders der gelbe Einband weckt allgemeine Bewunderung. Aber es ist in Zukunft durchaus nicht nötig, mir so viele gebundene Exemplare zu schicken. Drei bis vier sind vollauf genug, im übrigen kann ich mich gut mit gehefteten behelfen.

[...]

Ich habe mich damit einverstanden erklärt, dem Göteborger Theater *Ein Puppenheim* für 500 Kronen zu überlassen. Direktor [August] Rasmussen [in Bergen] erhält das Stück für den gleichen Betrag, wovon 300 Kronen nach der Premiere und der Rest am Ende der Saison zu zahlen sind.

(HI XVII, 376 f)

Ibsen an Nils Lund   München, 12. Januar 1880

Mein neues Stück scheint weite Verbreitung zu finden. Die 1. Auflage betrug 8000 Exemplare, und eine neue Auflage ist, wie Sie wohl wissen, bereits vereinbart.

(UO)

Ibsen an Frederik Hegel   München, 13. Januar 1880

Direkt am Weihnachtsabend erhielt ich das Buchpaket, womit Sie mich so freundlich bedacht haben, und gleichzeitig damit die überraschende Nachricht, daß eine neue Auflage von *Ein Puppenheim* bereits so bald erforderlich wurde. Das späte Erscheinen des Buches hat also dem Absatz durchaus nicht geschadet. [...] Die vielen Rezensionen habe ich ebenfalls nach und nach bekommen. Vieles ist voller Mißverständnis und Unverstand, aber darauf war ich vorbereitet, und es schadet durchaus nicht. Allmählich wird man es schon richtig verstehen.

(HI XVII, 379)

Ibsen an Frederik Hegel   München, 22. Januar 1880

Dagegen war es mir sehr unangenehm zu erfahren, daß die deutsche Übersetzung meines neuen Stückes in Kopenhagen gut ver-

4 Ibsen meint Norwegen und Dänemark.

kauft wird und daß der Absatz des Originals darunter leidet. Ich habe natürlich in einer der mir von Ihnen zugeschickten Zeitungen gesehen, daß *Nora [Ein Puppenheim]* da oben zum Verkauf angeboten wird. Aber ich glaubte, Sie wollten mich nur auf ein Kuriosum aufmerksam machen, da ich mir nicht vorstellen konnte, daß jemand da oben die deutsche Übersetzung kauft, wenn er sie nicht mit dem Original vergleichen will. Nach Ihrer Mitteilung sieht die Sache allerdings anders aus, und ich möchte Ihnen daher anheimstellen, umgehend die Hilfe der Autoritäten in Anspruch zu nehmen, um diesen ungesetzlichen Zustand zu beheben, der für uns beide zum Schaden ist. Mit der deutschen Übersetzung als Buchobjekt habe ich gar nichts zu tun. Ich habe weder dem Übersetzer ein Honorar gezahlt noch erhalte ich ein Honorar vom Verleger. Der Übersetzer hat mir die erforderlichen Exemplare für die deutschen Theater zu liefern, alles übrige geht mich nichts an. Natürlich können wir dem deutschen Verleger nicht verbieten, Bestellungen nach Dänemark anzunehmen. Aber es unterliegt wohl keinem Zweifel, daß wir dänischen Buchhändlern verbieten können, diese deutsche Übersetzung in Dänemark feilzubieten und zu verkaufen. Unser Gesetz enthält ja deutliche Bestimmungen für derartige Fälle. Ich finde, diese Bestimmungen hätten schon lange praktisch zur Anwendung kommen sollen. Die deutsche Übersetzung von *Stützen der Gesellschaft,* ebenfalls bei Reclam jun. in Leipzig erschienen, wird womöglich auch in unseren Landen vertrieben. [. . .] Es würde mich lebhaft interessieren, bald von Ihnen zu hören, was Sie darüber denken. Daß dies alles gänzlich gegen meinen Willen und ohne mein Einverständnis geschehen ist, versteht sich von selbst. Es widerspricht ja auch völlig meinen eigenen und Ihren Interessen. Falls notwendig, bitte ich Sie, diesen Brief als Vollmacht zu betrachten, auch in meinem Namen dagegen einzuschreiten. Ich bin selbstverständlich gern bereit, meinen Anteil an den eventuellen Unkosten zu tragen. (HI XVII, 380 f)

Ibsen an Bendix Edvard Bendixen   München, 27. Januar 1880
[. . .] Sehen Sie eine Möglichkeit, *Ein Puppenheim* auf die Bühne zu bringen? (HI XVII, 382)

Ibsen an Frederik Hegel   München, 2. Februar 1880
Auf Ersuchen von Herrn Axel Krook habe ich dem Theater in
Göteborg *Ein Puppenheim* für 500 Kronen [zur Aufführung]
überlassen. Das ausbedungene Honorar ist bezahlt. Herr [August]
Rasmussen [in Bergen] hat das Stück ebenfalls für 500 Kronen
bekommen, wovon 300 sofort zu zahlen sind und der Rest bei Abschluß der Saison.   (HI XVII, 385)

Ibsen an Frederik Hegel   München, 15. Februar 1880
Es war mir eine große Freude zu erfahren, daß eine 3. Auflage von
Ein Puppenheim schon jetzt erforderlich ist. Dieses Jahr scheint in
pekuniärer Hinsicht für mich ein besonders gutes Jahr zu werden.
                                                      (HI XVII, 387)

                                       München, 17. Februar 1880
Ibsen an die »Dänische Nationalzeitung«: In Nr. 1360 Ihres geschätzten Blattes las ich eine Pressenotiz aus Flensburg, aus der ich
erfuhr, daß dort *Ein Puppenheim* (auf deutsch *Nora*) aufgeführt
worden ist und der Schluß des Stückes verändert wurde – angeblich
auf meinen Wunsch.
Das letztere ist absolut unzutreffend. Gleich nach Erscheinen von
Nora teilte mein Übersetzer und Agent für die norddeutschen
Theater, Herr Wilhelm Lange in Berlin, mir mit, er habe Grund zu
befürchten, daß eine andere Übersetzung oder »Bearbeitung« des
Stückes mit verändertem Schluß herauskäme und wahrscheinlich
von verschiedenen norddeutschen Bühnen bevorzugt würde.
Um einer solchen Möglichkeit vorzubeugen, schickte ich ihm für
den Notfall einen Änderungsentwurf, wonach Nora, ehe sie das
Haus verlassen kann, von Helmer an die Tür zum Schlafzimmer
der Kinder gedrängt wird. Dort wechseln sie ein paar Repliken,
Nora sinkt an der Tür zusammen – und der Vorhang fällt.
Diese Änderung habe ich meinem Übersetzer gegenüber selbst als
eine »barbarische Gewalttat« an dem Stück bezeichnet. Es geschieht
also ganz gegen meinen Willen, wenn man davon Gebrauch macht.
Aber ich hege die Hoffnung, daß die Änderung von recht vielen
Bühnen abgelehnt wird.

Solange keine literarische Konvention zwischen Deutschland und den skandinavischen Ländern abgeschlossen wird, sind wir nordischen Autoren hier unten völlig rechtlos, ebenso wie es ja die deutschen Autoren bei uns sind. Unsere dramatischen Arbeiten sind hier deshalb häufig gewaltsamer Behandlung durch Übersetzer und Direktoren, durch Regisseure und Schauspieler an kleineren Bühnen ausgesetzt. Aber droht derartiges mir, dann ziehe ich es vor – durch frühere Erfahrungen gewitzigt –, die Gewalttat selbst auszuüben, statt meine Arbeiten der Behandlung und »Bearbeitung« durch weniger behutsame und unkundige Hände auszusetzen.

(HI XIX, 146 f)

Ibsen an Heinrich Laube   München, 18. Februar 1880
Mit großer Freude erfahre ich, daß mein neuestes Schauspiel, *Ein Puppenheim,* unter Ihrer berühmten Leitung am Wiener Stadttheater zur Aufführung kommen wird.[5]
Sie finden, daß das Stück auf Grund des Schlusses nicht der Kategorie »Schauspiel« entspricht. Aber, verehrter Herr Direktor, legen Sie wirklich so großen Wert auf die sogenannten Kategorien? Ich für meinen Teil halte die dramatischen Kategorien für dehnbar und meine, sie müssen sich nach den gegebenen Tatsachen in der Literatur richten – nicht umgekehrt. Soviel steht jedenfalls fest: Mit dem jetzigen Ausgang hat das Stück sowohl in Kopenhagen als auch in Stockholm und Kristiania einen fast beispiellosen Erfolg erlebt.
Den Schluß habe ich nicht aus Überzeugung geändert, sondern auf Wunsch eines norddeutschen Theateragenten und einer Schauspielerin, die als Nora in Norddeutschland auf Tournee gehen will.[6]
Ich füge eine Abschrift dieser Änderung bei, an der Sie hoffentlich erkennen werden, daß die Wirkung des Stückes durch diesen Schluß nur abgeschwächt wird.[7]

5 Die Premiere fand erst am 8. 9. 1881 statt.
6 Hedwig Niemann-Raabe.
7 Nora: – dass unser Zusammenleben eine Ehe werden könnte.
        Leb wohl. (Will gehen.)
Helmer: Nun denn gehe! (Fasst sie am Arm.) Aber erst sollst Du Deine

Ich lege Ihnen nahe, diese Änderung nicht zu beachten, sondern das Stück in der ursprünglichen Form aufzuführen. (HI XVII, 388)

[München, Anfang März 1880]

Ibsen im Gespräch mit John Paulsen

Als Ibsens *Ein Puppenheim* unter dem Titel *Nora* in München zum ersten Mal aufgeführt wurde,[8] war Ibsen bei fast allen Proben anwesend. [...]

Das Stück wurde im ganzen gut gespielt – ausgezeichnet war [Maria] Ramlo als Nora –, und nach der Vorstellung dankte Ibsen allen Schauspielern aufs wärmste.

Man sollte glauben, daß es in Ibsens Augen eine vorbildliche Aufführung war. [...] Aber nachher hatte er allerlei Einwendungen zu machen.

Da waren nicht allein ein paar Darsteller, die nur teilweise ihre Rollen verstanden hatten, er war auch unzufrieden mit der Farbe der Wohnzimmertapete, die nicht die richtige, von ihm gewünschte Stimmung gab, und dann kam er noch mit solchen Finessen, daß Nora nicht die richtigen Hände hätte. [...]

Man darf allerdings nicht vergessen, daß Ibsen das Stück in seiner Phantasie tausendmal aufgeführt gesehen hat, daß er jede Figur genau kennt, deren Aussehen und Kleidung, deren Haltung und Gesten, deren Gewohnheiten und Unarten. Er weiß also, ob Nora klein oder groß ist, ob blond oder brünett, ob sie langsam geht oder

> Kinder zum letzten Mal sehen!
> Nora: Lass mich los! Ich will sie nicht sehen! Ich kann es nicht!
> Helmer: (zieht sie gegen die Thür links). Du sollst sie sehen! (Öffnet die Thür und sagt leise.) Siehst Du; dort schlafen sie sorglos und ruhig. Morgen, wenn sie erwachen und rufen nach ihrer Mutter, dann sind sie – mutterlos.
> Nora: (bebend). Mutterlos –!
> Helmer: Wie Du es gewesen bist.
> Nora: Mutterlos! (Kämpft innerlich, lässt die Reisetasche fallen und sagt:) O, ich versündige mich gegen mich selbst, aber ich kann sie nicht verlassen. (Sinkt halb nieder vor der Thür.)
> Helmer: (freudig, aber leise). Nora!
> (Der Vorhang fällt.)

8 Am 3. 3. 1880 im Münchner Residenztheater.

schnell, er hat die geringsten Eigentümlichkeiten ihres Charakters studiert und bemerkt, daß sie unruhig, fast wollüstig die Schultern zieht, wenn sie von den verbotenen Makronen ißt.

Aber bei der Aufführung hat das von Ibsen in seinen intimsten Details ausgearbeitete Phantasiebild einen Kampf mit der krassen Realität jenseits der Rampe zu bestehen. Es schmerzt ihn zu sehen, wie die theatralische Darstellung von der seines Traumes abweicht. Jene Nora, die wie ein Singvogel auf die Bühne hüpft, ist gut, sogar sehr gut, und sie begeistert das Publikum – aber sie ist nicht *seine* Nora. (JP I, 60 ff)

Ibsen über *Ein Puppenheim*   [München,] 4. März [1880]
Zuerst habe er alles wie im Nebel vor sich gesehen, hatte Ibsen seiner Frau erzählt, dann lösten sich vereinzelt formlose Gestalten aus dem Chaos und wurden am Ende klarer und deutlicher.
Eines Tages überraschte er seine Frau mit der Mitteilung: »Jetzt habe ich *Nora* gesehen. Sie trat auf mich zu und legte die Hand auf meine Schulter.«
»Was für ein Kleid hatte sie an?« hatte Frau Ibsen gefragt.
»Sie trug ein einfaches blaues Wollkleid«, antwortete Ibsen unheimlich ernst. (JP II, 60)

Ibsen an Nils Lund   München, 19. März 1880
Auf telegraphische Anfrage des Theaterdirektors Cetti in Trondhjem habe ich ihm das Alleinrecht zugesagt, im Sommer *Ein Puppenheim* in den schwedischen Provinzstädten auf *dänisch* zu spielen, sofern er unmittelbar ein Honorar von 300 Kronen an Sie einzahlt. Da ich Ihnen schon früher von drei schwedischen Theaterdirektoren schrieb, die ebenfalls das Stück in Schweden spielen wollen und vielleicht schon die vereinbarten Honorare bezahlt haben, schicke ich Ihnen diese Zeilen, um Sie darauf aufmerksam zu machen, daß keine irgendwie gearteten Bedenken bestehen, die [oben genannte] Einzahlung von Herrn Cetti anzunehmen. Sein Alleinrecht bezieht sich für die genannte Zeitspanne nur auf Vorstellungen in *dänischer* Sprache in Schweden und nicht auf Aufführungen in Schweden überhaupt. (HI XVII, 390)

München, 21. März 1880

Ibsen an die »Redaktion der Neuen Zeit«[9]

Ich bin Ihnen sehr dankbar, daß Sie die Recension des Herrn Hauptmann Schubert nicht in der »Neuen Zeit« aufgenommen haben. Herr Schubert ist ein guter und lieber Bekannter von mir, aber in seinen dramaturgischen Anschauungen steht er kaum auf der Höhe unserer Zeit. Dass *ihm* der Schluss meines neuen Stückes nicht gefällt, finde ich sehr begreiflich, aber grade dieses Schlusses wegen habe ich das ganze Stück gedichtet, und grade der Schluss des Stückes hat hier wie anderswo ein so ausserordentlich reges Interesse und eine so lebhafte Besprechung hervorgerufen. [...]

(UO)

Ibsen an Bendix Edvard Bendixen   München, 26. März 1880
Es war mir sehr lieb, in Ihrem jüngsten Schreiben bestätigt zu sehen, daß die Aufführung von *Ein Puppenheim* auf dem Theater in Bergen so glücklich abgelaufen ist und namentlich, daß eine junge vielversprechende Schauspielerin dadurch Gelegenheit gefunden hat, sich auszuzeichnen.   (HI XVII, 393)

Ibsen an Frederik Hegel   München, 14. April 1880
Hier unten hat *Ein Puppenheim* dieselbe Unruhe angestiftet wie daheim. Man hat leidenschaftlich für und wider das Stück Partei genommen, und es ist kaum vorher in München vorgekommen, daß eine dramatische Arbeit so lebhaft diskutiert wurde wie diese.

(HI XVII, 398)

[Berchtesgaden, Sommer 1880]

Ibsen über die Genesis von *Ein Puppenheim:*

Ibsen erzählte an diesem Abend in bester Stimmung die Entstehungsgeschichte des *Puppenheims.*

Eine in Dänemark ansässige Frau hatte ihm in Briefen anvertraut, sie sei so unglücklich ... Ibsen kannte sie aus Dresden, wo sie sich als junges Mädchen aufgehalten hatte. Sie wohnte damals nicht weit von Ibsens in einer Pension und machte häufige Besuche bei

9 Im Original deutsch.

60

ihnen. Ibsen und seine Frau hatten sehr freundschaftliche Gefühle für die nette kleine Landsmännin, die so aufgeweckt und begabt war, nicht am wenigsten in literarischer Beziehung.

Es betrübte Ibsen, daß sie in ihrer Ehe weniger zufrieden war, obwohl sie einen braven und ehrenwerten Mann hatte. Ibsen hatte ihn selbst kennengelernt, als das Paar ihn auf einer Reise nach Italien in München besuchte und einen Abend in seinem Haus verbrachte. Aber die Frau hatte auch andere Sorgen. Sie offenbarte Ibsen, daß sie trotz ihrer schwachen Gesundheit ununterbrochen schreiben müsse, ein Romankapitel nach dem andern, und wenn sie nicht umgehend einen Verleger fände und den großen Betrag verdiene, den sie gerade jetzt brauche, dann wär es aus mit ihr.

Ibsen gab ihr teilnehmend literarische Ratschläge.

Plötzlich kam ein Brief von ihrem Mann, der Ibsen mitteilte, daß seine Frau sich in einer Nervenklinik befand. Das eigentliche Motiv ihrer Geisteskrankheit sollte er auch bald erfahren.

In Ibsens Phantasie entstand allmählich das Bild seiner Nora – der mutigen jungen Ehefrau, die Urkundenfälschung begeht, um zu Geld zu kommen und das Leben ihres Mannes retten zu können, und die am Ende, da »das Wunder« nicht eintrifft, aus der Ehe ausbricht. –

Wenn Ibsen einen Mann wie Krogstad in *Ein Puppenheim* so ausgezeichnet schildern konnte, so auf Grund persönlicher Studien und bitterer Erfahrungen. Diese sog. Advokaten waren oft heimliche Wucherer, wie Ibsen sie in seiner ökonomischen Jugendmisere aufsuchen mußte.

Für Krogstad hat somit ein Rechtsanwalt in Bergen Modell gestanden. Ibsen hat mir selbst den Namen genannt, der im Stück nur leicht verändert ist. (JP II, 141 f)

Ich erlaubte mir, Ibsen zu fragen, warum er die weibliche Hauptperson in *Ein Puppenheim* »Nora« genannt hatte. Ohne sich zu bedenken, antwortete er: »Sie wissen doch, daß sie eigentlich Leonore hieß, aber alle nannten sie Nora, denn sie war das verhätschelte Kind in der Familie.«

[. . .]

Da die dänischen Rezensenten sich viel mit der Frage beschäftigten,

61

ob Nora wiederkommt oder nicht, fragte ich Ibsen nach seiner Meinung. Er nahm die Frage durchaus nicht übel. »Was weiß ich?« sagte er, und indem er Nora als ein selbständiges, von ihm unabhängiges Wesen erklärte, fügte er hinzu: »Sie kann vielleicht zu ihrem Mann und ihren Kindern zurückkehren, sie kann aber auch als Zirkunskünstlerin umherziehen.« (JPE II, 130)

Ibsen an Edmund Gosse   Rom, 26. November 1880
Mit größtem Vergnügen gebe ich mein Einverständnis zu der erwähnten Übersetzung und Aufführung des *Puppenheims* auf der englischen Bühne. Es wird mich in hohem Maße interessieren zu erfahren, wie dieses Stück in England aufgenommen wird.
(HI XVII, 415 f)

Ibsen an August Larsen   Rom, 13. März 1884
In aller Eile bitte ich Sie höflichst, auf meine Rechnung ein gebundenes Exemplar von *Ein Puppenheim* unter beiliegender Adresse nach Berlin zu senden.
Das Buch ist bei Herrn Bernstein für die Prinzessin von Wales bestellt worden und soll baldmöglichst nach London geschickt werden, wo das Stück zur Zeit in englischer Bearbeitung auf dem Princess Theatre gegeben wird. (HVIII, 15)

Ibsen an Frederik Hegel   Rom, 11. Februar 1885
Das letztgenannte Stück steht wieder auf dem Spielplan des Großen Theaters in Warschau mit einer Schauspielerin, die in der Hauptrolle [als Nora] einen außerordentlich großen Erfolg hat. Aber von einem Autorenhonorar ist natürlich keine Rede.
(HI XVIII, 57)

Ibsen an August Lindberg   München, 14. Oktober 1889
Als Antwort auf Ihre freundliche Anfrage teile ich Ihnen mit, daß meines Wissens kein Hindernis für eine Aufführung von *Ein Puppenheim* in Göteborg besteht. Was das Honorar betrifft, überlasse ich Ihnen, es selbst zu bestimmen und bitte Sie, den Betrag gütigst an die Gyldendalsche Buchhandlung in Kopenhagen einzahlen zu wollen. (HI XVIII, 223)

Ibsen an William Archer   München, 3. November 1889
Für alles, was Sie bisher getan haben und tun werden, um meinen
Arbeiten in England Eingang zu verschaffen, werde ich mich Ihnen
gegenüber stets in tiefer Dankesschuld fühlen. [. . .]
Ihre herrliche und kostbare Prachtausgabe von *Ein Puppenheim*
ist unbeschädigt eingetroffen. Auch für dieses schöne Geschenk sage
ich Ihnen meinen herzlichsten Dank. Ich hätte es schon lange tun
sollen. Das Buch liegt ständig auf meinem Tisch, und es erregt lebhafte Bewunderung bei allen, die es sehen und etwas von Kunst-
werken auf dem typographischen Gebiet verstehen. Ich leugne
nicht, einigermaßen stolz darauf zu sein, daß eine meiner Arbeiten
in solcher Ausstattung in dem großen England hat erscheinen
können.   (HI XVIII, 230)

Ibsen an August Lindberg   München, 17. März 1890
Für die wenigen Male, die Sie *Ein Puppenheim* aufgeführt haben,
möchte ich kein Honorar entgegennehmen.   (HI XVIII, 243)

                                           München, 18. März 1890
Ibsen in einem Interview mit J. J. Skordalsvold
S: Aus *Gespenster* und *Ein Puppenheim* scheinen viele den Schluß
   zu ziehen, daß Sie für die freie Liebe eintreten. Ist das nicht ein
   Mißverständnis?
I: Immer wieder habe ich versucht, dieses Mißverständnis durch die
   Zeitungen aufzuklären. Aber auch die Berichtigung wurde eben-
   so hartnäckig mißverstanden. Und nun habe ich mich entschlos-
   sen, über diese Dinge nichts mehr durch die Presse auszusagen.
   Ich werde diese Stücke einfach den Kritikern überlassen in der
   Hoffnung, daß sie sie zu deuten verstehen.   (HI XIX, 182)

Ibsen an Moritz Prozor   München, 17. April 1890
Es war mir wirklich eine große und erfreuliche Überraschung zu erfahren, daß *Ein Puppenheim* in Ihrer Übersetzung am [Théàtre]
Odéon [in Paris] aufgeführt werden soll. Diese ganz ungewöhnliche Ehre habe ich zweifellos Ihrem persönlichen Einfluß zu verdanken.   (HI XVIII, 243)

Ibsen an Fredrika Limnell   München, 1. Juli 1890

Die übersandten Zeitungsausschnitte habe ich durchgelesen. Ein Teil war mir schon vorher bekannt, wie ich überhaupt genau den Streit verfolgt habe, der aus Anlaß Ihres Stückes *Männer der Ehre* (Maend af aere) entbrannt ist.

Es ist mir jedoch nicht ganz klar, was Laura Kieler eigentlich bezweckt, wenn sie versucht, *mich* in diese Streitigkeiten hineinzuziehen. Eine Erklärung meinerseits, wie sie sie wünscht, nämlich »daß sie *nicht* Nora ist«, wäre sinnlos und lächerlich, weil ich nie das Gegenteil behauptet habe. Wenn da oben in Kopenhagen unwahre Gerüchte verbreitet waren, daß zu einem früheren Zeitpunkt in ihrem Leben etwas vorgefallen ist, das der Wechselgeschichte in *Ein Puppenheim* (Nora) gleicht, so ist sie selbst oder ihr Mann, am liebsten beide gemeinsam, allein in der Lage, die falschen Gerüchte durch eine offene und bestimmte Erklärung niederzuschlagen. Ich begreife nicht, daß Herr Kieler nicht schon lange diesen Ausweg gesucht hat, der der Verleumdung sofort ein Ende machen würde.

(HI XVIII, 250)

Ibsen an Moritz Prozor   München, 23. Januar 1891

Wie ich zu meinem Bedauern sehe, hat Herr Luigi Capuana Ihnen mit seinem Vorschlag, die Schlußszene in *Ein Puppenheim* für die italienischen Bühnen zu ändern, bedeutende Schwierigkeiten bereitet.

Ich zweifle nicht einen Augenblick, daß Ihre Variante dem Vorschlag des Herrn Capuana weit vorzuziehen wäre. Aber die Sache ist die, daß ich unmöglich so ohne weiteres eine Änderung des Schlusses autorisieren kann. Ich möchte beinahe sagen, das ganze Stück ist gerade wegen der Schlußszene geschrieben.

Hinzu kommt, daß Herr Capuana nach meiner Ansicht irrt, wenn er fürchtet, das italienische Publikum wäre nicht imstande, meine Arbeit zu verstehen oder zu billigen, wenn sie in ihrer ursprünglichen Fassung auf dem Theater dargeboten wird. Jedenfalls sollte man den Versuch machen. Zeigt es sich, daß es so nicht geht, dann mag Herr Capuana von sich aus Ihre Änderung der Schlußszene benutzen, auch ohne meine formelle Zustimmung oder Autorisation.

In meinem gestrigen Brief an Herrn Capuana habe ich mich kurz darüber geäußert, und ich hoffe, er läßt seine Bedenken fallen, solange er nicht aus Erfahrung die Gewißheit gewonnen hat, daß sie wirklich berechtigt sind.[10]
Seinerzeit, als *Ein Puppenheim* ganz neu war, gab ich notgedrungen mein Einverständnis, daß der Schluß für Frau Hedwig Niemann-Raabe geändert wurde, die die Nora in Berlin spielen wollte.[11] Damals hatte ich eben keine Wahl, literarisch gesehen war ich ja in Deutschland rechtlos und konnte es also nicht verhindern. Außerdem war das Stück in seiner ursprünglichen Fassung, also nicht entstellt, dem deutschen Publikum zugänglich durch die deutsche Ausgabe, die schon damals gedruckt war und im Buchhandel vorlag. Mit dem geänderten Schluß hat das Stück sich nicht lange auf dem Spielplan gehalten. Unverändert wird es dagegen immer noch gespielt. (HI XVIII, 281 f)

Ibsen an Moritz Prozor   München, 29. Januar 1891
Nehmen Sie meinen besten Dank für Ihren Brief vom 25. ds., ebenso für das Telegramm, demzufolge ich gestern Herrn Capuana in Rom meine Autorisation schickte, *Ein Puppenheim* aufzuführen. Die Vereinbarung, die ich vor mehreren Jahren mit Herrn Galletti getroffen habe, betrachte ich nämlich jetzt als ungültig, da er während dieser langen Zeit das Stück nicht zur Aufführung gebracht und auch nichts für die Konzession bezahlt hat.   (HI XVIII, 284)

Ibsen an Suzannah Ibsen   Berlin, 5. März 1891
Und übermorgen *Nora* in [Oskar] Blumenthals Lessingtheater
[...]   (BI 146)

---

10 Im Grunde war es Eleonora Duse, die für ihr Auftreten als Nora einen anderen Schluß forderte, aber zuletzt davon absah.
11 Otto Brahm schrieb darüber: »... Nur von der Aufnahme in der deutschen Hauptstadt habe ich zu reden: sie war, bei der ersten Aufführung am 20. November 1880, kläglich. ›Nora‹ hatte sich in die Heimstätte der ›Dora‹ verirrt,[12] in das Residenztheater; und dieselbe Schauspielerin, Hedwig Niemann-Raabe, die in Sardous Künsten glänzend bestand, scheiterte an Ibsens Kunst. Die Darsteller fielen durch, das Publikum fiel durch ...«

Ibsen an Gabrielle Réjane   [Kristiania, 20. April 1894]
[Ibsen dankt Mme. Réjane], daß sie seinen schönsten Traum verwirklicht hat: »Nora in Paris zu kreieren«.   (HI XVIII, 348)

Ibsen an Agnes Sorma[13]   [Februar 1895]
Zerbrochen ist das Tambourin der allerbesten Nora, – zerbrochen schicke ich es wieder. Meine Dankbarkeit bleibt aber immer heil.[14]
(HI XVIII, 368)

Ibsen an Jacob Hegel   Kristiania, 12. Februar 1896
Mit großer Freude erfahre ich, daß *Ein Puppenheim* und meine *Gedichte* neu aufgelegt werden müssen. Ich habe in diesen Büchern keine Berichtigungen vorzunehmen, und der Druck kann daher von mir aus beginnen, wann es Ihnen paßt.   (HI XVIII, 380)

Ibsen an Julius Jacobsen   Kristiania, 6. September 1896
In Beantwortung Ihrer freundlichen Anfrage teile ich Ihnen mit, daß Herr [August] Rasmussen Ihnen nicht das Aufführungsrecht an *Ein Puppenheim* in den dänischen Provinzstädten übertragen kann. Dagegen können Sie dieses Recht erhalten, indem Sie umgehend an mich ein Honorar von 150 Kronen einzahlen. Dieses Angebot kann ich nicht versprechen, längere Zeit aufrechtzuerhalten.
(HI XVIII, 384 f)

Bergliot Ibsen über Ibsen
Ibsen konnte auch sehr satirisch sein. Einmal trat er nach dem Mittag auf mich zu und sagte, dabei in seiner Kaffeetasse rührend: »Neulich fragte mich eine Dame nach verschiedenen Dingen in *Ein Puppenheim*. Ich gab ihr zur Antwort, sie solle die Journalisten fragen, die wüßten es viel besser.«   (BI 188)

12 *Dora* (1877), Drama von Victorien Sardou.
13 Im Original deutsch.
14 Agnes Sorma spielte damals am Deutschen Theater in Berlin die Nora. Als ihr eines Abends das Tamburin zerbrach, schickte sie die Trümmer an Ibsen mit der Bitte um eine Dedikation.

Gespenster
(Gengangere)
Ein Familiendrama in drei Akten

Entstanden: Sommer und Herbst 1881 in Italien
Abgeschlossen: 23. September 1881 in Sorrent
Erstdruck: Mitte Dezember 1881 in Kopenhagen
Uraufführung: 20. Mai 1882 in Chicago

Aufzeichnungen zu *Gespenster*

I.

Das Stück soll ein Bild aus dem Leben werden. Der Glaube untergraben. Man kann es aber nicht sagen. »Das Asyl« – für andere. Sie sollen glücklich werden – aber auch nur zum Schein. – Alles kehrt wieder.

Ein Hauptpunkt: Sie [Frau Alving] ist von Anfang an gläubig – das wird auch nicht ganz verwischt durch den späteren Standpunkt – »Alles kommt wieder«.

Es rächt sich an den Nachkommen, aus ungerechtfertigten Gründen zu heiraten, auch aus religiösen und moralischen – Sie, das uneheliche Kind, kann gerettet werden durch eine Ehe mit – dem Sohn – aber dann?

II.

Er war in der Jugend verkommen. Dann trat sie in sein Leben, die religiös Erweckte [Alving und seine Frau]. Sie rettete ihn, sie war reich. Er hatte ein Mädchen heiraten wollen, das seiner nicht würdig war. In seiner Ehe bekam er einen Sohn, kehrte aber zu dem Mädchen zurück. Eine Tochter. –

III.

Die heutigen Frauen – mißhandelt als Töchter, als Schwestern, als Ehefrauen, nicht erzogen im Sinne ihrer Begabung, zurückgehalten von ihrer Berufung, ihres Erbes beraubt, verbittert im Gemüt – sie allein sind die Mütter der kommenden Generation. Was ist die Folge?

IV.

Die Grundstimmung soll sein: Das kräftig aufblühende Geistesleben bei uns in Literatur, Kunst usw. – und als Gegensatz die ganze Menschheit auf Abwegen.

V.

Der vollkommene Mensch ist kein Naturprodukt mehr, er ist ein Kunstprodukt – ähnlich wie das Korn, wie die Obstbäume und die Kreolen, wie die edlen Pferde und die Hunderassen, der Weinstock usw. –
Der Fehler ist nur, daß die ganze Menschheit mißglückt ist. Wenn der Mensch zu leben verlangt und sich menschlich entwickelt, dann ist das Größenwahnsinn. Die ganze Menschheit und am meisten die Christen leiden an Größenwahnsinn.

VI.

Bei uns setzt man den Toten ein Denkmal, weil wir Verpflichtungen gegen sie haben. Aussätzigen erlauben wir zu heiraten, aber ihre Abkommen –? Die ungeborenen –?

Sie [Frau Alving] ist in ihrer Jugend schwärmerisch gewesen, religiös. Teils deswegen, aber auch aus Zuneigung hat sie ihn geheiratet, das »glänzende Genie«, »das verlorene Subjekt«. Sie wechseln den Wohnort, er »avanciert«, wird schließlich Amtmann, das Vorbild eines Beamten, ein Muster in jeder Beziehung, auch religiös. Sie bekamen einen Sohn, dann noch einen, der sehr jung starb. Der ältere wurde sehr früh bei einem Pastor in Kost gegeben und kam dann in eine Lateinschule. Durfte nur selten zu Besuch nach Hause kommen. Der Amtmann schien durch lange Jahre hoch geachtet und geschätzt. Sie wurde verehrt als sein »guter Genius«, der herrliche Früchte seiner hochherzigen Handlungsweise geerntet hatte. Dann starb er. Ein großer Teil des Vermögens, das er nach der Eheschließung unerwartet bekommen hatte, wurde als Legat ausgesetzt. Und nun soll das Monument eingeweiht werden.
Damit beginnt das Stück. (HI IX, 136 ff)

Ibsen an Frederik Hegel   Rom, 18. Juni 1881

Da ich heute gezwungen bin, wegen Geld an Sie zu schreiben, benutze ich die Gelegenheit, Ihnen mitzuteilen, daß ich meine literarischen Pläne für den Sommer geändert habe. Die Arbeit, von der ich
früher geschrieben hatte, ist einstweilen beiseite gelegt. Anfang dieses Monats begann ich mich mit einem Schauspielstoff[1] zu befassen,
der meine Gedanken seit langem beschäftigt hat und jetzt so stark
auf mich eindrang, daß ich ihn unmöglich länger liegen lassen
konnte. Ich hoffe, Ihnen das Manuskript noch vor Mitte Oktober
schicken zu können. Den Titel des Stückes werde ich [Ihnen]
später mitteilen, Heute will ich nur bemerken, daß ich es als »ein
Familiendrama in drei Akten« bezeichne. Daß dieses Stück überhaupt nichts mit dem *Puppenheim* zu tun hat, ist wohl überflüssig
zu bemerken.
[...]
PS: Ich bitte, die Mitteilung über mein neues Schauspiel bis auf
weiteres geheimzuhalten.   (HI XVII, 430 f)

Ibsen an Frederik Hegel   Sorrent, 30. September 1881

Ich benutze einen freien Augenblick, um Ihnen in aller Kürze mitzuteilen, daß ich am 23. ds. das Konzept zu meinem neuen Stück
abgeschlossen und die Reinschrift am 25. begonnen habe. Das Stück
heißt *Gespenster,* ein Familiendrama in drei Akten. Wenn möglich,
sollen Sie das Ganze vor Ende Oktober haben. Auf alle Fälle
schicke ich Ihnen Akt für Akt.   (HI XVII, 436)

Ibsen an Frederik Hegel   Sorrent, 16. Oktober 1881

Ich hoffe, Sie haben meine wenigen, in Eile geschriebenen Zeilen
vom 30. September erhalten, worin ich Ihnen mitteilte, daß ich
mein neues Schauspiel *[Gespenster]* beendet hatte. Wie versprochen, schicke ich Ihnen hiermit den ins reine geschriebenen ersten
Akt. Den etwas kürzeren zweiten Akt werden Sie innerhalb von
vierzehn Tagen bekommen und den Rest Anfang nächsten Monats,
so daß das Buch hoffentlich an einem der ersten Dezembertage erscheinen kann [...] Da ich nichts von Ihnen gehört habe, hoffe

1 *Gespenster.*

ich, daß keine Schwierigkeiten bestehen. Ich bitte [dafür zu sorgen], daß das Manuskript nicht in unbefugte Hände gerät, habe aber nichts dagegen, wenn das Erscheinen des Stückes angekündigt und dessen Titel bekannt wird. (HI XVII, 437)

Ibsen an Frederik Hegel   Sorrent, 4. November 1881
Heute morgen habe ich das Manuskript zum zweiten Akt und die erste Seite zum dritten abgeschickt. Dieser letzte [Akt] ist viel kürzer als die beiden anderen. Das ganze Buch wird kaum mehr als 10 Bogen ausmachen. Der Rest wird Ihnen so schnell wie möglich von Rom aus zugehen, wohin wir morgen reisen.
Für Ihr gütiges Angebot betreffs Honorar und Auflage bin ich Ihnen besonders dankbar. Ich hoffe, daß mir die übliche und sorgfältige Korrektur auch diesmal zuteil wird. (HI XVII, 437 f)

Ibsen an Hans Schrøder   Rom, Mitte November 1881
Hiermit schicke ich ein Exemplar meines neuen Schauspiels *Gespenster* mit der Anfrage, ob man wünscht, es an dem von Ihnen geleiteten [Christiania] Theater zur Aufführung zu bringen.

(A 22)

Ibsen an August Rasmussen   Rom, [Mitte] November 1881
Hiermit schicke ich Ihnen ein Exemplar meines neuen Schauspiels *Gespenster* mit der Anfrage, ob Sie wünschen, es zur Aufführung in den dänischen Städten mit Ausnahme von Kopenhagen anzunehmen. (HI XVII, 439)

Rom, [Mitte] November 1881
Ibsen an den Theaterverein in Bergen
Hiermit übersende ich Ihnen ein Exemplar meines neuen Schauspiels *Gespenster* mit der Anfrage, ob Sie wünschen, es zur Aufführung zu bringen. (HI XVII, 439)

Ibsen an Frederik Hegel   Rom, 23. November 1881
Wunschgemäß schicke ich Ihnen hiermit die Begleitschreiben an die verschiedenen Theaterdirektionen. Ähnliche Schreiben an einige Privatpersonen schicke ich in den nächsten Tagen.

Es ist schlimm, daß das Buch so spät erscheinen wird. Die Absendung des zweiten Aktes geschah zwar etwas verspätet, dagegen ist der dritte ganz kurz, und ich glaubte daher, das Ganze könnte Anfang Dezember fertig sein. [...] Aber ich weiß natürlich, daß die Arbeit auch diesmal möglichst schnell vonstatten geht, und mehr kann man ja nicht verlangen. Auf alle Fälle wird das Buch wohl einige Tage vor Weihnachten in ganz Skandinavien zugänglich sein.

[...] Die *Gespenster* werden wahrscheinlich in einigen Kreisen Alarm schlagen, aber das mag geschehen. Würden sie es nicht tun, dann wäre es unnötig gewesen, das Stück zu schreiben.

HI XVII, 440 f)

Ibsen an Frederik Hegel   Rom, 20. Dezember 1881
Die *Gespenster* sind wie üblich besonders hübsch ausgestattet, der Einband ist prachtvoll. Einige unwesentliche Druckfehler, die ich gefunden habe, werde ich gelegentlich in einem Verzeichnis übersenden.   (HI XVII, 442 f)

Ibsen an Ludwig Passarge   Rom, 22. Dezember 1881
Mein neues Schauspiel ist jetzt erschienen und hat in der skandinavischen Presse gewaltigen Staub aufgewirbelt. Täglich bekomme ich Briefe und Zeitungsartikel für und gegen. Demnächst wird Ihnen ein Exemplar zugehen, aber ich halte es z. Zt. für völlig unmöglich, daß dieses Stück von einer deutschen Bühne aufgeführt wird. Auch in den nordischen Ländern wird man es meiner Ansicht nach in nächster Zukunft kaum zu spielen wagen. Im übrigen ist das Stück in 10 000 Exemplaren gedruckt, und es besteht die beste Aussicht, schon bald eine neue Auflage drucken zu müssen.

(HI XVII, 444 f)

Ibsen an Frederik Hegel   Rom, 2. Januar 1882
Die kritischen Ausfälle und all der Wahnwitz, der gegen die *Gespenster* geschrieben wird, lassen mich völlig kalt. Auf so etwas war ich gefaßt. Als die *Komödie der Liebe* erschien, tobte man in Norwegen genau so wie jetzt. Gegen *Peer Gynt* wurde auch geschrien, nicht weniger gegen die *Stützen der Gesellschaft* und gegen *Ein*

Puppenheim. Das ganze Geschrei wird auch diesmal verstummen, genau wie früher.

[. . .]

Eins beunruhigt mich, wenn ich an die große Auflage denke. Hat dieser ganze Lärm dem Absatz des Buches geschadet?

(HI XVII, 446)

Ibsen im Gespräch mit William Archer   Rom, 2. Januar 1882
Ibsen erklärte: »Die Leute im Norden sind schrecklich. Da habe ich ein Stück mit fünf Personen geschrieben, und sie bestehen darauf, eine sechste hineinzubringen – nämlich mich. Ich habe kein Stück geschrieben, das weniger meine persönliche Meinung ausdrückt als dieses.«

Er fuhr fort, er habe an Frau Alving zeigen wollen, wie eine schlecht erzogene Frau von der Denkart und Gefühlsweise solcher Männer wie Pastor Manders mit Sicherheit in entgegengesetzte Extreme getrieben wird.

Dann fragte ich ihn geradeheraus: »Was geschieht, wenn der Vorhang gefallen ist? Gibt sie ihrem Sohn das Gift oder nicht?«

Er lächelte und sagte in seiner nachdenklichen Art gedehnt: »Das weiß ich nicht. Das muß jeder selbst herausfinden. Ich möchte nicht im Traum solch schwierige Frage entscheiden. Oder was meinen Sie?«

Ich meinte, wenn sie nicht zur Rettung käme, läge es zweifellos daran, daß immer noch ein Gespenst, ein Geist, in ihr umginge – allerdings unter der Voraussetzung, fügte ich hinzu, daß die Krankheit als absolut unheilbar festgestellt worden sei.

Ibsen erwiderte, die Erklärung sei vielleicht darin zu suchen, daß die Mutter immer wieder die Rettung hinausschiebt mit der Ausrede: Wo Leben ist, ist auch Hoffnung.

Dann amüsierten wir uns über [Carl] Plougs Behauptung, Osvald könne womöglich erblich belastet sein, weil er nur aus der Pfeife seines Vaters raucht. Aber hier glaubte ich an Ibsen zu bemerken, daß die Kritik ihn eher irritierte. Denn er warf Ploug vor, ihn absichtlich falsch interpretiert zu haben, um sich gegenüber Ibsen in den Augen jener hervorzutun, die das Stück nicht gelesen haben.

(MR, Juni 1906)

Ibsen an Georg Brandes   Rom, 3. Januar 1882
Zu meiner großen Freude erhielt ich gestern durch [Frederik]
Hegel Ihre glasklare und für mich so ehrenhafte Besprechung der
Gespenster. Empfangen Sie meinen wärmsten und herzlichsten
Dank für den unschätzbaren Freundschaftsdienst, den Sie mir wieder erwiesen haben! Wer Ihren Artikel liest, dem muß nach meiner
Ansicht klarwerden, was ich damit gemeint habe – sofern man
es überhaupt sehen *will.* Denn ich kann mich nicht des Gedankens
erwehren, daß ein übergroßer Teil der falschen Interpretationen,
die die Zeitungen gebracht haben, wider besseres Wissen entstanden
ist. In Norwegen, glaube ich jedoch, ist die Entstellung in den meisten Fällen unfreiwillig geschehen – und das aus naheliegenden
Gründen. Da oben wird die Kritik nämlich teilweise von mehr oder
weniger verkappten Theologen gemacht. Und diese Herren sind in
der Regel nicht imstande, etwas Vernünftiges über Dichterarbeiten
zu schreiben. Das Nachlassen der Urteilskraft, das jedenfalls bei
Durchschnittsnaturen eine notwendige Folge längerer theologischer
Studien ist, zeigt sich ganz besonders, wenn es darum geht, menschliche Charaktere zu beurteilen, ihre Handlungen und Motive. Das
praktische, nüchterne Urteil leidet dagegen nicht so sehr durch das
Studium. Deshalb sind die geistlichen Herren sehr oft ausgezeichnete Stadtvertreter, aber durchaus unsere schlechtesten Kritiker.
[...]
Auf den Sturm, der sich gegen *Gespenster* erhoben hat, war ich vorbereitet. Aber darauf konnte ich keine Rücksicht nehmen, das wäre
feige gewesen.   (HI XVII, 447 f)

Ibsen an Sophus Schandorph   Rom, 6. Januar 1882
Ihr Brief war mir zwischen all der Verständnislosigkeit und all den
Verdrehungen, denen mein neues Schauspiel *[Gespenster]* daheim ausgesetzt war, ein willkommener Weihnachtsgruß.
Daß ein solcher Lärm ausbrechen würde, darauf war ich vorbereitet. Haben gewisse nordische Rezensenten zu nichts anderem Ta-
lent, so haben sie jedenfalls die unbestrittene Begabung, jene Autoren gründlich mißzuverstehen und mißzudeuten, deren Bücher sie
sich erlauben zu beurteilen.
Aber kann das alles wirklich nur Unverstand sein? Ist nicht ein

ganzer Haufen dieser Verdrehung und Entstellungen im vollen Bewußtsein ihrer Grundlosigkeit vorgebracht worden? Ich kann es mir fast nicht anders denken.

Man sucht mich [persönlich] für die Ansichten verantwortlich zu machen, die einzelne Figuren im Drama vertreten. Und doch findet sich im ganzen Buch nicht eine einzige Äußerung, die sich auf den Verfasser bezieht. Davor habe ich mich gehütet. Die Methode, die Art der Technik, die der Form des Buches zugrunde liegt, verbot ganz von selbst, daß der Verfasser in den Repliken hörbar wird. Meine Absicht war, im Leser den Eindruck zu erwecken, als erlebe er bei der Lektüre ein Stück Wirklichkeit. Nichts würde dieser Absicht mehr entgegenwirken als der Versuch, die Ansichten des Verfassers in den Dialog einzufügen. Glaubt man zu Hause etwa, ich besäße nicht so viel dramaturgische Kritik, um das einzusehen? Doch, ich habe es eingesehen und danach gehandelt. In keinem meiner Schauspiele steht der Autor so außerhalb da, ist er so absolut abwesend wie in diesem jüngsten.

Weiter hat man gesagt, das Stück verkünde Nihilismus. Keineswegs! Es verkündet überhaupt nichts. Es weist nur darauf hin, daß Nihilismus unter der Oberfläche gärt, zu Hause und anderswo. Und so muß es notwendiger Weise sein. Ein Pastor Manders wird immer diese oder jene Frau Alving provozieren. Und gerade weil sie eine Frau ist, wird sie – hat sie sich erst hinreißen lassen – bis zum Äußersten gehen.

(HI XVII, 450 f)

Ibsen an Olav Skavlan   Rom, 24. Januar 1882

Die letzte Zeit ist für mich reich an Erfahrungen, Lehren und Beobachtungen gewesen. Daß mein neues Schauspiel ein solches Geheul im Lager der Stagnationsmänner hervorrufen würde, darauf war ich natürlich vorbereitet, und es ficht mich nicht mehr an, als bellte eine Meute Kettenhunde hinter mir her. Aber die Einschüchterung, die ich auf Seiten der Liberalen bemerkt habe, hat mir einiges zu denken gegeben. Schon am Tage nach dem Erscheinen meines Stückes im Buchhandel, beeilte sich das »Tageblatt« (Dagbladet), einen rasch hingeworfenen Artikel zu bringen, worin man sich im voraus von dem Verdacht reinwaschen wollte, mein Stück zu billigen. Das war ganz unnötig. Ich verantworte selbst, was ich schreibe, ich und kein anderer. Ich kann unmöglich eine Partei in Verlegenheit bringen, denn ich gehöre keiner an. Ich will gleich einem vereinzelten Franktireur auf Vorposten stehen und auf eigene Faust operieren.

Der einzige, der in Norwegen frei, kühn und mutig für mich eingetreten ist, heißt [Bjørnstjerne] Bjørnson. Das sieht ihm ähnlich. Er besitzt wahrlich ein großes königliches Gemüt, und ich werde es ihm nie vergessen. (HI XVII, 453)

Ibsen an Otto Borchsenius   Rom, 28. Januar 1882
Erlauben Sie mir, Ihnen bei dieser Gelegenheit meinen wärmsten Dank zu sagen für Ihre wohlwollende und wegweisende Besprechung meines neuen Schauspiels. Sie haben mir damit einen wahren Freundschaftsdienst erwiesen, für den ich mich Ihnen stets verbunden fühlen werde. Mitten in all der leidenschaftlichen Erregung, die daheim in Dänemark und Norwegen tobt oder doch getobt hat, tat es mir außerordentlich gut, Ihr vernünftiges, von Parteirücksichten unangefochtenes Urteil über mein Stück zu lesen.

Es ist durchaus möglich, daß dieses Schauspiel in mehrfacher Beziehung etwas gewagt ist, aber ich fand die Zeit gekommen, da einige Grenzpfähle versetzt werden müssen. Und das konnte ich als älterer Literat viel leichter tun als die vielen jüngeren Verfasser, die Ähnliches vorhaben könnten.

Daß ein Sturm über mich hinwegfegen würde, darauf war ich gefaßt. Aber dem kann man ja nicht entgehen, das wäre feige gewesen.

Was mich am meisten verstimmt hat, sind nicht die Angriffe, sondern die Einschüchterung, die sich oben in Norwegen in den sog. liberalen Kreisen breitgemacht hat. Mit so armseligen Burschen kann man nicht auf die Barrikaden steigen.   (HI XVII, 456 f)

Ibsen an Frederik Hegel   Rom, 16. März 1882
Es wird nicht lange dauern, bis die Gemüter der guten Leute daheim den *Gespenstern* Verständnis entgegenbringen werden. Aber alle diese hinwelkenden, abgelebten Figuren, die sich auf diese Dichtung gestürzt haben, werden einst von der Literaturgeschichte ein vernichtendes Urteil erfahren. Man wird schon wissen, diese

anonymen Heckenschützen und Wegelagerer aufzuspüren, die aus ihrem Hinterhalt in Professor Goos' Käseblatt und anderen ähnlichen Lokalitäten ihre Schmutzgeschosse auf mich abgefeuert haben. Meinem Buch gehört die Zukunft. Diese Kerle, die darüber gebrüllt haben, haben nicht einmal ein Verhältnis zu ihrer eigenen, wirklich lebendigen Gegenwart.

Deshalb hat diese Seite der Sache mich auch völlig kalt gelassen. Ich habe während des Sturmes vielerlei Studien getrieben und Beobachtungen gemacht, und daraus werde ich in kommenden Dichtungen Nutzen zu ziehen wissen.   (HI XVII, 468)

Ibsen an Sofie Adlersparre   Rom, 24. Juni 1882
Ich bin überzeugt, daß Sie mit Ihrem Vortrag Hunderte von Zuhörern und Lesern dazu gebracht haben, meine Arbeit klarer zu sehen als vorher.[2] Der Vortrag behandelt so unendlich viel von dem, was ich darüber gesagt haben möchte, und das in einer Form, die mich hoch erfreut hat und mich gleichzeitig ehrt. Auf Einzelheiten einzugehen, würde zu weit führen. Nur eines möchte ich bemerken, nämlich daß ich vollkommen Ihrer Meinung bin, wenn Sie sagen, weiter als in *Gespenster* darf ich nicht gehen. Ich habe selbst gespürt, daß das allgemeine Bewußtsein in unseren Ländern es nicht dulden würde, und ich empfinde auch keine Lust, weiter zu gehen. Ein Dichter darf sich nicht so weit von seinem Volk entfernen, daß das gegenseitige Verstehen aufhört. Aber *Gespenster mußte* geschrieben werden. Ich konnte nicht beim *Puppenheim* stehenbleiben, nach Nora mußte unbedingt Frau Alving kommen.   (KB)

Ibsen an Rasmus B. Anderson   Gossensaß, 14. September 1882
Mit Vergnügen gebe ich hiermit mein Einverständnis, daß Herr Wm. M. Lawrence unter Ihrer Aufsicht meine Bücher in Amerika ins Englische übersetzt und sollen diese Übersetzungen dort als die einzigen von mir autorisierten gelten.

2 Die schwedische Schriftstellerin Sofie Adlersparre hatte in ihrer »Zeitschrift für das Heim« (Tidskrift för hemmet) 1882 auszugsweise ihren Vortrag über *Gespenster* unter dem Titel »Hvad är den etiska betingelsen för äktenskap?« (Was ist die ethische Bedingung für die Ehe?) veröffentlicht.

Die von Herrn Lawrence angebotenen Bedingungen nehme ich mit besonderer Erkenntlichkeit an und bitte Sie, dafür meinen schuldigen Dank auszurichten.

[...]

Sie sagen, die Übersetzung der *Gespenster* sei bald fertig, aber ich halte es nicht für zweckmäßig, wenn dies Schauspiel als *erstes* herauskäme. Von den drei Arbeiten, die Sie nennen, geht diese am weitesten und sollte daher als letzte erscheinen. Die Reihe müßte eigentlich mit *Stützen der Gesellschaft* beginnen, danach sollte *Ein Puppenheim* [Nora] kommen, weil dies sozusagen eine Einleitung oder eine Vorbereitung zu *Gespenster* bildet. (HI XVII, 482)

Ibsen an Herman Bang   Rom, 23. Januar 1883

Wenn ich bis heute mit der Beantwortung Ihres Briefes gewartet habe, so deshalb, weil ich voraussetzte, daß eine direkte Anfrage der Direktion des Casinotheaters [in Kopenhagen] an mich unterwegs war, und die wollte ich erst abwarten.

Eine solche Anfrage ist jedoch nicht eingegangen. Dagegen erhielt ich heute vormittag ein Telegramm von Justizrat [Frederik] Hegel des Inhaltes, daß »das Casinotheater auf Antwort wartet betreffs *Gespenster*«.

Ehe ich eine definitive Antwort geben kann, ist es jedoch notwendig, daß die Direktion sich mit mir in Verbindung setzt. In dieser Angelegenheit ist viel zu verhandeln. Etliche Bedingungen müssen ins reine gebracht, gewisse Bedenken, die ich haben könnte, müssen überzeugend widerlegt werden.

Mich näher über die Sache zu äußern, halte ich für unangebracht, solange ich nicht mit voller Sicherheit weiß, daß es wirklich die Theaterdirektion ist, die das genannte Stück zur Aufführung bringen will. (HI XVII, 500)

Ibsen an Frederik Hegel   Rom, 21. Februar 1883

Auf das Telegramm des Casinotheaters habe ich dem Betreffenden direkt geantwortet. Es war nicht der Direktor, der sich an mich gewandt hatte, sondern Herman Bang. Er schrieb, Fräulein Lerche wolle *Gespenster* als Benefizvorstellung haben. Natürlich konnte ich darauf nicht eingehen, solange nicht der Direktor selbst mit mir in Verhandlungen getreten ist, und das ist bisher nicht geschehen.

(HI XVII, 501 f)

Ibsen an Betty Borchsenius   Rom, 15. Juni 1883
Auf Ihre Anfrage vom 27. v. M. muß ich Ihnen leider mitteilen, daß zwingende Gründe und Rücksichten es mir unmöglich machen, die von Ihnen geplanten Vorstellungen von *Gespenster* in den dänischen Provinzstädten zuzulassen.   (HI XVII, 516)

Ibsen an Emma Klingenfeld   Gossensaß, 4. Juli 1883
Daß ich Ihnen nicht meine jüngsten Schauspiele *Gespenster* und *Ein Volksfeind* geschickt habe, geschah deshalb, weil diese Stücke Probleme behandeln, die Sie wahrscheinlich weniger interessieren. Auch fürchtete ich, daß Sie die Zusendung als eine Aufforderung zur Übersetzung betrachten könnten, eine Aufforderung, der Sie meinem Empfinden nach nicht mit besonderem Vergnügen nachkommen würden.
Ich weiß nicht, ob Sie von dem gewaltigen Sturm gehört haben, den die *Gespenster* seinerzeit in der nordischen Presse und bei einem großen Teil des Publikums entfacht haben? Kein Theater wagte das Stück zu spielen. Jetzt hat sich das Unwetter jedoch verzogen, und mehrere Theaterdirektoren haben das Aufführungsrecht für den nächsten Winter erworben.   (HI XVII, 517 f)

Ibsen an Olaus Olsen   Gossensaß, 26. Juli 1883
In Beantwortung Ihres Schreibens vom 18. ds. teile ich Ihnen mit, daß ich Ihnen unter keinen Umständen das Aufführungsrecht für mein Schauspiel *Gespenster* in Kristiania erteilen kann.
Dagegen können Sie gegen Vorzeigung einer Quittung meines Kommissionärs Nils Lund, Kristiania, über von Ihnen einbezahlte 600 (sechshundert) Kronen von mir die schriftliche Erlaubnis erhalten, mit der von Ihnen geleiteten Theatergesellschaft das obengenannte Schauspiel in sämtlichen norwegischen Städten, außer der Hauptstadt, aufzuführen.   (DT)

Ibsen an August Lindberg   Gossensaß, 2. August 1883

Entschuldigen Sie, daß ich erst heute Ihr geehrtes Schreiben vom 17. Juli beantworte. Aber einerseits erhielt ich Ihren Brief hier etwas spät und andererseits war ich stark im Zweifel, was ich auf Ihren Vorschlag antworten sollte, das Aufführungsrecht an *Gespenster* in Kopenhagen und Stockholm zu erwerben.

Ich kann nämlich mit ziemlicher Sicherheit voraussehen, daß die Königlichen Theater der beiden genannten Hauptstädte demnächst das Aufführungsrecht zu erwerben wünschen. Selbstverständlich werden dann die Bedingungen, die ich erreichen kann, für mich weit ungünstiger sein, wenn das Stück dort schon aufgeführt worden ist.

Andererseits bestärken mich Ihre Auskünfte in der Hoffnung, daß meine Arbeit bei Ihnen eine interessante und stilgemäße Ausführung erfahren wird. Ich zweifle auch nicht, daß Geist und Ton des Stückes verstanden, respektiert und wiedergegeben werden, ohne von der Forderung unbedingter Naturwahrheit abzuweichen.

Ich will mich daher auf folgende Bedingungen beschränken: Für das Aufführungsrecht in Kopenhagen zahlen Sie 500 Kronen und für das gleiche Recht in Stockholm 400 Kronen. Diese Honorare sind, wie üblich, im voraus einzuzahlen an den Gyldendalschen Buchhandel (Justizrat Hegel) in Kopenhagen.

Gehen Sie auf diese Bedingungen ein, werde ich bis auf weiteres keinem anderen Theaterdirektor das Aufführungsrecht an diesem Stück erteilen, sofern ein solches Recht Ihre Interessen berühren kann.

Es liegt mir ganz besonders daran, daß die Übersetzung mit größtmöglicher Sorgfalt ausgeführt wird. [...] Die Sprache muß natürlich klingen und für alle Personen im Stück charakteristisch sein. Jeder Mensch drückt sich ja auf seine Weise aus. Viel kann in dieser Beziehung während der Proben verbessert werden. Da hört man leicht, was unnatürlich und gezwungen klingt und was also geändert und wieder geändert werden muß, bis jeder Satz echt und glaubwürdig klingt. Die Wirkung des Stückes hängt zum großen Teil davon ab, daß der Zuschauer etwas zu sehen und zu hören meint, was sich im wirklichen Leben abspielt.

Entschuldigen Sie, daß ich mich bei diesem Punkt so lange aufgehalten habe. Aber da das hier erwähnte Schauspiel, für das ich eine ganz besondere Vorliebe habe, zum erstenmal in Übersetzung auf die Bühne gebracht wird, ist es wohl erklärlich, daß ich etwas verharre bei allem, was damit im Zusammenhang steht.

Wie die *Gespenster* in der Provinz aufgenommen werden, darüber kann ich keine begründete Ansicht haben, da ich diese Städte nicht kenne. Für Stockholm und Kopenhagen fürchte ich nichts – im Gegenteil. (HI XVII, 519 ff)

Ibsen an August Lindberg Gossensaß, 19. August 1883
Mit verbindlichem Dank für Ihr freundliches Schreiben vom 14. ds. beantworte ich hiermit Ihr gestriges Telegramm.

Sie möchten *Gespenster* auch in Kristiania aufführen. Dazu kann ich die Erlaubnis unter gewissen Bedingungen geben.

Vor allem muß ich mir ausbedingen, daß Frau Winterhjelm auch dort die Frau Alving spielt. Das setze ich voraus.

Weiter muß ich mich bestimmt dagegen verwahren, daß das Theater in der Møllergade [Müllerstraße] für die Aufführungen benutzt wird. Dieses Haus ist nämlich so eng und belemmert, der Abstand zwischen Zuschauern und Darstellern so gering, daß man keine volle Wirkung erzielen kann.

Ich hielte es für das beste, wenn man das Christiania Theater mieten könnte. Andernfalls habe ich nichts Wesentliches gegen das Tivoli Theater einzuwenden. Seine Bühne ist ja durch früheres Auftreten von Frau W[interhjelm] und anderer ausgezeichneter Künstler nobilitiert.

Weiter muß ich mir vorbehalten, daß das Stück nicht eher in Kristiania zur Aufführung kommt, als bis es in Stockholm und Kopenhagen gegeben worden ist. Auf die Gründe will ich hier nicht weiter eingehen.

Im Zusammenhang mit obigem möchte ich hervorheben, daß die *Gespenster,* wenn auch nur in drei Akten, einen ganzen Abend füllen. Selbstverständlich darf nichts Zusätzliches gegeben werden, weder vor noch nach dem Stück.

Am liebsten würde ich auch sehen, daß diese meine Arbeit überall ohne Orchester gespielt wird, weder vor der Vorstellung noch in den Pausen.

Als Honorar für das Aufführungsrecht in Kristiania will ich mich mit 500 Kronen zufriedengeben. Der Betrag soll vor der Premiere an Nils Lund in Kristiania eingezahlt werden.

Schließlich bitte ich um meine verbindlichsten Grüße an Frau Winterhjelm und um einen herzlichen Dank für ihren höchst interessanten Brief an die dänische »Nationaltidende« [Nationalzeitung]. Wird *Gespenster* nach den darin geäußerten Grundsätzen einstudiert und gespielt, dann bestehen keine Bedenken für das Resultat.

(HI XVII, 521 f)

Ibsen an Frederik Hegel   Gossensaß, 25. August 1883
Der schwedische Direktor und Schauspieler August Lindberg hat von mir die Erlaubnis erhalten, den *Bund der Jugend* und *Gespenster* in den schwedischen Provinzstädten aufzuführen, falls er vorher 400 Kronen an Sie einzahlt. Beide Stücke sind nun in Hälsingborg gegeben worden, und ich erlaube mir daher die Anfrage, ob die Einzahlung vorgenommen worden ist.

Weiter hat Herr Lindberg das Recht erhalten, *Gespenster* in Kopenhagen zu spielen, sobald er 500 Kronen an Sie einbezahlt hat (*außer* den genannten 400).

Wie ich höre, wird das Stück in diesen Tagen [dort] zur Aufführung kommen. Für den – übrigens unwahrscheinlichen – Fall, daß Herr Lindberg die Vereinbarung nicht eingehalten haben sollte, bitte ich, in meinem Namen ein Verbot gegen die Aufführung auszusprechen, bis die beiden obengenannten Beträge einbezahlt worden sind.   (HI XVII, 523)

Ibsen an Nils Lund   Gossensaß, 2. September 1883
Erlauben Sie mir hiermit die Nachricht, daß ich dem Theaterdirektor Olaus Olsen auf seine Anfrage mitgeteilt habe, er dürfe mit der von ihm geleiteten Theatergesellschaft *Gespenster* in den norwegischen Provinzstädten spielen – also *nicht* in Kristiania –, sobald er eine Quittung über den an Sie einbezahlten Betrag von 600 Kronen vorzeigen kann.

Ich weiß nicht, ob Herr Olsen darauf eingeht und auch nicht, ob die Einzahlung vorgenommen worden ist. Sollte das nicht der Fall sein und Herr Olsen dessenungeachtet Vorbereitungen zur Aufführung des Stückes treffen, was die Zeitungen sicher berichten würden, so bitte ich, daß jede derartig unberechtigte Aufführung unterbunden wird. Im Notfall unter Anwendung der Mittel, die das Gesetz mir erlaubt.

Gleichzeitig teile ich mit, daß der schwedische Theaterdirektor und Schauspieler August Lindberg das Recht erworben hat, das genannte Stück auf schwedisch in Kristiania zu spielen gegen Vorauszahlung eines Honorares von 500 Kronen – ebenfalls an Sie. Diese Einzahlung wird zweifellos pünktlich geschehen. Jedenfalls brauchen gegenüber einem Manne wie August Lindberg keine Verhaltungsmaßregeln ergriffen zu werden. Er besitzt mein volles Vertrauen.

[. . .]

Sie haben vielleicht davon gehört, welches Aufsehen die Aufführung der *Gespenster* in Hälsingborg und Kopenhagen erregt hat. Herr Lindberg kommt wahrscheinlich in den nächsten Tagen mit seiner Gesellschaft nach Kristiania. Ab Mitte des Monats wird er das Stück am Neuen Theater (Nya teatern) in Stockholm spielen. Das dortige Königl. Theater will es nun ebenfalls geben und hat sich deswegen telegraphisch an mich gewandt.   (HI XVII, 524 f)

Ibsen an Frederik Hegel   Gossensaß, 5. September 1883
Herzlichen Dank für die freundliche Aufmerksamkeit, die Sie mir aus Anlaß der Aufführung der *Gespenster* bewiesen haben durch die Übersendung von Telegrammen, Briefen und Zeitungen, die ich samt und sonders richtig erhalten habe und die uns viel Freude gemacht haben. Ich wußte ja, daß dieses Stück eines Tages siegreich durchschlagen würde, aber ich wagte nicht zu hoffen, daß es so bald geschehen würde.

[. . .]

An die Direktion des Königl. Theaters in Stockholm habe ich auf Grund der telegraphischen Anfrage depeschiert und danach geschrieben. Eine Antwort ist noch nicht eingetroffen. [August] Lindberg hat kein Alleinrecht, und eine spätere Aufführung des Stückes am Königl. Theater kann ja nicht seine Interessen berühren.

In Kopenhagen habe ich niemandem das Recht überlassen, *Gespenster* im Original zu spielen. Ich möchte weiteres abwarten.

Dagegen hat der Theateragent Otto Petersen in Kopenhagen sich betreffs der Aufführungsrechte in den dänischen Provinzstädten an mich gewandt. Ich gedenke ihm dieser Tage meine Bedingungen mitzuteilen, darunter die unabänderliche, daß er das Honorar im voraus an Sie einzahlen muß, wozu er sich übrigens in seinem Brief selbst bereit erklärt hat. (HI XVII, 525)

Ibsen an Kristian A. Winterhjelm   Gossensaß, 6. September 1883
Gestern abend erhielt ich Ihren freundlichen Brief vom 3. ds., den ich hiermit in aller Eile beantworte, indem ich Sie bitte, Herrn [August] Lindberg mitzuteilen, daß er von mir aus völlig freie Hände bei der Wahl des Theaterlokals in Kristiania hat. Nach Ihren Auskünften über die gegenwärtigen Theaterverhältnisse dort, habe ich nichts gegen das Volkstheater (Folketeatret) einzuwenden. Nehmen Sie auch meinen besten Dank für die Mitteilung aus Hälsingborg betreffs der ersten Vorstellung [der *Gespenster*].[3] Bitte, übermitteln Sie Ihrer verehrten Gattin meinen herzlichsten Dank und Gruß. Ohne ihre Mitwirkung wären die Siege und Triumphe dieser Tage unmöglich gewesen, und es freut und befriedigt mich sehr zu denken, daß unsere Namen für immer miteinander verknüpft sein werden, wenn die Theatergeschichte unserer Zeit einmal geschrieben wird. (HI XVII, 527)

Ibsen an Frederik Hegel   Gossensaß, 18. September 1883
Es war mir eine große Befriedigung, von der außerordentlich guten Aufnahme zu hören, die die *Gespenster* in Kopenhagen gefunden haben. Das Stück ist nun vom Königlichen Theater in Stockholm angenommen und wird bereits einstudiert. Man ist darauf eingegangen, es zu honorieren, als wäre es ein neues Stück, und man bezahlt außerdem die Übersetzungskosten. (HI XVII, 528)

3 Nach der tatsächlichen, von Ibsen nicht genehmigten Uraufführung der *Gespenster* durch eine norwegisch-dänische Amateurtheatergruppe (mit der dänischen Berufsschauspielerin Helga von Bluhme als Frau Alving) am 20. Mai 1882 in Chicago fand die offizielle am 22. August 1883 in Hälsingborg statt durch die Theatergesellschaft von August Lindberg mit ihm als Osvald und Hedvig Winterhjelm als Frau Alving.

Ibsen an Otto Petersen   Gossensaß, 18. September 1883
In Beantwortung Ihres heute erhaltenen Schreibens vom 15. ds.
muß ich Ihnen mitteilen, daß ich mich nicht imstande sehe, von
einem Punkt der von mir aufgestellten Zahlungsbedingungen für
das Aufführungsrecht an *Gespenster* in der dänischen Provinz abzuweichen.
Auch sehe ich mich nicht imstande, die Frist (22. September) zu
verlängern, innerhalb derer das Honorar erlegt sein muß.
Vorauszahlung ist meine feste Regel gegenüber jedem privaten
Schauspieldirektor, und in Ihrem geehrten Brief vom 1. September
bieten Sie selbst diese Zahlungsweise an, die mir sowohl Zeit als
auch Ungelegenheiten erspart.   (DT)

Ibsen an Olaus Olsen   Bozen, 19. Oktober 1883
Erwerben Sie das Aufführungsrecht (an *Gespenster*), so wird es
mir natürlich nicht einfallen, einem anderen Theaterleiter zu erlauben, mit Ihnen zu konkurrieren, weder in dieser oder der nächsten
Saison noch in der übernächsten, falls Sie so wünschen, und Sie in
der Zeit das Stück auf dem Repertoire haben und es tatsächlich
in der norwegischen Provinz spielen.   (IÅ 1960–62, 238 f)

Ibsen an Olaus Olsen   Rom, 18. November 1883
Es war mir sehr angenehm, durch Ihren Brief bestätigt zu sehen,
was ich in den Zeitungen betreffs Ihrer Aufführung der *Gespenster*
gelesen hatte. Ich hoffe, Sie werden das Stück noch häufig mit gutem Erfolg spielen können.   (DT)

Ibsen an August Lindberg   Rom, 10. März 1884
Es freut mich besonders zu erfahren, daß Sie die *Gespenster* immer noch auf dem Spielplan haben.   (HI XVIII, 14)

Ibsen an August Lindberg   Rom, 27. April 1884
[Telegramm]
»Keine entscheidenden Hindernisse übernehme Verantwortung«.[4]
                                            (IÅ 1960–62, 238)

4 August Lindberg hatte in Bergen sein Ensemblegastspiel mit *Gespenster* angekündigt, wogegen Olaus Olsen protestierte, weil er die Auf-

Ibsen an Suzannah Ibsen   Gossensaß, 28. Juli 1884
Es ist fast unglaublich, welchen Eindruck die *Gespenster* in
Deutschland gemacht haben müssen, nach dem, was ich höre.
[Bernt] Grønvold erzählt, das war auch der Fall in München.
                                    (HI XIX, 338)

Ibsen an Herman Bang   Rom, 19. Mai 1885
[Telegramm]
Oui avec plaisir.[5]

Ibsen im Gespräch[6]   München, 13. Januar 1886
Ibsen erzählte von seinem Besuch in Meiningen, wohin er vom
Herzog [Georg II.] eingeladen worden war, um sein Drama *Die
Kronprätendenten* zu sehen.
»Ja«, meinte er, »dort verlebte ich einige unvergeßliche Tage. Dort
am Hofe versteht man sich auf Kunst.«
Aber an eine Aufführung der *Gespenster* glaubte er nicht.
»Nein, nein«, sagte er und schüttelte nachdenklich den Kopf, »die
Zeit ist noch nicht gekommen . . . Sie ist noch nicht gekommen.«
Er saß da mit zurückgebeugtem Kopf, und plötzlich trat ein heller
Glanz in seine Augen.
»Aber ich weiß, daß die Zeit kommen wird«, fügte er hinzu. »Und
ich kann warten!«
Dabei stand er auf, kraftvoll und breitschultrig, mit einem Blick,
als durchmesse er ruhig die lange Zeit des Wartens. Und er wieder-
holte mit dem echt norwegischen Akzent, der den Worten einen be-
sonderen Nachdruck verleiht:
»Ja, ich kann warten.«[7]   (HI XV, 423 f)

führungsrechte für ganz Norwegen außer Kristiania von Ibsen schon am
19. 10. 1883 erworben und das Honorar am 24. 10. 1883 bezahlt hatte.
Auf seine Anfrage bei Ibsen erhielt Lindberg die obige Antwort. (S. Ibsens
Brief an Olsen vom 19. 10. 1883.)
5 Herman Bang wollte im Mai 1885 mit *Gespenster* auf Tournee gehen
und erhielt auf seine Anfrage von Ibsen obige telegrafische Zusage »Ja,
mit Vergnügen«, worauf er im Juni 1885 in Bergen selbst den Osvald
spielte.
6 mit einem ungenannten norwegischen Journalisten.
7 Das Meininger Hoftheater brachte *Gespenster* am 21. 12. 1886 zur Aufführung.

Ibsen an Edvard Fallesen   München, 20. Februar 1886
Aber ich erlaube mir, daran zu erinnern, daß zwei ältere Stücke
von meiner Hand vorliegen, die am Kgl. Theater noch nicht aufgeführt worden sind.
[...]
Das andere [...] sind die *Gespenster*. Ich reichte es ein, als es neu
war, aber damals wurde es abgelehnt. Jetzt hat sich jedoch die öffentliche Meinung über diese ernsthafte Dichtung beruhigt, und ich
glaube, es würde in den Augen aller aufgeklärten und vorurteils-
freien [Zuschauer] als eine verdienstvolle Tat angesehen, wenn
Ew. Hochwohlgeboren sich nun entschließen könnten, dieses Stück
auf die Bühne des kgl. dänischen Theaters zu bringen.

(HI XVIII, 91)

Ibsen an Georg II. von Meiningen[8]   München, 13. November 1886
Mit großer Freude habe ich die Mittheilung Eurer Hoheit über die
bevorstehende Aufführung meines Schauspieles *Gespenster* empfan-
gen.
Es sei mir gestattet Eurer Hoheit nebst hoher Frau Gemahlin mei-
nen tiefinnigsten Dank für die gnädige Einladung auszusprechen.
Ich werde gewiss nicht verfehlen, mich rechtzeitig zur Vorstellung
in Meiningen einzufinden. –
Die innere Einrichtung der norwegischen Landhäuser zeigt gewöhnlich heutzutage keinen besonders ausgeprägten nationalen
Character. Die Wohnzimmer der ältesten Familienhäuser dieser
Gattung sind zuweilen mit bunten, dunkelen Tapeten überzogen.
Unten sind die Wände mit einfach getäfeltem Holze bekleidet. Die
Zimmerdecke sowie die Thüre und die Fenstereinfassungen sind in
ähnlicher Weise ausgestattet. Die Öfen sind gross, schwerfällig und
meistens von gegossenem Eisen. Das Meublement ist häufig im Style
des ersten französischen Kaiserreiches gehalten; doch sind die Far-
ben durchgehends dunkeler.
Ungefähr wie hier angedeutet habe ich mir die Wohnstube im
Hause der Frau Alving gedacht. Sollten nähere oder andere Mit-

8 Im Original deutsch.

theilungen den betreffenden Beamten des Hoftheaters erwünscht sein, stehe ich jederzeit zur Verfügung. (HI XVIII, 115)

Ibsen an Frederik Hegel München, 19. Dezember 1886
Heute abend reise ich nach Meiningen, wohin ich aus Anlaß der Aufführung der *Gespenster* am Dienstag [22. Dezember] vom Herzog [Georg II. von Meiningen] eingeladen bin. Am 23. fahre ich zurück nach München. (HI XVIII, 121)

Ibsen an Suzannah Ibsen Meiningen, 21. Dezember 1886
Um fünf Uhr war das Diner serviert. Prinz Ernst [von Sachsen-Meiningen] war mit einem anderen Zug aus München gekommen. Während der Tafel wurden alle von einem jungen Paar überrascht, das in Reisekleidung eintrat. Es waren der Erbprinz und die Prinzessin von Meiningen, die aus Berlin angereist kamen, um die *Gespenster* zu sehen. [. . .]
Nach der Tafel gab es eine Theatervorstellung, P[aul] Lindaus Übersetzung eines spanischen Stückes.[9] Das war eine öffentliche Vorstellung gegen Bezahlung, dasselbe gilt für die *Alexandra* von [Richard] Voß, welches Stück morgen gegeben wird. Nur *Gespenster* gibt es heute abend für einen auserwählten Kreis.[10] Aus diesem Anlaß sind von überallher viele Interessenten herbeigeströmt, besonders aus Berlin. (BI 120)

Nach Max Grubes Bericht Meinigen, [22. Dezember 1886]
Das Haus war überfüllt. [. . .] Die Vorstellung[11] nahm einen ungestörten Verlauf. [. . .] Nachher gab es einen Rout im Schloß. Ibsen zeigte sich sehr befriedigt. Ob ihm jemals verraten worden ist, welchen Sturm auf der Werra sein unmoralisches Werk angerichtet hat, ist mir nicht bekannt geworden. Charakteristisch war

9 *Galeotto* (El gran Galeoto, 1880) von José Echegaray y Eizaguirre (1832–1916).
10 Nach Max Grube (siehe unten) »bemächtigte sich der kleinen Residenz eine große Aufregung... Diesmal sollte ein entschiedener Protest erhoben werden ... Es wurde denn auch fast keine Eintrittskarte verkauft... Das Theater wurde ausverschenkt...«.
11 *Gespenster* am 21. 12. 1886 am Meininger Hoftheater.

die Antwort, die der nordische Dichter dem Darsteller des Eng-
strand [Karl Weiser] erteilte, als dieser fragte, ob der hinkende
Tischler selbst das Asyl in Brand gesteckt habe, was bekanntlich im
Stück unklar bleibt. Ibsen schien eine Weile ernsthaft nachzuden-
ken und entgegnete dann: »Das kann wohl sein.« Ich empfing den
Eindruck, als spräche er nicht von einer Gestalt seiner eigenen Er-
findung, sondern von einer wirklichen Person.   (GM 120 f)

Paul Lindau über Ibsen: Meiningen, [22.] Dezember 1886
Unsere freundlichen Beziehungen[12], die sich immer gütlicher ge-
stalteten, erlitten eines Tages[13] eine glücklicherweise schnell vorübergehende Trübung. Bei Tisch hatte ich über die lebenslustige
Regine [in *Gespenster*] leichthin eine Äußerung gemacht, bei der
ich mir wirklich gar nichts Schlimmes gedacht hatte, die aber beim
Herzog [Georg II. von Meiningen] und der Freifrau von Held-
burg[14] eine mir völlig unerwartete Heiterkeit hervorrief. Ich bemerkte, wie sich das Gesicht Ibsens, der neben dem Herzog mir gegenüber saß, versteinerte. Er setzte sich noch gerader, kniff die
schmalen Lippen noch fester zusammen und blickte durch die
scharfen Brillengläser mich mit stählernerer Festigkeit an als je.
Sein Mißbehagen wirkte suggestiv auf die kleine Tafelrunde. Dem
Lachen folgte eine schwüle Pause.
»Nun«, sagte Ibsen mit seiner leisen Deutlichkeit, »ich glaubte, die
Wahrheit sei schon *Schönheit an sich*.«   (HI XIX, 167)

Ibsen an Frederik Hegel   München, 5. Januar 1887
Ich führe zur Zeit ein ungewöhnlich unstetes Leben. Kaum bin ich
nach der Festwoche in Meiningen einigermaßen zur Ruhe gekommen, muß ich schon wieder los. Ich reise übermorgn, diesmal nach
Berlin, wo am Sonntag, dem 9. ds., am Residenztheater die *Gespenster* gegeben werden. Am liebsten wäre ich zu Hause geblieben,
aber nach den vielen Aufforderungen kann ich mich nicht länger

12 Zwischen Ibsen und Lindau.
13 Vermutlich am Tage nach der Premiere der *Gespenster,* also am
22. Dezember.
14 Die ehemalige Schauspielerin Ellen Franz, danach Gemahlin des
Herzogs.

weigern, ihnen nachzukommen, besonders da die *Gespenster* in Deutschland zu einer brennend literarischen und dramatischen Frage geworden sind.

In Berlin bin ich auf etlichen Widerstand der konservativen Presse gefaßt. Auch das ist für mich ein Grund, zur Stelle zu sein.

In Meiningen erwies der Herzog [Georg II.] mir eine fast demonstrative Auszeichnung, indem er mir am Tage nach der Vorstellung [also am 22. Dezember 1886] »als Zeichen seiner Verehrung und Bewunderung«, wie es im Diplom heißt, die Insignien als Kommandeur der I. Klasse mit Sternen des sächsischen Ernestiner-Ordens verlieh.

Glauben Sie nicht, daß ich Ihnen das aus Eitelkeit berichte. Aber ich leugne nicht, daß es mich freut, wenn ich an die dumme Verketzerung denke, der das Stück lange Zeit in unseren Heimatlanden ausgesetzt war.   (HI XVIII, 122)

Otto Brahm über Ibsen   Berlin, Mai 1904

Die Dinge wirkten in der Stille weiter, und plötzlich, im Winter 1886 und 1887, erwachten gleich an drei Stellen auf einmal die *Gespenster*: in Augsburg, in München, in Berlin. Die letzte Aufführung ward die entscheidende: Anton Anno, der Direktor des Residenz-Theaters, hatte sie im Einvernehmen mit [Paul] Schlenther inszeniert, und die Zensur gestattete die einmalige Vorstellung des selbstverständlich polizeiwidrigen Stückes an einem Januar-Sonntagmittag [9. Januar 1887]. Ich empfing den ehrenvollen Auftrag, Ibsen zu fragen, ob er einem Hervorruf wohl folgen würde [...], und als ich vor der Aufführung den Dichter in seinem kleinen Zimmer im »Hotel du Nord« abholte und ihm die bedeutsame Frage vorlegte, sagte er nur, wie der Wolf John Gabriel [Borkman] vielmals den Raum durchschreitend, hin und her und hin und her in der Diagonale: »Wenn so etwas passieren sollte, wenn so etwas passieren sollte...« Und in der Tat, es passierte: am ersten Aktschluß [...] brach das bis dahin in tiefstes Aufmerken gebannte Publikum in einen Beifallssturm aus, so spontan und so gewaltig, daß Ibsen wohl ein dutzendmal vor der Rampe erschien. Wir hatten das Gefühl: jetzt ist gewonnen.   (OB 218)

Ibsen an Frederik Hegel	München, 26. Januar 1887
Nächsten Monat kommen die Meininger nach Berlin und werden
Gespenster geben.	(HI XVIII, 124)

Ibsen an Julius Hoffory	München, 4. Februar 1887
Ihrem Artikel über *Gespenster* sehe ich mit lebhafter Erwartung
entgegen und sage Ihnen dafür schon jetzt meinen Dank.
	(HI XVIII, 126)

Ibsen an Carl Snoilsky	München, 25. November 1887
Herzlichen Dank für Deinen Brief! Anbei ein Billett an [Ludwig]
Chronegk. Es war mir völlig unbekannt, daß die *Gespenster* in
Dresden aufgeführt werden sollen, und es interessiert mich zu er-
fahren, wie das Stück dort aufgenommen wird – falls die Auffüh-
rung wirklich zustandekommt.[15] Ich zweifle nicht, daß dann auch
Damen Zutritt haben werden. So ist es jedenfalls bisher überall ge-
wesen, wo das Stück gespielt worden ist.	(KB)

Ibsen an Carl Snoilsky	München, 19. April 1889
Wenn Du Graf Prozor triffst, bitte ich Dich, ihm gütigst meinen
verbindlichsten Gruß und Dank für seine Übersetzung der *Gespenster* auszurichten. Sie ist mir [zwar] noch nicht vor Augen gekommen, aber selbst wenn ich sie gelesen hätte, könnte ich kein begrün-
detes Urteil fällen, da meine Kenntnisse des Französischen bei weitem nicht ausreichen. Um so lieber höre ich deshalb, daß Du die
Übersetzung besonders geglückt findest.	(KB)

Ibsen an Wilhelm Christophersen	München, 30. April 1889
Indem ich den Empfang Ihres sehr geehrten Schreibens bestätige,
erlaube ich mir hiermit, vor allem meinen verbindlichen Dank für
Ihr freundliches Interesse auszudrücken, meinen dramatischen Arbeiten weitere Verbreitung unter dem französisch sprechenden Publikum [in Antwerpen] zu verschaffen.
Was diese Angelegenheit betrifft, so sehe ich mich verpflichtet, dar-

---

15 Die Meininger haben *Gespenster* nur zwei Mal außerhalb ihres Hoftheaters gespielt, einmal in Dresden und einmal in Kopenhagen.

auf aufmerksam zu machen, daß die *Gespenster* bereits ins Französische übersetzt sind, ebenso *Ein Puppenheim*. Französische Übersetzungen meiner anderen Gegenwartsschauspiele sind ebenfalls in Vorbereitung, teils in Paris, teils durch einen in Berlin ansässigen französischen Journalisten.

Allen diesen eventuellen Übersetzungen habe ich je nach Erscheinen meine Autorisation zugesagt.

Da wir jedoch bekanntlich keine literarische Konvention mit Frankreich abgeschlossen haben, steht dem ja nichts im Wege, mehrere Übersetzungen ein und desselben Stückes herauszugeben und zur Aufführung zu bringen. Nur muß ich mich mit Rücksicht auf meine bereits gegebenen Zusagen völlig aus dem Spiel halten.

(HI XVIII, 211 f)

Ibsen an Moritz Prozor   München, 17. April 1890
In die mögliche Aufführung von *Gespenster* am Théâtre Libre [in Paris] in Herrn [Rodolphe] Darzens' Übersetzung will ich nicht auf eigene Faust eingreifen.[16] Aber seien Sie bitte überzeugt, daß jedweder von Ihnen geäußerte Wunsch und Rat in dieser und jeder anderen Beziehung von mir pünktlich befolgt werden wird. Sie können ja weit besser als ich die Situation überblicken und beurteilen.   **(HI XVIII, 246)**

Ibsen an André Antoine   [München, Mitte April 1890]
Ich beeile mich, Ihren freundlichen Brief zu beantworten, den ich heute die Ehre hatte zu erhalten.

Seit der Gründung des Théâtre Libre habe ich mit lebhaftester Aufmerksamkeit die Arbeit dieses interessanten Unternehmens verfolgt.

Auch war es mir eine große Genugtuung, als ich vor zwei Jahren von Ihrer Absicht erfuhr, mein Drama *Gespenster* unter Ihrer Regie auf dieser Bühne zur Aufführung zu bringen.

Da ich die von Herrn Darzens angefertigte und mir übersandte

---

16 André Antoine, der Gründer und Leiter des Théâtre Libre, hatte Prozors Übersetzung abgelehnt und brachte *Gespenster* in Darzens' Übersetzung am 29. Mai 1890 zur Aufführung.

Übersetzung für vollkommen geeignet und mit dem Original übereinstimmend halte, bin ich trotz meiner Verpflichtungen gegenüber Herrn von Prozor gern bereit, Ihnen die erbetene Zustimmung zu geben, nämlich daß die Übersetzung des Herrn Darzens am Théâtre Libre verwendet wird.

Mit großem Interesse sehe ich dem Resultat Ihrer Bemühungen entgegen. (AA 177)

Ibsen an Rodolphe Darzens[17]   München, 6. Mai 1890
Ich hatte die Ehre, Ihren Brief und später eine Kopie Ihrer Übersetzung meines Dramas *Gespenster* (Les Revenants) zu erhalten. Für beides bitte ich Sie [...] meinen verbindlichsten Dank entgegenzunehmen. [...]
Ihre völlige Beherrschung der norwegischen Sprache hat mich auf angenehme Weise überrascht, und Ihr freundliches Interesse, das Sie meinem literarischen Schaffen entgegenbringen, hat mir große Freude bereitet.
Das Wort »håndsrækning« [Handreichung] hat keine Doppelbedeutung. Es bezeichnet eine wohltätige Hilfe in Gefahr. Osvald will damit sagen, daß er im Notfall jemanden anwesend wissen will, der sich überwinden kann, ihm das Gift zu geben, falls er nicht die Kraft aufbringt, es selbst zu nehmen. (AA 178)

Ibsen an Carl Snoilsky   München, 29. Juni 1890
Der Widerhall der *Gespenster* in Paris hat mich besonders befriedigt. Aber es hat mich peinlich berührt, daß man nicht die Übersetzung von [Moritz] Prozor benutzt hat. Die Ursache kenne ich nicht, aber oft, wenn ich daran denke, mache ich mir Vorwürfe, daß ich nicht formell Protest erhoben habe, wenn er auch nicht von praktischer Bedeutung gewesen wäre. Daß ich nicht protestierte, lag übrigens daran, daß Graf Prozor in einem Brief an mich selbst den Wunsch äußerte, davon abzusehen. Dennoch – es würde mir unendlich leid tun, sollte die Angelegenheit bei ihm, dem ich so viel verdanke, eine Mißstimmung gegen mich hervorgerufen haben. Hast Du Gelegenheit, bitte ich Dich, es ihm zu sagen. (KB)

17 Übersetzung aus dem Französischen.

Ibsen an Julius Elias   Kristiania, 16. Juli 1894
Dr. [Oskar] Blumenthal hat mich nicht um die Erlaubnis gebeten, *Gespenster* aufführen zu dürfen. Er hat mir nur, zunächst telegraphisch, dann brieflich mitgeteilt, daß er eine Übersetzung des
Stückes hat herstellen lassen, die von der Zensur genehmigt ist, und
daß er die Absicht hat, das Schauspiel am Lessing-Theater herauszubringen. Ich habe auf diese Mitteilung überhaupt nicht geantwortet, da ich davon ausgehen muß, daß ein Protest von meiner
Seite wirkungslos bleiben würde. Juristische Rechte und Möglichkeiten, die Aufführung zu verhindern, habe ich ja nicht. Mir bleibt
also nichts anderes übrig, als mich aus der Sache herauszuhalten,
und das ist auch meine Absicht. Sollte mein Freund Dr. [Otto]
Brahm oder die Agentur Felix Bloch Erben einen Ausweg finden,
um Dr. Blumenthals Vorhaben zu verhindern, würde mir das sehr
lieb sein.
Aber kann Dr. Brahm so viel daran liegen, das Stück vom Lessing-
Theater fernzuhalten? Auf dem Berliner Theater wird es doch gespielt, wie ich erfahren habe. Wenn das Deutsche Theater die besten
Kräfte für die Besetzung hat, scheint mir der Anlaß zum Vergleich
geradezu erwünscht. Dr. Brahm hat in dieser Beziehung sicher
nichts von Dr. Blumenthal zu fürchten, der bisher nicht verstanden
hat, meine Stücke in Übereinstimmung mit meinen Intentionen zu
inszenieren, während mein Freund Brahm meine Werke bis ins
kleinste kennt.
Im übrigen ist es für mich außerordentlich schwer, in Abwesenheit
die Situation von allen Seiten zu überblicken. – Was Dr. Blumenthal gesagt oder geschrieben haben kann, ist mir völlig gleichgültig.
                                              (HI XVIII, 351 f)

Paul Lindau über Ibsen   Kristiania, Juli 1894
Da ich nun den größten Teil Norwegens kennen gelernt hatte, interessierte es mich, den Ort der Handlung, den sich Ibsen für seine
Hauptwerke gedacht hat und den er nie näher angibt, mir von ihm
selbst bezeichnen zu lassen. Ibsen sagte mir, er denke selten an einen
bestimmten Ort. Ihm schwebe bei seiner Arbeit gewöhnlich eine
größere Landschaft vor, eine allgemein norwegische Gegend ohne
lokale Beschränkung. Für die *Gespenster* habe er die Gegend von

Bergen im Sinne gehabt, »wo es sehr viel trübe Tage gibt und viel regnet« [...] (HI XIX, 199)

Ibsen an Jacob Hegel   Kristiania, 11. September 1894
Ich danke Ihnen recht herzlich für Ihre freundliche und erfreuliche Mitteilung betreffs der neuen Auflage von *Gespenster*.

(HI XVIII, 354)

Ibsen an Jacob Hegel   Kristiania, 8. November 1894
Ebenso danke ich Ihnen für die übersandten Exemplare der neuen Auflage von *Gespenster*. (HI XVIII, 358)

Ibsen an August Larsen   Kristiania, 7. Juli 1896
Herzlichen Dank für den heutigen Brief! Können Sie das Dagmartheater [in Kopenhagen] dazu bringen, auf Ihren Vorschlag betreffs *Gespenster* einzugehen? [Mit] 600 Kronen und 10% nach der zehnten Vorstellung wäre ich über die Maßen zufrieden. Im übrigen haben Sie vollkommen freie Hände. (HI XVIII, 383)

Ibsen an Olaus Olsen   [Kristiania,] 12. Januar 1897
Dr. Henrik Ibsen erlaubt gern, daß Sie hierorts ohne Honorar [an mich] *Gespenster* spielen mit Herrn [August] Lindberg als Osvald. (HI XVIII, 393)

Von Skien nach Rom
(Fra Skien til Rom)
(1881)

Ibsen an Olav Skavlan   Rom, 12. November 1881
Was mich betrifft, so wäre es mir eine Ehre und ein Vergnügen, als Angehöriger Eures Kreises genannt zu werden.[1] Allerdings weiß ich im Augenblick nicht, wie ich mein Versprechen einhalten soll,

1 Gemeint sind die Mitarbeiter einer geplanten Zeitschrift.

Beiträge zu leisten. Gedichte schreibe ich nicht, und Abhandlungen liegen mir nicht. Ich habe mich jedoch seit einiger Zeit damit beschäftigt, ein Buch zu schreiben, das *Von Skien*[2] *nach Rom* (Fra Skien til Rom) heißen soll und von meinen Erlebnissen handelt im selben Stil wie das Vorwort zur 2. Auflage des *Catilina*. Wenn Du meinst, daß der eine oder andere kurze Abschnitt dieser Arbeit für die Zeitschrift passen könnte, werde ich gern zu gegebener Zeit etwas davon mitteilen.

(HI XVII, 438 f)

Ein Volksfeind
(En folkefiende)
Schauspiel in fünf Akten

Abgeschlossen: 20. Juni 1882 in Rom
Erstdruck erschienen: 28. November 1882 in Kopenhagen
Uraufführung: 13. Januar 1883 in Kristiania

Ibsen an Frederik Hegel   Rom, 16. März 1882
Den von mir einmal angedeuteten literarischen Plan habe ich seit langem aufgegeben. Dagegen kann ich mitteilen, daß ich zur Zeit voll mit den Vorbereitungen zu einem neuen Schauspiel beschäftigt bin.
Es wird diesmal ein friedliches Stück, das die Staatsräte und Großkaufleute mit ihren Damen [ungefährdet] lesen können und vor dem die Theater nicht zurückzuschrecken brauchen. Es wird mir sehr leichtfallen, [die Arbeit] auszuführen, und ich will versuchen, damit ziemlich früh im Herbst fertig zu werden.

(HI XVII, 468)

Ibsen an Frederik Hegel   Rom, 21. Juni 1882
Indem ich Ihnen herzlich für den Wechsel danke, den Sie die Güte hatten, mir zu schicken, möchte ich Ihnen außerdem vorläufig in

2 Ibsens Geburtsort.

aller Kürze mitteilen, daß ich gestern meine neue dramatische Arbeit abgeschlossen habe. Sie heißt *Ein Volksfeind* und besteht aus fünf Akten. Ich bin noch ungewiß, ob ich das Stück ein Lustspiel oder ein Schauspiel nennen soll. Es hat viel vom Lustspielcharakter, aber auch einen ernsten Grundgedanken.

Das Manuskript umfaßt 188 Seiten, aber gedruckt wird das Buch wahrscheinlich ungefähr 12½ Bogen ausmachen, was ja ein passender Umfang ist.

In ein paar Tagen beginne ich mit der Reinschrift, die immerhin Ende Juli fertig sein kann. Ich werde Ihnen das Manuskript nach und nach schicken, wie ich zu tun pflege. Aber diesmal haben wir ja so viel Zeit, daß Sie mit dem Druck nicht eher zu beginnen brauchen, als bis Sie im Besitz des Ganzen sind.

Den Titel des Stückes bitte ich vorläufig zu verschweigen. Dagegen sehe ich gern, wenn bekannt wird, daß ich ein neues Lustspiel in fünf Akten geschrieben habe. (HI XVII, 470)

Ibsen an Jonas Lie   Rom, 22. Juni 1882
Vorgestern habe ich eine neue dramatische Arbeit in fünf Akten abgeschlossen. Ich bin noch nicht sicher, ob ich sie als Lustspiel oder als Schauspiel bezeichnen soll. Sie hat etwas von beidem oder liegt in der Mitte. Das Stück wird im Laufe des Sommers gedruckt, erscheint aber nicht vor dem Spätherbst. (HI XVII, 472)

Ibsen an Nils Lund   Rom, 23. Juni 1882
Vor ein paar Tagen habe ich ein neues Schauspiel in fünf Akten vollendet. Es wird im Laufe des Sommers gedruckt, erscheint aber erst im Herbst im Buchhandel. (HI XVII, 473)

Ibsen an Sofie Adlersparre   Rom, 24. Juni 1882
Ich habe auch schon begonnen, mich auf anderen Gebieten umzusehen. In diesen Tagen habe ich ein neues Schauspiel in fünf Akten abgeschlossen, das ganz andere Seiten unseres Gesellschaftslebens behandelt. Ich wage nicht zu hoffen und wünsche es auch nicht, daß diese neue Arbeit von Angriffen verschont bleibt, aber sie werden jedenfalls aus ganz anderen Gründen vorgetragen werden als der Krieg gegen *Gespenster*. (KB)

Ibsen an Bjørnstjerne Bjørnson   Gossensaß, 4. August 1882

Danach war ich mit einem neuen fünfaktigen Schauspiel beschäftigt, das ich jetzt ins reine schreibe. So unsagbar gern ich am 10. August da oben gewesen wäre, so kann ich, wie Du sicher verstehst, diese Arbeit aus zwingenden Gründen nicht beiseite legen. Das wäre dasselbe, als bliebe sie ungedruckt und würde im kommenden Winter nicht aufgeführt.   (HI XVII, 474)

Ibsen an Frederik Hegel   Gossensaß, 28. August 1882

Hiermit habe ich das Vergnügen, Ihnen die ersten vier Akte meines neuen Stückes zu schicken. Der fünfte folgt in einigen Tagen, da schon die Hälfte fertig vorliegt. Der Grund, warum das Manuskript etwas später kommt, als ich in meinem vorigen Brief angedeutet habe, ist der, daß ich das Stück zweimal ins reine geschrieben habe, um die größtmögliche Vollendung im Dialog zu erreichen. – Dies für heute in aller Eile. Mehr, wenn ich den fünften Akt schicke.   (HI XVII, 478)

Ibsen an Frederik Hegel   Gossensaß, 30. August 1882

Das Manuskript der ersten vier Akte meines neuen Stückes ist gestern abgegangen und hoffentlich richtig angekommen. Den Grund der Verspätung habe ich auf dem beigefügten Blatt angegeben.

(HI XVII, 479)

Ibsen an Frederik Hegel   Gossensaß, 9. September 1882

Hiermit habe ich das Vergnügen, Ihnen den Rest des Manuskripts von meinem neuen Stück zu schicken. Die Beschäftigung mit dieser Arbeit hat mir Freude gemacht, und ich empfinde es als einen Verlust und eine Leere, damit fertig zu sein. Doktor Stockmann[1] und ich sind vortrefflich miteinander ausgekommen und in vielen Stükken völlig einig. Aber der Doktor ist unruhiger als ich, außerdem hat er etliche andere Eigenheiten, derentwegen man aus seinem Munde manches dulden wird, was man vielleicht nicht recht akzeptiert hätte, wenn es aus meinem Munde käme. Ich nehme an, Sie werden der gleichen Meinung sein, wenn Sie das Manuskript gelesen haben.   (HI XVII, 480)

[1] Die Hauptfigur von *Ein Volksfeind*.

Ibsen an Frederik Hegel   Gossensaß, 13. September 1882
Hoffentlich ist nun auch der fünfte Akt angekommen. Ich gedenke
mein Stück nicht eher bei den Theatern einzureichen, als bis es im
Handel erschienen ist. Will ein Theater mein Schauspiel aufführen,
so kann man sich ja an mich wenden. Ich bitte Sie daher, den Erscheinungstermin ganz nach Wunsch festzusetzen. Von mir aus
steht nichts im Wege, daß das Buch sofort nach Fertigstellung erscheint, vorausgesetzt, es ist zweckmäßig mit Rücksicht auf den
Verkauf. Ich schreibe diese Zeilen in aller Hast, damit sie noch mit
dem Eilzug abgehen.   (HI XVII, 481)

Ibsen an Georg Brandes   Gossensaß, 21. September 1882
Wenn Sie mein neues Schauspiel bekommen, werden Sie verstehen,
wie es mich interessiert und – ich darf sagen – amüsiert hat, an
die vielen verstreuten und hingeworfenen Äußerungen in meinen
Briefen an Sie erinnert zu werden. Und Sie werden dann auch verstehen, wie sehr es mich gefreut haben muß, daß Ihr Porträt von
mir gerade jetzt erschien, unmittelbar vor Erscheinen meiner neuen
Arbeit. Ja, lieber Brandes, Sie sind mir auch diesmal, wie immer,
ein wahrhaft stützender Freund gewesen!   (HI XVII, 483 f)

Ibsen an Nils Lund   Gossensaß, 26. September 1882
Mein neues Schauspiel ist jetzt im Druck und wird wahrscheinlich
Mitte nächsten Monats erscheinen.   (UO)

Ibsen an Frederik Hegel   Brixen, 23. Oktober 1882
Da mein neues Stück hoffentlich in diesen Tagen im Buchhandel
erscheinen dürfte, erlaube ich mir, Sie um Zusendung je eines Exem-
plares zu bitten an [Bjørnstjerne] Bjørnson, Jonas Lie, G[eorg]
Brandes, E[dvard] Brandes, [Holger] Drachmann, Frau [Mag-
dalena] Thoresen und Assessor J[ohan] Herman Thoresen in
Kristiania. Begleitschreiben schicke ich diesmal nicht, möglicher
Weise schreibe ich später direkt an einige der oben genannten
Freunde.   (HI XVII, 485 f)

Ibsen an Frederik Hegel   Brixen, 28. Oktober 1882
Das Theater in Bergen hat bereits um mein neues Stück gebeten.
Aber ich warte mit der Antwort, bis ich weiß, daß das Buch er-
schienen ist, was hoffentlich in allernächster Zukunft geschieht.
                                              (HI XVII, 487)

Ibsen an Frederik Hegel   Brixen, 1. November 1882
Mein neues Stück kommt also etwas später heraus als ursprünglich
gedacht. Aber es ist ja natürlich, daß eine so große Auflage viel
Zeit erfordert, und ich bin gewiß, daß man so viel für die Auflage
tut, wie die Umstände erlauben. Ich bitte Sie, mir gleich nach der
Fertigstellung ein broschiertes Exemplar zukommen zu lassen und
ein gleiches Exemplar an Herrn Wilhelm Lange in Berlin zu
schicken.   (HI XVII, 488)

Ibsen an Bendix Edvard Bendixen   Brixen, 18. November 1882
Laut Ihres Schreibens vom 11. Oktober wünscht das Nationaltheater in Bergen mein neues Schauspiel *Ein Volksfeind* zur Aufführung
zu erwerben.
Hiermit erteile ich das Aufführungsrecht gegen ein Honorar von
800 Kr, die am Tage nach der Premiere an meinen Kommissionär,
Buchhändler Nils Lund in Kristiania, einzuzahlen sind. Die übrigen Bedingungen können im Sinne des Kontraktes unverändert
bleiben.   (HI XVII, 489)

Ibsen an Frederik Hegel   Rom, 2. Dezember 1882
Ich kann nicht leugnen, daß ich mit nervöser Ungeduld auf das Erscheinen meines neuen Schauspiels warte, das ja durch verschiedene zusammentreffende Umstände und vermutlich auch aus
zweckdienlicher Rücksicht verspätet, nun aber hoffentlich geschehen ist. Wenn ich heute die dänischen Zeitungen lese, hoffe ich das
Buch angekündigt zu sehen. Im allgemeinen ist ja Ende November
eine gute Zeit für das Erscheinen eines Buches, aber nicht ganz so
gut für Schauspiele, die in solchem Fall erst dann zur Aufführung
kommen können, wenn die beste Zeit der Theatersaison vorüber
ist. Das gilt besonders für Schweden, wo das Stück ja erst übersetzt
werden muß. Andererseits ist auch die Auflage meines neuen Stük-
kes so gewaltig groß, daß es zweifellos für uns beide wünschens-

wert ist, wenn sie zu einem Zeitpunkt erscheint, da sie mit der ganzen ungeteilten Aufmerksamkeit des Publikums rechnen darf – unbeirrt von anderen gleichzeitigen Neuerscheinungen in der Literatur. (HI XVII, 490)

Ibsen an Ludvig Josephson   Rom, 8. Dezember 1882
Es tut mir leid, Ihnen mitteilen zu müssen, daß ich Ihnen mein neues Schauspiel *[Ein Volksfeind]* nicht zur Aufführung überlassen kann. Die Direktion des Königlichen Theaters hat nämlich um das alleinige Aufführungsrecht für Stockholm gebeten, und ich habe bereits telegraphisch zugesagt.
Gern hätte ich die Inszenierung meines Stückes in Ihren kundigen und erfahrenen Händen gewußt, aber das ist ja nun unmöglich.
               (HI XVII, 492)

Ibsen an Edvard Fallesen   Rom, 12. Dezember 1882
Es war mir sehr lieb, durch Justizrat [Frederik] Hegel zu erfahren, daß Sie beabsichtigen, mein neues Schauspiel am Königlichen Theater [in Kopenhagen] zur Aufführung zu bringen, und ich hoffe, meine telegraphische Antwort hat Sie richtig erreicht.
 Mit diesen Zeilen möchte ich vor allem einer falschen Auffassung und Darstellung einer Figur im Stück vorbeugen. In einem Kopenhagener Blatt, das den Inhalt des Stückes wiedergibt, wird Kapitän Horster als ein »alter« Mann bezeichnet, als »alter« Freund des Doktors usw. Das ist ein Mißverständnis. Kapitän Horster ist ein *junger* Mann, er ist einer von »den jungen Menschen«, die der Doktor so gern in seinem Haus sieht. Horster muß, besonders in dem kurzen Dialog zwischen ihm und Petra im fünften Akt, so gespielt werden, daß man den Auftakt eines warmen und innerlichen Verhältnisses zwischen den beiden ahnt.
Außerdem bitte ich, daß auch die Nebenfiguren im vierten Akt mit im weitesten Sinne tüchtigen Schauspielern besetzt werden. Je mehr charakteristische Gestalten in der Menge, desto besser.
              (HI XVII, 492 f)

Ibsen an Hans Schrøder   Rom, 14. Dezember 1882
Gesstatten Sie, daß ich Ihnen aus Anlaß der bevorstehenden Einstudierung von *Ein Volksfeind* einige Zeilen sende.
Es ist natürlich nicht meine Absicht, aus der Ferne irgendeinen Ein-

fluß auf die Inszenierung des Stückes oder auf die Rollenverteilung auszuüben, aber einige Worte darüber, wie ich mir das eine oder andere gedacht habe, können wohl nicht schaden.

Ich darf vermutlich als gegeben voraussetzen, daß Frau [Lucie] Wolf die Frau Stockmann spielen wird. Sie ist zweifellos die Schauspielerin am Christiania Theater, die die meisten Voraussetzungen besitzt, diesen Charakter so wiederzugeben, wie ich ihn gesehen und geschildert habe.

Sofern Sie für den [Redakteur] Hovstad einen im übrigen brauchbaren Darsteller von nicht allzu heldenmäßigen Körpermaßen haben, so sollte ein solcher gewählt werden. Hovstad stammt von armen Kätnern ab, er ist in einem ungesunden Heim bei einfacher und unzureichender Kost aufgewachsen, hat gefroren und geschuftet während seiner ganzen Kindheit und später als armer junger Mensch unter vielen Mängeln gelitten. Derartige Lebensbedingungen hinterlassen ihre Spuren nicht bloß in der inneren, sondern auch an der äußeren Persönlichkeit. Heldengestalten des einfachen Volkes kommen in Wirklichkeit nur als Ausnahmen vor. Unter allen Umständen muß Hovstad unter einem Druck leiden, seine Haltung ist eingefallen und gebeugt, etwas unsicher in den Bewegungen. All das selbstverständlich echt und natürlich dargestellt. [. . .]

Den Kapitän Horster hat ein dänischer Kritiker lächerlicher Weise völlig falsch aufgefaßt. Er bezeichnet nämlich Horster als einen alten Mann, als Dr. Stockmanns alten Freund usw. Das ist natürlich ganz unrichtig. Horster ist ein junger Mann, einer jener jungen Menschen, über deren guten Appetit Stockmann sich freut, der aber nur selten in dessen Haus kommt, weil er nicht gern Hovstad und Billing treffen will. Schon im ersten Akt muß Horsters Interesse für Petra fein und leicht durchscheinen, und während des kurzen Dialogs zwischen den beiden im fünften Akt darf man ahnen, daß die beiden jetzt am Anfang eines warmen und innerlichen Verhältnisses stehen. [. . .]

Ich muß dringend darum bitten, daß alle verfügbaren Schauspieler ausnahmslos im vierten Akt mitwirken. Der Regisseur muß hier die möglichste Naturwahrheit einschärfen und jede karikierende Übertreibung streng verbieten. Je mehr charakteristische Gestalten mit dem Stempel der Echtheit in der Menge, desto besser.

Die Regie muß durch das ganze Stück hindurch und in Bezug auf jeden Darsteller unerbittlich darauf achten, daß kein Satz verdreht wird. Der Text soll genau so lauten, wie er im Buche steht. Ein lebhaftes Tempo ist wünschenswert. Bei meinem jüngsten Besuch im Christiania Theater schien mir der Dialog verschleppt.

Aber vor allem Naturwahrheit – als ob alles wirklich sei und man etwas sieht, das im Leben vor sich geht.

Ein Volksfeind ist nicht leicht zu inszenieren. Das Stück erfordert ein Übermaß an eingeübtem Zusammenspiel, also viele und sorgfältige Proben. Aber ich verlasse mich auf den guten Willen aller Beteiligten, und an künstlerischer Begabung mangelt es ja nicht am Christiania Theater. (A 25 ff)

Ibsen an Frederik Hegel   Rom, 18. Dezember 1882
An die Direktion des Königlichen Theaters in Stockholm habe ich telegraphiert und danach geschrieben. Die Sache ist also in Ordnung. Entschuldigen Sie, daß ich Sie nicht vorher davon unterrichtet habe. [Ludvig] Josephsons Angebot habe ich schriftlich abgelehnt.[2]
[. . .]
Es war mir lieb und wert, die verschiedenen Besprechungen zu lesen, die Sie mir nach und nach gütigst geschickt haben. Ebenso freut es mich sehr zu erfahren, daß mein Stück so guten Absatz findet.
(HI XVII, 494)

Ibsen an Hans Schrøder   Rom, 24. Dezember 1882
»Das Morgenblatt« hat eine Notiz über die Besetzung in *Ein Volksfeind* gebracht, und aus diesem Anlaß muß ich Sie abermals mit einigen Zeilen belästigen.

Ich sehe, daß Herr [Sigvard] Gundersen den Stadtvogt spielen soll. Das Äußere dieses Schauspielers paßt durchaus nicht für einen Mann, der nicht daran zu denken wagt, abends warm zu essen, der einen empfindlichen Magen und eine schlechte Verdauung hat und von dünnem Teewasser lebt. Auch nicht besonders für einen Mann, der als ansehnlich, fein und sauber gilt. Aber diesen Mängeln kann

2 Siehe Ibsens Brief an Ludvig Josephson vom 8. 12. 1822.

man ja zum Teil durch Maske und Kostüm abhelfen. Herr Gundersen möge deshalb in diesen beiden Dingen große Sorgfalt walten lassen.

Auch Herrn [Arnoldus] Reimers' Körperbau harmoniert nicht mit dem Temperament eines Dr. Stockmann; hitzige Menschen sind im allgemeinen zarter gebaut. Für Herrn Reimers gilt also dieselbe Bitte wie für Herrn Gundersen. Er möge sich so schlank und klein wie möglich machen.

Herrn [Olaf] Hansson kenne ich nicht, aber nach allem, was ich über ihn höre, zweifle ich nicht daran, daß er den Hovstad zufriedenstellend spielen kann.

Andererseits muß ich bestimmt dagegen Einspruch erheben, daß Horster von Herrn [Johannes] Brun ausgeführt werden soll. Ich beziehe mich im ganzen auf das, was ich in meinem vorigen Brief über diese Partie gesagt habe, und bitte darum, daß die Rolle Herrn [Berent] Schanche übergeben werden möge und ihm mitgeteilt wird, wie ich die Rolle aufgefaßt zu sehen wünsche.

Gegen die Besetzung im übrigen habe ich nichts einzuwenden. Herr Selmer ist als Billing sicher auf seinem Platz. Sein »Gott töte mich« darf nicht markant geäußert werden, vielmehr wie ein Ausdruck, bei dem er sich im Grunde nichts denkt. Fräulein [Aagot] Gjems kenne ich nicht, aber ich lege großes Gewicht darauf, daß Petras Rolle korrekt und mit völlig glaubwürdiger Naturwahrheit gespielt wird. (A 28 f)

Ibsen an Hans Schrøder   Rom, 31. Dezember 1882

Leider sehe ich mich gezwungen, Sie noch einmal mit einigen Zeilen zu belästigen.

Ihrem geehrten Schreiben, das ich gestern erhielt, entnehme ich, daß man beabsichtigt, die beiden Knaben in meinem Stück *[Ein Volksfeind]* von zwei Schauspielerinnen darstellen zu lassen. Das beunruhigt mich etwas, da ich daraus zu ersehen glaube, daß man nicht hinreichend den Geist erkannt hat, in dem dies Stück geschrieben ist und auch aufgeführt werden muß.

Knaben von Damen spielen zu lassen, kann notfalls in der Operette angehen, im Vaudeville oder in sogenannten romantischen Schauspielen. Denn dort verlangt man nicht zu allererst unbedingte Illusion; jeder Zuschauer ist sich voll bewußt, nur im Theater zu sitzen und eine Vorstellung zu sehen.

Anders verhält es sich, wenn *Ein Volksfeind* gegeben wird. Der Zuschauer soll das Gefühl haben, unsichtbar in Dr. Stockmanns Wohnzimmer anwesend zu sein; alles muß da *wirklich* sein, auch die beiden Jungen. Aus diesem Grunde können sie nicht von verkleideten Schauspielerinnen mit Lockenperücken und Korsett gespielt werden. Die weiblichen Formen können nicht vom Kostüm, von Jacke und Hose, verborgen werden, und niemals werden die Schauspielerinnen einen Zuschauer glauben machen können, er habe wirklich Schulkinder aus irgend einer Kleinstadt vor sich. Wie kann außerdem eine erwachsene Dame aussehen wie ein zehnjähriges Kind?

Beide Rollen müssen deshalb notwendiger Weise von Kindern gespielt werden, im äußersten Notfall von ein paar kleinen Mädchen, deren Formen noch nicht entwickelt sind. Und dann weg mit den Korsetts und laßt sie grobe Knabenstiefel anziehen. Jungenmanieren muß man ihnen natürlich ebenfalls beibringen.

Im Stück ist vorgeschrieben, daß Dr. Stockmann auf der Versammlung schwarz gekleidet geht. Aber der Anzug soll weder neu noch elegant sein, und sein weißes Halstuch darf gern etwas schief sitzen. Doch darauf kommt wohl Herr Reimers von selbst.

Es freut mich, daß Herr Johannes Brun mit der Inszenierung zu tun bekommt. Dieser Auftrag wird ihm allerlei Arbeit und Mühe eintragen, aber ich bin überzeugt, daß er in jeder Beziehung sein Bestes tut und dafür Anerkennung finden wird. Im übrigen kann ich mir kaum denken, daß das Stück schon Mitte Januar zur Aufführung fertig sein könnte. (A 30 f)

Ibsen an Urban von Feilitzen   Rom, 13. Januar 1883
Gewisse Umstände hinderten mich indessen, damals meinen Vorsatz auszuführen.[3] Ich hatte gerade in jenen Tagen mit meinem jüngst erschienenen Schauspiel *[Ein Volksfeind]* begonnen. Diese Arbeit beanspruchte meine ganze Zeit und erlaubte mir nicht, auf irgendeinen Briefwechsel außerhalb des rein geschäftsmäßigen einzugehen.
             (HI XVII, 497)

3 Nämlich Feilitzens Brief von Mitte Mai 1882 zu beantworten.

Ibsen an Frederik Hegel   Rom, 21. Februar 1883
Ein Volksfeind ist vom Göteborger Theater angenommen worden,
wo er demnächst zur Aufführung kommt. Ich habe gebeten, das
Honorar von 500 Kronen nach der ersten Vorstellung an Sie einzuzahlen. Das Stück ist nun am Schwedischen Theater in Helsingfors [Helsinki] gegeben worden, wo es wie ein Originalstück honoriert wird.   (HI XVII, 502)

Ibsen an Georg Brandes   Rom, 12. Juni 1883
Was den *Volksfeind* betrifft, so glaube ich, wir würden einigermaßen einig, wenn wir nur darüber sprechen könnten. Sie haben
natürlich recht, wenn Sie sagen, daß wir alle für die Verbreitung
unserer Ansichten wirken *müssen*. Aber ich behaupte, daß ein gei-
stiger Vorposten niemals mehrere um sich versammeln *kann*. In
zehn Jahren steht vielleicht die Mehrheit auf dem Standpunkt, den
Doktor Stockmann in der Versammlung vertrat. Während dieser
zehn Jahre ist er aber nicht stehengeblieben, er ist der Mehrheit um
wenigstens zehn Jahre vorausgeeilt. Die Mehrzahl, die Masse, die
Menge holt ihn niemals ein. Er wird nie die Mehrheit um sich sehen. Was mich persönlich betrifft, vernehme ich jedenfalls ein stän-
diges Vorwärtsschreiten. Wo ich stand, als ich meine Bücher
schrieb, da steht heute eine ziemlich kompakte Masse. Aber ich
selbst verharre nicht mehr dort, ich stehe woanders, weiter vorn,
wie ich hoffe.   (HI XVII, 515)

Ibsen an Olaus Olsen   Rom, 18. November 1883
In Beantwortung Ihres Schreibens vom 10. ds. teile ich Ihnen hierdurch mit, daß ich Ihnen gern soweit wie möglich entgegenkommen will und deshalb bereit bin, Ihnen das Aufführungsrecht an
Ein Volksfeind einzuräumen gegen ein Honorar von 200 (zweihun-
dert) Kronen, an *Der Bund der Jugend* [gegen] 100 (einhundert)
und [an] *Nordische Heerfahrt* ebenfalls gegen einhundert Kronen,
alles unter der Voraussetzung, daß Sie alle drei Stücke zur Aufführung annehmen, und unter der Bedingung, daß das Gesamthonorar [von] vierhundert Kronen an Buchhändler [Nils] Lund
eingezahlt sein muß, bevor eins der Stücke aufgeführt werden kann.
Für Kristiania gilt das Aufführungsrecht natürlich nicht.   (DT)

Ibsen an Frederik Hegel   München, 26. Januar 1887
Ein Volksfeind soll am Ostend-Theater in Berlin gespielt werden.
(HI XVIII, 124)

Ibsen an Jacob Hegel   München, 2. März 1888
Am Sonntag [4. März] wird *Ein Volksfeind* in Meiningen gegeben. Meine Frau und ich sind vom Herzog [Georg II.] eingeladen, werden aber kaum reisen.   (HI XVIII, 156)

Ibsen an Emilie Bardach4   [München], 6. Dezember 1889
Heute Abend muss ich ins Theater gehen um einer Aufführung vom
Volksfeind beizuwohnen. Es ist mir ein wahrer Pein [sic!] nur
daran zu denken.   (HI XVIII, 234)

Ibsen an Kristine Steen   München, 14. Januar 1891
Am Wiener Burgtheater wird zur Zeit *Ein Volksfeind* gegeben.
Unter den vielen Nebenrollen im vierten Akt kommt ein Betrunke-
ner vor, der nur ein paar Worte zu sagen hat. Diese im Stück ver-
schwindende Figur spielt der große, in ganz Europa berühmte
[Ludwig] Gabillon.   (HI XVIII, 280)

Ibsen an einen ungarischen Rechtsanwalt5   [München, Mai 1891]
Für Ihr freundliches Schreiben vom 10. ds. Mts. bitte ich Sie hierdurch meinen verbindlichsten Dank [entgegenzunehmen] und ersuche Sie entschuldigen zu wollen, dass ich dasselbe nicht schon beantwortet habe.
[. . .]
Für Übersetzungen nach der Originalausgabe meiner Schauspiele
habe ich nie einen Agenten oder Vertreter gehabt und die vom ungarischen Nationaltheater angenommene Übersetzungen von *St[üt-
zen] der G[esellschaft]* und *Ein V[olksfeind]* sind eben nach
der Originalausgabe veranstaltet worden.
[. . .]
Ich erlaube mir bezüglich einer Bemerkung in Ihrem Briefe zu

4 Im Original deutsch.
5 Originalentwurf deutsch.

äussern, dass ich bezweifele dem ung[arischen] Nat[ionalthea-
ter] gegenüber irgend ein Recht zu besitzen weil die mir vom
Th[eater] zugedachten Tantièmen freiwillig gewährt worden
sind.   (HI XIX, 276)

Ibsen an Povl Friis   Kristiania, 1. November 1894
In Beantwortung Ihrer geehrten Anfrage teile ich Ihnen mit, daß
Sie das Aufführungsrecht an *Ein Volksfeind* in den norwegischen
Weststädten erhalten können, sobald Sie ein Honorar von 300
(dreihundert) Kronen an mich eingezahlt haben. Dieser Betrag muß
jedoch vor dem 15. November eingezahlt sein, da ich mich nicht
verpflichten kann, nach diesem Zeitpunkt mein Angebot aufrechtzuerhalten.   (DT)

Ibsen im Gespräch mit Peter Andreas Rosenberg
                                     Kopenhagen, 3. April 1898
Ibsen: »Man spricht hierzulande von meiner Philosophie. Ich *habe*
keine Philosophie. Man nennt mich bisweilen einen Wahrheitsver-
künder. Ich bin mir nicht bewußt, eine einzige Wahrheit verkündet
zu haben. Oder habe ich das?«
Martinius Nielsen meinte: »Sie haben doch gesagt, ein Mann, der
meist allein steht, sei der stärkste.«
»Einen Augenblick!« erwiderte Ibsen, »*wann* habe ich das gesagt?«
»Im *Volksfeind*!«
»Das sagt doch Stockmann, nicht wahr?«
»Jaa –«
»Ich bin nicht verantwortlich für all das Gewäsch, das er da an-
bringt.«
»Nein, aber man bekommt doch im Lauf der Handlung das deut-
liche Gefühl, wo Ihre Sympathien stecken.« –
»Glauben Sie das zu wissen?« erwiderte er. »Vielleicht irren Sie.«
                                                    (HI XIX, 215 ff)

Die Wildente
(Vildanden)
Schauspiel in fünf Akten

Abgeschlossen: 30. August 1884 in Gossensaß
Erstdruck erschienen: 11. November 1884 in Kopenhagen
Uraufführung: 9. Januar 1885 in Bergen

Ibsen an Frederik Hegel   Rom, 11. Januar 1883
Ich bin bereits wieder dabei, ein neues Schauspiel aus dem Gegenwartsleben zu planen und zu komponieren. Es wird vier Akte enthalten, und ich hoffe, daß ich mich spätestens in zwei Monaten an die eigentliche Arbeit machen kann. Die Luft in Italien, die leichte Lebensweise hier unten, das alles wirkt anregend auf meine Schaffenskraft. Es fällt mir viel leichter, hier zu arbeiten als in Deutschland.   (HI XVII, 496 f)

Ibsen an Georg Brandes   Rom, 12. Juni 1883
Ich beschäftige mich zur Zeit mit dem Entwurf zu einer neuen dramatischen Arbeit in vier Akten.[1] Im Laufe der Jahre sammeln sich ja etliche Verrücktheiten in einem an, für die man gern einen Auslauf finden will. Da das Stück jedoch nicht vom Reichsrecht oder vom absoluten Veto handeln wird, nicht mal von der reinen Flagge[2], so dürfte es wohl kaum mit einer Aufmerksamkeit von norwegischer Seite rechnen können. Hoffentlich wird man an anderer Stelle hellhöriger sein.   (HI XVII, 515)

Ibsen an Frederik Hegel   Gossensaß, 5. September 1883
Mein neues Schauspiel werde ich erst im Laufe des kommenden Winters abschließen können. Aber ich hoffe, dieses langsame Fortschreiten wird dem Stück nicht schaden.   (HI XVII, 526)

1 *Die Wildente?*
2 Bezieht sich auf den damaligen nationalen Flaggenstreit.

Ibsen an Laura Grundtvig   Rom, 22. Januar 1884
Aber heute habe ich mir neues Papier, neue Tinte und neue Federn
gekauft wegen eines neuen Schauspiels, womit ich mich zur Zeit in
Gedanken beschäftige.   (HI XVIII, 13)

Ibsen an Oscar Wergeland   Rom, 30. März 1884
Was uns selbst betrifft, so geht es uns in jeder Hinsicht gut. Ich beschäftige mich jetzt in Gedanken mit einer neuen dramatischen
Arbeit, aber solange die politischen Unruhen da oben [in Norwe-
gen] andauern, ist es wohl beinahe müßig, so etwas herauszugeben.
                                                  (HI XVIII, 19 f)

Aufzeichnungen zur *Wildente*

I.

»Freigeborene Männer«, das ist eine Floskel. Es gibt keine. Die
Ehe, das Verhältnis zwischen Mann und Frau, hat das Geschlecht
verdorben und mit dem Mal der Sklaverei gekennzeichnet.
E. L.[3] ist zu dem Resultat gekommen, daß eine Reform durch Befreiung unmöglich ist. Die Schöpfung war von Anfang an mißglückt. Er ist ein seminaristischer Pessimist ohne Haltung, ein
schwächlicher Träumer.
Vaterlandsliebe und dergleichen sind ein vorübergehender Standpunkt.
Es ist unzulässig, daß Wissenschaftler Tiere zu Tode quälen. Laßt
die Ärzte mit Journalisten und Politikern experimentieren.
Die moderne Gesellschaft ist keine menschliche Gesellschaft, sie ist
nur eine Männergesellschaft.
Wenn die Freiheitsanhänger die soziale Stellung der Frau verbessern wollen, erkundigen sie sich erst, ob die öffentliche Meinung, die
Männer, damit einverstanden ist. Das ist dasselbe, als wolle man die
Wölfe fragen, ob sie neue Schutzmaßnahmen für die Schafe
billigen.

3 E. L. = wahrscheinlich der Fotograf und Literat Edvard Larssen, der
um 1861 eine der ältesten Fotografien von Ibsen angefertigt hatte.

Mancher doktrinäre Rabulist verwandelt sich allmählich in seinen eigenen Großvater. (Z. B. Drachmann)[4]

E. L's Ehe mit der unfertigen Frau ist irgendwie eine »wahre Ehe« geworden, weil er durch das Zusammenleben gesunken oder jedenfalls nicht gewachsen ist. Jetzt kann er sie nicht entbehren. Ihr geht es genau so.

Er muß in die höhere Gesellschaft, aber das ermüdet und spannt ihn an. Er sehnt sich zurück in die engen heimischen Verhältnisse. Wie der Buchdr[ucker] A. hat er in die feinere Welt hineingerochen, das ist sein Unglück.

Durch den Zivilisationsprozeß ist der Mensch der gleichen Veränderung unterworfen wie ein Kind, das zum Erwachsenen heranreift. Der Instinkt wird geschwächt, aber die Logik nimmt zu. Der Erwachsene vermag nicht mehr mit Puppen zu spielen.

»Der sechste Sinn.« Magnetische Beeinflussung ist E. L's Lieblingsgedanke.

Wir scherzen mit den 34 Vaterländern in Deutschland, aber die ebenso vielen in Europa sind genau so lächerlich. Nordamerika behilft sich mit einem oder – bis auf weiteres – mit zweien.

Seine feine Natur erlaubt ihm nicht das offene Eingeständnis, daß er nicht an Vaterlandsliebe und so glaubt.

Leider werden unsere besten Gedanken von unseren schlimmsten Gaunern gedacht.

Der Photograph, der mißglückte Dichter E.L., träumt von einer sozialistischen Revolution, einer Revolution der Zukunft, der Wissenschaft.

Der Sybarit A.K.[5] wühlt sich ästhetisch indigniert in Armut und Elend. Er genießt seine Besuche bei dem verkommenen Schulfreund, ohne sich dessen bewußt zu sein.

Wünschen und wollen. Unsere schlimmsten Fehler entstehen aus der Unfähigkeit, diese Dinge zu unterscheiden.

Welcher Unsinn! Sie bestehen auf dem Recht der Majorität, und doch machen die Stimmberechtigten eine willkürlich begrenzte Minorität aus.

4 Holger Drachmann (1846–1908), dänischer Dichter, anfangs Maler.
5 A.K. resp. A.K. – d = vermutlich der norwegische Schriftsteller Alexander Kielland (1849–1906).

Alles Bestehende – Kunst, Poesie usw. – geht in neuen Kategorien unter, ebenso wie das kindliche Gemüt im Geist der Erwachsenen.

Befreiung besteht darin, dem Individuum das Recht der Befreiung nach eigenem Bedürfnis zu verschaffen.

Die Episode mit dem Todkranken wird eingeflochten. Deininger als Modell.

Künstlerinnen und Frauen im Beruf versuchen, ihr Geschlecht zu verbergen. Auf ihre Bilder, Schilder usw. setzen sie nur die Anfangsbuchstaben ihres Vornamens, damit man glauben soll, sie seien Männer. Z. B. M. Sm., E. Zogb usw.

E.L. ist soziologisch eingestellt, aber er wagt nicht, es einzugestehen. Er ist Familienvater, also nicht unabhängig.

Die Stimmberechtigten unter uns sind in der Minderheit. Hat da die Minderheit recht?

Das Gewissen ist nichts Stabiles. Es variiert bei den verschiedenen Individuen und im Wechsel der Zeiten. Das des Bauern ist veraltet, überholt. Zwischen den veralteten und werdenden Gewissen wird der Parteikampf geführt.

Ein neuer Adel wird sich bilden. Kein Adel der Geburt oder des Geldes, auch nicht des Könnens und Wissens. Der Adel der Zukunft wird ein Adel des Gemütes und des Willens sein.

Das Christentum demoralisiert und hemmt auf verschiedene Weise Männer und Frauen.

Man sagt, Selbstmord sei unmoralisch. Aber ein langsames Selbstmordleben ertragen – wegen der Umgebung?

A.K – d:5 Satt und zugedeckt in einem weichen Bett liegen, den Regen plätschern hören und an anstrengende Reisen bei Unwetter und Kälte denken – das ist ein großer Genuß.

II.

Der alte entlassene Beamte:
> Weißhaarig, durch die Gefängnisstrafe geistig zerbrochen. Verdient etwas mit Schreibarbeiten.

Seine eitle Frau:
> Halb verrückt durch das Unglück der Familie. Selbst schuld daran, ohne es zuzugeben. Dumme Vergötterung des Sohnes. Lamentiert und klagt.

Der Sohn:

Mit großen verfehlten Talenten. Das Pietätverhältnis zu den Eltern bindet ihn, die Schande der Familie bedrückt ihn.

Die Frau des Sohnes:

Etwas älter als er, praktisch begabt, prosaisch, aus einfachem Haus.

Der alte reiche Reeder und Großkaufmann:

Ein Wüstling in aller Stille.

Sein Sohn, der reiche soziale Skribent:

Witwer, kämpft wie zum Sport für das Recht der Armen.

Der Gastgeber: Nun, Herr Kammerherr, was halten Sie von dieser Liebfrauenmilch?

[1.]K[am]m[er]h[err]: Ich muß sagen, ganz vorzüglich.

2. Kmh: Hat sicher ganz hübsches Geld gekostet, wie?

Der Gastgeber: Worauf Sie sich verlassen können. Das ist nämlich einer der allerbesten Jahrgänge, kann ich Ihnen sagen.

Gregers [später Hjalmar Ekdal]: Ist das so ein Unterschied zwischen den Jahrgängen?

Der Gastgeber: Sie sind gut! Da lohnt es sich gar nicht, Ihnen einen guten Wein vorzusetzen.

2. Kmh: Mit dem Rheinwein ist es wie mit – mit Photographien, mein Herr. Auf den Sonnenschein kommt es an. So ist es doch wohl?

Gregers: Doch, das Licht tut sicher seins –

H. L.: Seit einigen Jahren hat der Zustrom an Kammerherren nachgelassen.

1. Kmh.: Ja, hier war es sozusagen bewölkt, nicht genug Sonnenschein –

Gregers: Und deshalb geht es vielleicht mit den Kammerherren wie mit den Weinsorten.

2. Kmh.: Wieso, Verehrtester?

Gregers: Daß nicht alle Jahrgänge gleich gut sind.

Der Gastgeber: Hört, hört!

Gråberg (aus dem Büro): Entschuldigen Sie vielmals, aber der Herr muß hier hindurch.

Der Gastgeber: Genieren Sie sich nicht. (Hier folgt die Episode mit

dem Alten. Der Lohndiener. Kognak. Pettersen. Verlegene
Pause.)
2. Kmh.: (stichelt)
Gregers (ist gekränkt).
Al. K. [später Gregers]: Das ist aber wirklich nicht nett von
Ihnen.
Kmh.: Aber ich versichere Ihnen, ich habe nichts damit gemeint.
Frau M. (mit der Zigarette): Nein, der Kammerherr ist im Grunde
gutmütig. Aber, mein Gott, wir müssen ja alle für unser Geld
arbeiten. (NB: Dieses Thema ist schon vorher von dem Gastgeber
gegenüber Gregers angeschnitten worden.)
H. L., der »Kapaun«, geht umher und »genießt« alle »jungen Mäd-
chen«, mit denen er vertraut ist.

Im 1. Akt herrscht der Großkaufmann zuletzt der Fotografen an,
weil beide zuviel getrunken haben. Halfdan [später Hjalmar Ek-
dal] geht. Zu Hause läßt er nichts davon verlauten, dichtet die Ereignisse um, wurde gefeiert usw. – Am nächsten Tag suchen die
Edeldenkenden ihn auf. – Seine Mutter in einer Nervenheilanstalt,
durch das Unglück geistig gestört. Möglich, daß auch der Sohn
usw.
Der alte Ekdal hält Tauben und andere Vögel. Seine Jagdleiden-
schaft ... Hat ein altes Gewehr – – – Hedvig – – – Entscheidung
– – –
Frau S: Stecken Sie ihm da draußen etwas zu, etwas richtig Gutes.
P: Mache ich. (Ab.)
Frau S: Na, hat er was Gutes mitgekriegt?
P: Ich hab' ihm 'ne Flasche Kognak gegeben.
Frau S: Haben Sie sich nicht was Besseres denken können?
P: Nein, wirklich nicht, gnädige Frau. Kognak liebt er am meisten.

Al. K. hat nichts dagegen, daß sein Vater Frau M. heiratet. Einerseits, weil es doch besser ist als eventuelle Skandale mit den Dienstmädchen, andererseits, weil der Vater bei eventueller Heirat mit
dem Sohn tauschen muß.
A. K. wollte gern selbst Frau M. heiraten, aber dann würde wahr-

scheinlich sein Vater nicht heiraten und damit auch nicht tauschen. Außerdem ist »es nicht gut, daß das Kapital zu lange in den Händen alter Leute steckt. 400 000 Kr. bei einem Mann von 34 Jahren sind produktiver als eine Million bei einem Alten von über 60 Jahren.«

Kmh. hat auch gewagt, Frau M. zu heiraten, aber die Mittel reichen nicht – und deshalb –

III.
Personen
Großkaufmann Walle, Fabrikbesitzer usw. (63)
Halfdan, sein Sohn [zuerst: 37] (35)
Ekdahl, ehemaliger Vogt (67)
[Durchgestrichen: Hedvig, seine Frau]
Gina, seine Frau (39)
Hedvig, deren älteste Tochter (14–15)
[Durchgestrichen: Deren drei] kleinere Kinder
Frau Berta [zuerst: Løvstad] Sørby, die Haushälterin (35)
Institutlehrer Nanne
Kammerherr Flor (der mit den Anekdoten)
Kammerherr Rasmussen (Satiriker)
Kammerherr Saether (galant, aber dumm)
Gråberg, der Prokurist des Großkaufmanns
Pettersen, Diener bei Walle
Flasrud, Kutscher bei selbigem
Gäste des Großkaufmanns, Lohndiener usw.
(Die Handlung spielt sich ab in Kristiania.)

Das Gleichnis von den Wildenten: Wenn sie angeschossen sind, gehen sie herunter, die streitbaren Teufel, beißen sich fest –. Aber hat man einen guten Hund und dazu in seichtem Wasser, dann – Hedvig als Wildente –

Gregers' Erfahrungen von den ersten und tiefsten Schmerzen des Kindes. Es ist kein Liebeskummer, nein, es ist Familienschmerz – die Qual der häuslichen Verhältnisse. –

Gregers: Aber taugt denn eigentlich Molviks Religionsanschauung etwas?

Die des Doktors? Merken Sie denn nicht, daß nichts damit los ist? Aber für die Armen mag sie ja ganz gut sein.

Hedvigs Schilderung, wie sie zum erstenmal von einer Höhe eine große Wasserfläche sah.

Die Menschen sind Seetiere – wie die Wildente – keine Land-tiere. Gregers war für die See geschaffen. Von ihr werden einmal alle Menschen leben, wenn das trockene Land entwässert ist. Dann hört alles Familienleben auf.

IV.

E.L.: Lassen Sie uns nun das mit den Idealen untersuchen. Glauben Sie an die Religion?
Nein.
E. L.: An die Mortl? (Nein.) Die Wissenschaft? (Nein.) –
E. L.: Aber an die Vaterlandsliebe glauben Sie doch? An das alte Norwegen?
Ja, natürlich.

V.
Entwurf (1. Akt)

20. 4. 84

Bei dem alten reichen Fabrikbesitzer. Elegantes und bequemes Rauchzimmer. Sofas und Lehnstühle. Brennende Lampen und Armleuchter. Große offene Tür, auf der Rückwand zur Seite gezogene Vorhänge. Man sieht ins Billardzimmer, ebenfalls erleuchtet. Vorn rechts im Rauchzimmer die Tür zu den Büros, links hinter dem Kamin eine Doppeltür zum Speisesaal. Von dort hört man laute Gespräche vieler Gäste. Jemand schlägt mit dem Messer ans Glas und bringt nach eingetretener Stille einen Trinkspruch aus. Hurra und Bravorufe. Dann wieder Volksgemurmel. Ein paar Hausdiener in Livree und zwei, drei Lohndiener in Schwarz brin-gen das Rauchzimmer und das Billardzimmer in Ordnung.
Ein Lohndiener kommt mit dem alten »Ehemaligen« . . . von rechts.
Der Lohndiener (zum Hausdiener): Sie, Pettersen, hier ist einer, der –
P[ettersen]: Um Gotteswillen, sind Sie hier um diese Zeit?
Der Ehem.: Ich muß dringend ins Büro.

P: Das ist schon seit einer Stunde geschlossen.

Der Ehem.: Das hab' ich gesehen, aber – (blickt nach der Tür rechts).

P: Sie können hier durchgehen. Da drinnen sitzt sicher Gråberg.

Der Ehem.: Vielen Dank. (Will gehen.)

Der andere Diener: Fassen Sie doch mal eben den Tisch mit an.

Der Ehem.: Ich? Ach so, den Tisch. (Tut es.)

Der Diener: Danke schön.

Der Ehem.: Dann kann ich wohl gehen?

P: Ja, gehen Sie nur.

Der Ehem.: (ab rechts).

VI.

Die Gefahr, an den Idealen zu rütteln. Die Ironie des Schicksals, einer anderen Generation anzugehören. Hedvigs Zeichnungen sind keine eigenen Erzeugnisse. Von dem Augenblick an, da ihr das klar wird, zeichnet sie nicht mehr. Das Glück ist vorbei, als sie entdeckt, daß der Vater ihrer Bewunderung nicht traut, daß sein Mißtrauen nur Wacht, Kampf, Umgehung, Beobachtung usw. ist. –

Ein Ideal bleibt immer übrig – Gregers, der alle anderen ablehnt, glaubt an »Freundschaft« – Hjalmar durchschaut die egoistischen Gründe.

Hjalmar wird auch in der Familie bewundert, weil er seinen Vater ernährt. Aber das tut er ja gar nicht!

Jede Familie tobt sich in einer Generation aus, dazu in einem gewissen Individuum. Die Familie hat in dem alten Großkaufmann den Gipfel erreicht. – Der Sohn repräsentiert etwas Neues. [Durchgestrichen: Dasselbe ist der Fall . . .] Das Umgekehrte ist der Fall mit Hedvig –

Die Eltern haben Hjalmar für eine große Schönheit gehalten. Glaubt es selbst, ist es [aber] nicht.

Der erste Akt schließt damit, daß Gregers der Gesellschaft Vorwürfe macht wegen Hjalmar und dadurch mit seinem Vater bricht.

Der zweite Akt so: Es ist die Familie, die ihn zerstört hat!

Gregers: Glaubst du, ich hätte das alles erfunden? O nein, ich hüte mich sehr wohl, etwas zu erfinden! Aber es lebt da draußen, im Verborgenen – – – Die Vaterlandsliebe ist tot – – usw.

Der Mediziner lügt. (Dahl): Das ist gelogen. Aber lassen wir das!

Der Theologe (Schibstad): Ich – Sch – Herr Sch – – Herr Kandidat

Sch – – usw.

In Gregers steckt noch etwas von Aberglauben. Zum Diner sitzen 13 am Tisch.

Hjalmar erzählt im ersten Akt eine hochromantische Geschichte, wonach seine Mutter aus Kummer über seine verlorene Zukunft wahnsinnig geworden sei und sein Vater verbrecherisch gehandelt hat aus Liebe zu seinem Sohn. Gregers wird aufmerksam – später eine andere Erklärung, prosaisch, aber wahr. –

VII.
Komplikation des Erlebten und des Gewohnten.

Hedvig wird vom Meer angezogen.

Ihre Scheu –

Die Notwendigkeit, auf Grund der schwachen Augen eingesperrt zu sein.

VIII.
1. Akt
Einleitung durch die Diener. Der alte Ekdal. Der Großkaufmann Werle und Frau Sørby. Der Großkaufmann und Gregers. (?) Gregers und Hjalmar. Die Gäste. Der alte Ekdal. Gregers und Werle.

2. Akt
Gina und Hedvig. Der alte Ekdal. Die Vorigen und Hjalmar. Der alte Ekdal und die Vorigen. Gina, Hedvig, Hjalmar und Gregers. Gespräche über die häuslichen Verhältnisse bei Werle. Die Vorigen und der alte Ekdal. Gespräche über vergangene Zeiten am Werk, danach über die *Wildente*. Gregers mietet das Zimmer.

(HI X, 163 ff)

Ibsen an Frederik Hegel   Rom, 21. April 1884
Und nun etwas über mich. Die politischen Verwicklungen in Norwegen haben mich den ganzen Winter daran gehindert, ungestört
und in Ruhe meine neue dramatische Arbeit ernsthaft in Angriff zu
nehmen. Aber nun habe ich endlich diese ganze Unruhe überwunden und schreibe mit voller Kraft. In dieser Woche wird der erste
Akt fertig, und ich rechne damit, daß ich Ihnen ungefähr Mitte
Juni den Abschluß der Arbeit melden kann. Natürlich bleibt dann
[noch] die Reinschrift.   (HI XVII, 24)

Ibsen an Frederik Hegel   Rom, 14. Juni 1884
Hiermit habe ich das Vergnügen, Ihnen mitzuteilen, daß ich ge-
stern das Konzept zu meinem neuen Schauspiel abgeschlossen habe.
Das Stück besteht aus fünf Akten und wird nach meiner Berech-
nung ungefähr 200 Druckseiten umfassen, vielleicht mehr.
Nun bleibt also die Reinschrift, mit der ich schon morgen beginne.
Wie gewöhnlich geht es jedoch nicht um eine reine Abschrift des
Konzepts, eher um eine Neuschrift der Dialoge. Es wird also einige
Zeit dauern, aber ich rechne damit, daß das ganze Manuskript sich
vor Mitte September in Ihren Händen befindet, sofern kein un-
vorhergesehenes Hindernis eintrifft.
Dieses Stück handelt nicht von politischen, sozialen oder überhaupt
öffentlichen Angelegenheiten. Es bewegt sich ganz und gar auf dem
Gebiet des Familienlebens. Diskussionen wird es sicher hervorrufen
können, aber es wird keinen Anstoß erregen.   (HI XVIII, 25)

Ibsen an Georg Brandes   Rom, 25. Juni 1884
Ich hätte Ihnen auch gern schneller geantwortet, wenn nicht eine
neue dramatische Arbeit meine ganze Zeit in Anspruch genommen
hätte. Und einen Brief zu schreiben, ist für mich keine so leichte
Sache wie für Sie.
[...]
Von meiner neuen Arbeit, einem Schauspiel in fünf Akten, habe ich
jetzt das Konzept fertig und bin stark mit der Überarbeitung beschäftigt, mit der Verfeinerung der Sprache und einer intensiveren
Individualisierung der Charaktere und Repliken. In ein paar Tagen
reise ich nach Gossensaß in Tirol, um das alles im Laufe des Sommers zum Abschluß zu bringen.   (HI XVIII, 27 f)

Ibsen an Theodor Caspari   Rom, 27. Juni 1884
Ich habe den ganzen Winter über einige neue Verrücktheiten ge-
grübelt und mich so lange damit befaßt, bis sie dramatische Formen
annahmen, und nun habe ich dieser Tage ein Schauspiel in fünf
Akten vollendet, d. h. das Konzept, aber jetzt kommt die feinere
Überarbeitung, die energische Individualisierung der Personen und
ihrer Ausdrucksweise.   (HI XVIII, 29)

Ibsen an Frederik Hegel   Rom, 29. Juni 1884
Ich reise morgen nach Gossensaß in Tirol, von wo aus ich Ihnen
das Manuskript meines neuen Stückes zu gegebener Zeit schicken
werde. Der erste Akt liegt bereits in Reinschrift vor, der zweite ist
begonnen.
Ich habe nun keine anderen Gedanken oder Interessen als diese Arbeit und komme somit in diesem Sommer wahrscheinlich nicht
nach Hause.   (HI XVIII, 30)

Ibsen an Suzannah Ibsen   Gossensaß, 4. Juli 1884
Bisher bin ich um 6.30 Uhr aufgestanden, bekam eine halbe Stunde
später mein Frühstück aufs Zimmer, bin dann ausgegangen, während das Zimmer in Ordnung gebracht wurde und habe dann von
9–1 Uhr geschrieben. Danach Mittag mit riesigem Appetit. Nachmittags habe ich auch etwas schreiben können – oder linieren. In
fünf bis sechs Tagen wird der zweite Akt fertig sein. (HI XIX, 331)

Francis Bull über Ibsen   Oslo, 1960
Auf einen Bogen Papier hatte Ibsen eine zierliche Liste der »Mo-
delle« geschrieben, die er in der *Wildente* zu verwenden gedachte.
Aber je lebendiger die Hauptpersonen in seiner Phantasie wurden,
desto mehr verdichtete sich sein Interesse für sie, und er ließ einen
großen Teil der geplanten Nebenfiguren aus dem Stück verschwin-
den. Statt dessen rückten vereinzelte neue Personen ein, und es ist
besonders auffällig, daß weder das Wildenten-Symbol noch die
Hedvig in Ibsens ursprüngliche Pläne gehörte. Das ganze Drama
muß sich für den Dichter in dem Augenblick verwandelt haben, da
Hedvig vor seinem inneren Gesicht auftauchte.
Gegenüber den männlichen Figuren im Stück beobachtet er seine

überwiegend satirisch-kritische Einstellung, aber sowie *sie* auf der Bühne erscheint und an den Gesprächen teilnimmt, tritt jegliche Satire in den Hintergrund. Um die zarte und rührende Kindergestalt hat Ibsen einen Schimmer von Poesie gelegt. Von all seinen Bühnenfiguren ergreift wohl keine so schmerzlich und so warm wie sie. (FB 229)

Ibsen an Sigurd Ibsen   Gossensaß, 9. Juli 1884
Der zweite Akt steht nun vor seinem Abschluß. Ich fange dann gleich bei dem nächsten an, der kürzer ist. (HI XIX, 333)

Ibsen an Sigurd Ibsen   Gossensaß, 20. Juli 1884
Den zweiten Akt, der acht Seiten länger ist als der erste, habe ich am 12. ds. abgeschlossen. Den dritten Akt habe ich am 14. begonnen und hoffe ihn im Laufe dieser Woche fertig zu bekommen. Ich sehe, das Ganze wird sehr rechtzeitig fertig. (BI, 106)

Ibsen an Suzannah Ibsen   Gossensaß, 28. Juli 1884
Morgen oder spätestens übermorgen werde ich mit dem dritten Akt fertig, der ebenso lang ist wie der vorige, und mache mich dann unverzüglich an den folgenden. Ich bin hier vortrefflich zur Arbeit aufgelegt, und meine Lebensweise ist weiterhin dieselbe, wie vorher beschrieben.[6] (HI XIX, 337)

Ibsen an Sigurd Ibsen   Gossensaß, 9. August 1884
Mit dem vierten Akt bin ich nun bald fertig. Ich hoffe, ihn in einigen Tagen abschließen zu können und das ganze Stück vor Ende dieses Monats abzuschicken. Diese Arbeit interessiert mich ungemein, ich beschäftige mich in Gedanken dauernd damit, auch wenn ich nicht schreibe. (HI XIX, 339 f)

Ibsen an Bjørnstjerne Bjørnson   Gossensaß, 15. August 1884
Ich schreibe diese Zeilen in aller Eile, da ich gerade bei den letzten Seiten des vierten Aktes bin.[7] Sowie ich den fünften Akt aus der

6 S. o. Brief vom 4. 7. 1884.
7 In der Reinschrift der *Wildente*.

Hand gelegt und das Manuskript abgeschickt habe, werde ich es Dir melden. (HI XVIII, 31)

Ibsen an Suzannah Ibsen Gossensaß, 19. August 1884
Vorgestern bin ich mit dem vierten Akt fertig geworden, der ungefähr ebenso lang ist wie der vorige. Ich arbeite nun an dem fünften und hoffe, da er der kürzeste ist, das Manuskript Ende des Monats abschicken zu können (BI 108)

Ibsen an Sigurd Ibsen Gossensaß, 27. August 1884
Mein Stück nähert sich nun stark dem Abschluß. In 3–4 Tagen ist es fertig, dann lese ich es genau durch und schicke es ab. Es bereitet mir große Freude, mit dieser Arbeit beschäftigt zu sein, die ständig in Einzelheiten wächst, und ich werde es als einen Verlust empfinden, wenn ich mich von ihr trennen muß. Aber gleichzeitig werde ich auch froh sein.
[. . .] Der deutsche Bildhauer Prof. Kopf aus Rom hat eine dreizehnjährige Tochter mit, das vortrefflichste Modell für die Hedvig in meinem Stück, das ich mir wünschen kann. Sie ist hübsch, hat ein ernstes Gesicht und Wesen und ist etwas gefräßig.[8] (HI XIX, 344 f)

Ibsen an Suzannah Ibsen Gossensaß, 30. August 1884
Obwohl ich nicht weiß, wann und wo meine Briefe Euch erreichen, solange Ihr von Ort zu Ort zieht, will ich Euch doch die frohe Mitteilung machen, daß ich soeben mein Manuskript abgeschlossen habe. Das Stück ist sehr umfangreich, länger als irgendeines meiner neueren Schauspiele. Ich habe all das zum Ausdruck bringen können, was ich wollte, und ich glaube nicht, daß man es so leicht besser machen kann. – Jetzt kommt das Durchlesen, das zwei bis drei Tage erfordert, und dann geht es ab an [Frederik] Hegel.
(BI, 112 f)

Ibsen an Frederik Hegel Gossensaß, 1. September 1884
Hiermit die vorläufige Mitteilung, daß ich das Manuskript gestern abgeschlossen habe, heute letztes Durchlesen, morgen Absendung.

8 Das Wort »gefräßig« von Ibsen auf deutsch gebraucht.

Hoffe, daß es gleich in die Druckerei gehen kann. Wird wahrscheinlich mindestens 15 Bogen umfassen, vielleicht etwas mehr. Verlasse mich auf Herrn Buchhalter [August] Larsens gütiges Versprechen, die Korrektur zu lesen. Schnelles Erscheinen des Buches wichtig für mich. Etliches Neues an Theaterausstattung, Dekorationen und anderem wird erforderlich sein. (HI XVIII, 31 f)

Ibsen an Frederik Hegel   Gossensaß, 2. September 1884
Anliegend schicke ich Ihnen das Manuskript meines neuen Schauspiels *Die Wildente,* das mich in den vergangenen vier Monaten täglich beschäftigt hat und von dem ich mich nun nicht ohne ein gewisses Gefühl der Leere trennen muß. Trotz ihrer vielfachen Gebrechen sind die Menschen in diesem Stück mir durch den langen täglichen Umgang lieb geworden, aber ich hoffe, sie werden auch in der großen Leserwelt und nicht zum wenigsten unter den Schauspielern gute, wohlwollende Freunde finden, denn sie bieten ausnahmslos dankbare Aufgaben. Doch wird weder das Studium noch die Darstellung dieser Menschen leichtfallen. Mit Rücksicht auf das Theater wäre es daher zu wünschen, daß das Buch ganz zu Anfang der Saison eingereicht werden könnte. Die notwendigen Begleitbriefe werde ich Ihnen zu gütiger Erledigung zuschicken.
Dieses neue Stück nimmt innerhalb meiner dramatischen Produktion im gewissen Sinne einen Platz für sich ein, denn der Aufbau weicht in mancher Hinsicht von meinen früheren ab. Die Kritiker werden hoffentlich jene Punkte finden. Jedenfalls werden sie etliches finden, worüber man streiten und das man [anders] auslegen kann. Auch glaube ich, daß *Die Wildente* vielleicht einige unserer jüngsten Dramatiker auf neue Wege locken kann – und das wäre zu wünschen.   (HI XVIII, 32 f)

Ibsen an Suzannah Ibsen   Gossensaß, 17. September 1884
Der Druck der *Wildente* geht nun hoffentlich rasch voran.

(BI, 115)

Ibsen an Ludvig Josephson   Gossensaß, 20. September 1884
Ich sehe mich nicht imstande, Ihnen ein Versprechen wegen meines neuen Schauspiels zu geben. Am Kgl. Dramatischen Theater [in

Stockholm] bringt eine neue dramatische Arbeit mir ein weit höheres Honorar ein, als ich bei Ihnen erwarten dürfte. Von dieser Rücksicht kann ich nicht absehen. Denn ich lebe und reise zum wesentlichen Teil von meinen Theaterhonoraren. (HI XVIII, 34 f)

Ibsen an Valfrid Vasenius   Gossensaß, 25. September 1884
Ich habe ein neues Schauspiel vollendet, das im nächsten Monat erscheint und Ihnen dann sofort zugeschickt werden wird.
(HI XVIII, 39)

Ibsen an Frederik Hegel   Gossensaß, 5. Oktober 1884
Aus Ihrem freundlichen Brief vom 20. v. Mts. ersehe ich, daß Sie es für zweckmäßig halten, mein neues Schauspiel in einer Auflage von 8000 Exemplaren erscheinen zu lassen, und dagegen habe ich natürlich nichts einzuwenden. Es liegt mir fern, eine höhere 1. Auflage meiner Bücher zu wünschen als nötig. Ich glaube auch meine Zweifel geäußert zu haben, als Sie zuerst 10 000 Exemplare vorschlugen, ob diese Zahl nicht ziemlich hoch sei.
Hoffentlich haben Sie den Brief, den ich Ihnen gleichzeitig mit der Manuskript-Sendung schrieb, erhalten. Ich deutete darin an, daß es mit Rücksicht auf die Theater wünschenswert sei, das Buch sobald wie möglich fertigzustellen. Das ist aber nicht so zu verstehen, als wollte ich um einen vorverlegten Erscheinungstermin bitten. Im Gegenteil, der richtige und günstigste Erscheinungstermin ist für mich stets das höchste Ziel – und darüber soll und kann niemand anders entscheiden als Sie selbst.
Aus einer Notiz, die andere Blätter vom dänischen »Mgbl.« [Morgenblatt] übernommen haben, erfuhr ich, daß meine neue Arbeit der schärfste Beitrag zum Tage sein soll, der bisher von meiner Hand gekommen sei. Diese Charakteristik ist mir gleichgültig, sie schadet wohl auch nicht. Aber es würde mich peinlich berühren, müßte ich daraus den Schluß ziehen, daß in der Druckerei mit dem ihr anvertrauten Manuskript Mißbrauch getrieben worden ist, indem es vielleicht – ohne Ihr Wissen – ausgeliehen wurde oder gar in weiteren Kreisen zirkuliert hat. Es wäre mir sehr lieb, wenn man mir in dieser Angelegenheit eine Erklärung geben könnte.
(HI XVIII, 42 f)

Ibsen an Frederik Hegel   Gossensaß, 18. Oktober 1884
Indem ich Ihnen verbindlichst für Ihre freundliche Mitteilung vom
10. ds. danke, erlaube ich mir, Ihnen die nötigen Begleitschreiben
zu schicken und bitte darum, daß sie den Betreffenden zugestellt
werden, sobald das Buch im Handel erschienen ist.   (HI XVIII, 43)

Ibsen an Frederik Hegel   Gossensaß, 30. Oktober 1884
Weiter erlaube ich mir die Bitte, daß ein geheftetes Exemplar dem
Regisseur B[jørn] Bjørnson[9] in Kristiania zugestellt werden
möge.   (HI XVIII, 45)

Ibsen an Hans Schrøder   Rom, 14. November 1884
Ich habe nicht den Wunsch, die Rollen in meinem neuen Schauspiel
selbst zu besetzen und könnte es auch nicht, da mehrere Mitglieder
des Ensembles mir unbekannt sind und ich die Entwicklung der
übrigen nur in den Rezensionen der Presse verfolgen konnte, die
häufig ein unzuverlässiges Bild vermittelt.
Ich habe mir jedoch gedacht, daß [Arnoldus] Reimers den Hjalmar spielen sollte. Diese Rolle darf nämlich nicht parodistisch dargestellt werden, der Schauspieler muß überzeugt sein, daß seine
Äußerungen nicht im geringsten komisch wirken dürfen. Seine
Stimme vermag Herzen zu gewinnen, sagt Relling, und das muß
vor allem beachtet werden. Seine Empfindlichkeit ist aufrichtig und
echt, seine Schwermut entsprechend in der Form, ohne einen Deut
von Affektion. [...] Gina kann gut von Frau [Lucie] Wolf gespielt werden. Aber woher nehmen wir eine Hedvig? Das weiß ich
nicht. Und Frau Sørby? Sie soll hübsch sein, gewandt und keineswegs simpel. Könnte Fräulein [Sophie] Reimers die Aufgabe lösen? Oder kann Frau [Laura] Gundersen das? Gregers ist bezüglich der Darstellung der schwierigste Charakter im Stück. Manchmal denke ich an [Hjalmar] Hammer, manchmal an Bjørn
B[jørnson]. Den alten Ekdal kann man entweder [Johannes]
Brun oder [Henrik] Klausen geben, Relling vielleicht Selmer. [An-
dreas] Isachsen hätte ich am liebsten nicht dabei, weil er sich immer wie ein Komödiant gebärdet und nicht wie ein natürlicher

9 dem Sohn des Dichters Bjørnstjerne Bjørnson

Mensch, aber vielleicht kann er etwas aus Molviks Repliken herausholen. Die beiden Diener dürfen nicht negligiert werden: Den Pettersen kann vielleicht Bucher übernehmen, und die Rolle des Jensen könnte Abelstad spielen, falls er nicht als Teilnehmer in der Mittagsgesellschaft gebraucht wird. Ja, die Gäste! Was macht man mit ihnen? Einfache Statisten würden wohl den ganzen Akt verderben. Und dann der Großkaufmann Werle? Sie haben ja [Sigvard] Gundersen. Aber ich weiß nicht, ob er aus dieser Rolle das herausholen kann, was und wie ich es gewollt habe.

Im Zusammenspiel und in der Inszenierung fordert dies Schauspiel Naturwahrheit und Wirklichkeitsgepräge in jeder Hinsicht. Auch die Beleuchtung ist von Bedeutung. Sie ist in jedem Akt anders und soll ganz der Grundstimmung entsprechen, die jedem einzelnen Akt einen eigenen Charakter gibt. (HI XVIII, 46 ff)

Ibsen an Wilhelm Bolin Rom, 21. November 1884
Unser gemeinsamer Freund Jonas Lie hat mir gegenüber verlautbart, daß das Schwedische Theater in Helsingfors [Helsinki] möglicher Weise den Wunsch haben könne, mein neues Schauspiel Die Wildente aufzuführen, falls man die dazu passenden künstlerischen Kräfte zur Verfügung hat.

Sollte das der Fall sein, so bitte ich Sie hiermit, in allen diesbezüglichen Fragen als mein Repräsentant aufzutreten und dafür zu sorgen, daß die Übersetzung korrekt und in einer Sprachform abgefaßt wird, die der üblichen Umgangssprache so nahe wie möglich kommt.

Außerdem bitte ich Sie, besonders um die Rollenverteilung bemüht zu sein und darauf zu achten, daß die Einstudierung und Inszenierung des Stückes mit Sorgfalt und im Sinne meiner Intentionen geschieht.

Da Ihr warmes Interesse für das Theater mir bekannt ist und ich auf Ihre Einsicht und Sachkenntnis vertraue, hatte ich keine Bedenken, diese Bitten an Sie zu richten. (HI XVIII, 50)

Ibsen an August Lindberg Rom, 22. November 1884
Als Antwort auf Ihre Anfrage beeile ich mich, Ihnen mitzuteilen, daß Die Wildente, wie alle meine Schauspiele, [links und rechts]

vom Zuschauer aus zu denken ist, nicht von der Bühne aus. Ich arrangiere alles so, wie ich es bei der Niederschrift vor mir sehe.

Wenn Hedvig sich erschossen hat, muß sie mit den Füßen nach vorn auf das Sofa gelegt werden, damit die rechte Hand mit der Pistole herunterhängen kann. Wenn sie durch die Küchentür abgetragen wird, habe ich mir gedacht, daß Hjalmar unter ihre Arme greift und Gina ihre Füße packt.

Auf die Beleuchtung lege ich in diesem Stück großen Wert. Ich wollte von Anfang an, daß sie der Grundstimmung in jedem der fünf Akte entspricht.

Es ist mir besonders lieb, daß Sie wahrscheinlich [auch] als Schauspieler in dem Stück mitwirken, und hoffe, daß es durchgehend zufriedenstellend am Kgl. Theater [in Stockholm] zu besetzen ist.

(HI XVIII, 50 f)

Ibsen an Frederik Hegel　　　　　Rom, 23. November 1884

Mit großer Freude erfahre ich durch Ihren freundlichen Brief, daß eine neue Auflage der *Wildente* schon im Druck ist und hoffentlich bald im Buchhandel erscheint. Das norwegische »Tageblatt« vom 15. enthält die Notiz, daß »die 1. Auflage vergriffen« sei, was anzudeuten scheint, daß das Buch zur Zeit in Kristiania nicht erhältlich ist. Ich hoffe jedoch, daß dieses vorübergehende Verkaufshindernis da oben keinen größeren Schaden anrichten wird. Das Christiania Theater hat das Stück angenommen, ebenso das Kgl. Theater in Stockholm. Von den übrigen Theatern habe ich noch nichts gehört, aber ich sehe keinen Grund, warum dieses Schauspiel irgendwo abgelehnt werden sollte, sofern nicht die Hedvig zu schwer zu besetzen ist.

Ich habe beim Erscheinen der *Wildente* wieder bestätigt bekommen, wie klug es ist, den Inhalt einer neuen Arbeit geheimzuhalten, bis das Buch sich im Handel befindet. Größere oder kleinere Bruchstücke im voraus zu veröffentlichen, bedeutet zweifellos einen Verlust für Autor und Verleger.

(HI XVIII, 51 f)

Ibsen an Hans Schrøder　　　　　Rom, 30. November 1884

Erlauben Sie mir, aus Anlaß der bevorstehenden Einstudierung der *Wildente* [am Christiania Theater] darauf aufmerksam zu machen, daß das Stück von mir vom Zuschauer aus arrangiert gedacht ist, nicht von der Bühne aus. Das ist besonders wichtig für die Auftritte, nachdem Hedvig sich erschossen hat.

[...]

Was die Besetzung anbelangt, möchte ich aus meinem vorigen Brief wiederholen, daß ich sie ganz und gar Ihnen überlasse. Gerüchtweise habe ich erfahren, daß die Rolle des alten Werle mit [Andreas] Isachsen besetzt werden soll. Dagegen habe ich nichts [einzuwenden], wenn er nur dazu angehalten wird, ihn nicht auffällig oder wunderlich darzustellen.

In Bezug auf die Inszenierung hoffe ich, daß man sich jene Methode zunutze macht, die heutzutage an den besten Theatern des Auslands angewendet wird. (ED IV, 364)

Ibsen an Frederik Hegel   Rom, 8. Dezember 1884
Die Wildente in 2. Auflage habe ich dankend erhalten, und es freut mich zu hören, daß der Absatz so rasch vonstatten geht. [...] Überhaupt erkenne ich besonders die sehr sorgfältige Korrektur an. Von dem Kammerherrn [Edvard] Fallesen habe ich in einem sehr höflichen Schreiben die Nachricht erhalten, daß das Stück vom Kgl. Theater [in Kopenhagen] angenommen ist.
[...]
Ebenso danke ich Ihnen für die vielen Zeitungen mit den Buchrezensionen über *Die Wildente*. Die voreilige Begeisterung der »Abendpost« (Aftenposten) und der darauffolgende Rückzug hat in Kristiania viel Heiterkeit hervorgerufen. Aber die Sache hat auch eine ernste Seite, weil man daran sieht, daß es Rezensenten gibt, die ihr Urteil in den Dienst der eigenen Partei stellen.
(HI XVIII, 54)

Ibsen an Frederik Hegel   Rom, 11. Februar 1885
Ich bin genötigt, Sie um ein weiteres Exemplar der *Wildente* zu bitten. Und zwar für meinen italienischen Biographen und Übersetzer Alfred Mazza. (HI XVIII, 56 f)

Ibsen an August Lindberg   Rom, 18. Februar 1885

Ende vorigen Jahres hatten Sie mir gütigst einen Brief wegen der Besetzung in der *Wildente* geschrieben, worauf ich bisher nicht geantwortet habe.

Als ich das Stück am Kgl. Dramatischen Theater [in Stockholm] einreichte, war ich keinen Augenblick im Zweifel, daß die Gina Frau [Elise] Hwasser übertragen werden würde.

Ich war daher überrascht, als ich durch die Zeitungen die definitive Besetzung erfuhr. Aber es konnte mir nicht einfallen, gegen die Entscheidung des Theaters vorstellig zu werden, da ich nicht die Schauspielerin kannte, der die Gina anvertraut war und ich natürlich voraussetzen mußte, daß die Wahl der Direktion richtig war.

Indessen stimmen alle Mitteilungen, die ich bisher aus Stockholm bekommen habe, darin überein, daß weder die Rolle der Gina noch die der Frau Sørby eine in jeder Hinsicht befriedigende Darstellung erfahren hat.

Ob das Dramatische Theater zur Zeit eine andere Schauspielerin besitzt, die diese Rolle besser zu interpretieren wüßte, wage ich nicht mit Gewißheit zu behaupten, obwohl ich es glaube.

Weiterhin bin ich aber fest davon überzeugt, daß die Rolle der Gina erst in die rechten Hände kommt, wenn sie von Frau Hwasser übernommen wird.

In seinem in der Presse abgedruckten Schreiben deutet Herr Direktor [Per Anders] William an, daß eine solche Umbesetzung möglicher Weise vorgenommen werden könnte, wenn das Stück eine größere Zahl an Aufführungen erreicht hat. Darauf stützte ich meinen Wunsch und meine Hoffnung, daß *Die Wildente* recht bald dem Stockholmer Publikum in so vorteilhafter Gestalt wie möglich vorgeführt werden möge.

Ich bitte Sie, lieber Herr Lindberg, nicht mißzuverstehen, was ich hier schreibe. Natürlich zweifle ich nicht, daß die jetzige Rollenverteilung zum besten des Stückes vorgenommen worden ist. Aber man kann wohl nicht leugnen, daß das hier erprobte Experiment nicht in allem geglückt ist.

Ich muß noch bemerken, daß Frau Hwasser von diesem Schreiben nicht das geringste weiß. Weder direkt noch durch eine dritte Person habe ich seit langem ein einziges Wort von ihr gehört und sie auch nicht von mir.

Für Ihre Darstellung des Hjalmar wie auch für all Ihre Arbeit bei der Einstudierung und Inszenierung des Stückes bitte ich Sie, meinen herzlichsten Dank entgegenzunehmen. Alles macht wirklich einen mustergültigen Eindruck. Der Triumph des jungen Fräuleins [Lotten] Seelig[10] freut mich besonders. Bitte, übermitteln Sie ihr meinen Gruß und meine besten Wünsche für die Zukunft.

(HI XVIII, 57 ff)

Ibsen an Frederik Hegel   Rom, 2. März 1885
Erlauben Sie mir, Ihnen verbindlichst für das Exemplar der *Wildente* zu danken sowie für die verschiedenen Zeitungen mit den Kritiken über die Aufführung und nicht zuletzt für das Telegramm, womit Sie mich gütiger Weise bedacht haben.

Ich sehe, daß bei der Premiere [am Kgl. Theater in Kopenhagen] gezischt worden ist, vielleicht hat sich das später wiederholt. Das kommt mir eigentlich nicht so unerwartet, wenn ich an die gegenwärtige Spannung unter den literarischen Parteien in Kopenhagen denke. Unter keinen Umständen kann ich auch nur einen Augenblick annehmen, daß die Demonstration als eine Verhöhnung meiner Person beabsichtigt war.

Frau [Magdalena] Thoresen hat uns über die Aufführung berichtet, die sie ausgezeichnet findet, besonders was die Brüder [Emil und Olaf] Poulsen betrifft. Herrn Emil P. kenne ich persönlich. Sollten Sie ihn bei Gelegenheit sehen, bitte ich Sie, ihm meinen Gruß und besten Dank auszurichten.   (HI XVIII, 59 f)

Ibsen an Julius Hoffory   München, 4. Februar 1887
An Frau v. Borch habe ich gestern geschrieben und ihr mitgeteilt, daß ich unter ein paar näher angegebenen Bedingungen betr. der Korrektur nichts dagegen einzuwenden habe, wenn ihre Übersetzung der *Wildente* im Verlag des Herrn [Samuel] Fischer herauskommt statt bei Reclam.   (HI XVIII, 126)

10 Sie debütierte in der genannten Inszenierung als Hedvig und wurde im Laufe der Jahre eine hochgeschätzte Darstellerin Ibsenscher Frauengestalten.

Ibsen an August Lindberg   München, 17. März 1890
Es freut mich sehr, daß Sie *Die Wildente* aufzuführen gedenken,
und ich kann mir nicht denken, daß etwas im Wege steht, wenn Sie
das Stück auch in Göteborg spielen. Da Sie nach dem Honorar fragen, so möchte ich 500 Kronen vorschlagen.   (HI XVIII, 243)

Ibsen an Moritz Prozor   München, 7. Januar 1891
Nehmen Sie meinen besten Dank für Ihre gütige Mitteilung betreffs
der *Wildente*. Es liegt mir sehr viel daran, daß weder dies noch ein
anderes meiner Schauspiele in Frankreich zur Aufführung kommt,
wenn es nicht in Ihrer Übersetzung vorliegt.   (HI XVIII, 276)

Ibsen an Moritz Prozor   München, 23. Januar 1891
Auf den beiliegenden Brief von M. [André] Antoine habe ich ge-
dankt für seine Absicht, *Die Wildente* zur Aufführung zu bringen,
aber auch meinen Wunsch [geäußert], daß er Ihre Übersetzung
benutzen möge. Wozu er sich entschließen wird, weiß ich nicht.[11]
Da aber das Théâtre Libre eher als Privatverein anzusehen ist, hat
man kaum juristische Möglichkeiten, ein Verbot zu erwirken, was
aus verschiedenen Gründen auch nicht zu empfehlen wäre. Die
Entscheidung überlasse ich übrigens ganz Ihnen in der Überzeugung, daß Sie das richtige Verfahren einschlagen werden.

(HI XVIII, 282 f)

Ibsen an Moritz Prozor   München, 29. Januar 1891
Mein gegenüber Herrn [André] Antoine geäußerter Wunsch, er
möge Ihre Übersetzung benutzen, war so nachdrücklich und bestimmt formuliert, daß ich mir ein Mißverständnis seinerseits kaum
vorstellen kann.
Ich wäre Ihnen jedoch sehr dankbar, wenn Sie ihm Ihr Manuskript
oder die französischen Korrekturbogen zur Verfügung stellen
wollten. Das natürlich unter der Voraussetzung, daß Ihre Übersetzung nicht demnächst durch den Buchhandel zugänglich wird.
Sollte das jedoch der Fall sein, dann brauchte ja der Verleger nur
beauftragt zu werden, ihm ein Exemplar des Buches zu schicken.

(HI XVIII, 284)

11 *Die Wildente* kam am 27. 4. 1891 in Prozors Übersetzung am Théâtre
Libre zur Aufführung.

Ibsen an Victor Barrucand   München, 6. Februar 1891
In Beantwortung Ihrer Anfrage muß ich Ihnen hierdurch mitteilen,
daß ich Ihnen nicht die Erlaubnis erteilen kann, mein Stück *Die
Wildente* zu veröffentlichen oder Ihre Übersetzung aufführen zu
lassen. Der Grund ist der, daß ich in beiden Hinsichten meinem
autorisierten Übersetzer, Graf Prozor, [das Recht] übertragen
habe, mich zu repräsentieren und meine literarischen Geschäfte in
Frankreich zu überwachen. Seine Übersetzung dieses Stückes liegt
bereits vor und wird demnächst erscheinen.
Gleichzeitig will ich nicht versäumen, Sie auf das noch immer gül-
tige Handelsabkommen zwischen Frankreich und den vereinigten
Königreichen Schweden und Norwegen vom Jahre 1881 aufmerksam zu machen, in welchem ein Zusatzartikel mir meine Autorenrechte in Frankreich sichert und sie gesetzlich im selben Maße
schützt wie für jeden Franzosen.
Infolgedessen darf kein französischer Verleger und kein französi-
sches Theater die Übersetzung der *Wildente* benutzen, die Sie und
B. H. ohne mein Wissen und Einverständnis vorgenommen haben.
                                                      (HI XVIII, 285 f)

Ibsen an Suzannah Ibsen   Berlin, 5. März 1891
Ich kam am Sonntagmorgen [3. März] hier an und fand im Hotel
[du Nord] die Mitteilung, daß die Generalprobe auf den nächsten Tag festgesetzt war. [...] Gestern vormittag Generalprobe,
die zu meiner vollen Zufriedenheit ausfiel. Abends hatte man einen
Herrenabend für mich arrangiert. 16–17 Personen anwesend, darunter [Paul] Lindau [...] und [Josef] Kainz. Morgen abend
Aufführung der *Wildente* im Residenztheater.   (BI, 145 f)

Ibsen an Victor Barrucand   München, 6. März 1891
Aus Ihrem gestern eingetroffenen freundlichen Brief ersehe ich mit
Bedauern, daß meine Antwort, die ich Ihnen neulich schickte, Sie
unangenehm berührt hat. Das kann ich sehr gut verstehen, und ich
muß offen zugeben, daß ich falsch verstanden hatte, warum Sie
mein Schauspiel *Die Wildente* übersetzt haben und es eventuell
veröffentlichen und aufführen lassen wollten. Durch Ihre nun in so

liebenswürdiger Form abgegebene Erklärung ist natürlich jedes Mißverständnis meinerseits aus dem Wege geräumt.

Aber meine Verpflichtungen gegenüber Graf Prozor bestehen ja weiterhin, und ohne sein Einverständnis kann ich also keine andere Übersetzung formell autorisieren.

Ich möchte außerdem sagen, daß ich prinzipiell gegen jede Übersetzung bin, die in Zusammenarbeit zweier oder mehrerer [Übersetzer] entsteht. *Die Wildente* bietet darüber hinaus ganz besondere Schwierigkeiten, weil man sehr genau mit der norwegischen Sprache vertraut sein muß, um verstehen zu können, wie konsequent jede einzelne Person im Stück ihre eigentümliche, individuelle Ausdrucksweise hat, wodurch gleichzeitig das Bildungsniveau des Betreffenden markiert wird. Wenn z. B. Gina spricht, muß man ihr sofort anhören, daß sie keine Grammatik gelernt hat und aus der niederen Gesellschaftsschicht stammt. Dasselbe gilt entsprechend für alle übrigen Personen. Die Aufgabe des Übersetzers ist hier also keineswegs leicht zu lösen.   (HI XVIII, 287 f)

Ibsen an Suzannah Ibsen   Wien, 10. April 1891
Montag oder Dienstag Premiere von der *Wildente* am Deutschen Volkstheater mit [Friedrich] Mitterwurzer als Hjalmar.[12]

(HI XIX, 357)

Ibsen an Emerich von Bukovics[13]   München, 1. Juli 1891
Entschuldigen Sie in Freundlichkeit, dass ich bis jetzt Ihren Brief nicht beantwortet habe.

Auch heute kann ich nur sagen, dass die mir von Ihnen gemachte Mittheilung mich überrascht und peinlich berührt hat. Aber was

---

12 Die Premiere fand am 16. April statt. Nach dem Bericht der »Neuen Freien Presse« vom 18. 4. 1891 wurde Ibsen nach dem zweiten Akt hervorgerufen, aber nach den folgenden Akten »wurde kräftiger Widerspruch laut, der sich bis zum Schlusse mit gesteigerter Heftigkeit äußerte. Die Anhänger Ibsens applaudierten nur um so wilder. Der Dichter machte der peinlichen Szene ein Ende, indem er, den Hut gegen seine Getreuen schwenkend, das Theater verließ.«
13 Im Original deutsch. Bukovics war damals Direktor des Volkstheaters in Wien.

kann ich in der leidigen Sache thun? Alles Geschäftliche in Betreff des Vertriebes meiner Schauspiele habe ich meinem Agenten kontraktlich übertragen. Und ausserdem ist der Übersetzer für die Hälfte der Tantièmen persönlich interessirt und von mir völlig unabhängig. Deshalb konnte ich leider auch dem Vereine »Concordia« nur die Hälfte der Tantièmen von der Erstaufführung der *Wildente* überweisen.[14] Was der Übersetzer und der Agent gethan haben, ist mir unbekannt.

Schliesslich also nur dieses: Sollten Sie wirklich die erwähnte Konventionalstrafe zahlen müssen, dann verzichte ich mit Freude und Vergnügen auf den mir eventuell zukommenden Betrag. Mehr kann ich mit dem besten Willen nicht thun. (HI XVIII, 299)

Ibsen an Jacob Hegel   Kristiania, 10. Mai 1892
Eine besonders angenehme Überraschung bereitete mir die Nachricht, daß die Wiederaufnahme der *Wildente* am Kgl. Theater mir einen so hohen Betrag eingebracht hat, wie Sie ihn gütigst im Brief erwähnten. Ich habe bei weitem nicht mit so viel gerechnet.

(HI XVIII, 312)

Ibsen an Hans Schrøder   [Kristiania,] 27. Mai 1893
Aus den Zeitungen ersehe ich, daß am Freitag [2. Juni am Christiania Theater] *Die Wildente* gegeben werden soll. Ich bitte Sie aus diesem Anlaß, gütigst zu verhindern, daß der schreckliche [Andreas] Isachsen den Dr. Relling spielt. Er hat mir ja früher [schon] das halbe Stück verdorben! (HI XVIII, 338)

Ibsen im Gespräch mit Peter Andreas Rosenberg
                                    Kopenhagen, 3. April 1898
Ibsen sprach auch über die Aufführung der *Wildente* am Kgl. Theater [in Kopenhagen][15], die merkwürdiger Weise nicht seinen Beifall gefunden hatte. Wir anderen bewunderten ja gemeinsam die meisterhafte Regie von [William] Bloch. [...] Aber

14 Die »Concordia« war ein Verein der Schriftsteller und Journalisten in Wien.
15 Festaufführung am 31. März 1898.

Ibsen erklärte, man habe das Stück schwankhaft gespielt. »Es soll eine Tragikomödie sein«, sagte er, »sonst ist Hedvigs Tod unverständlich.« Nur Frau [Betty] Hennings gönnte er seine unverhohlene Anerkennung. »Sie *ist* die Hedvig«, meinte er, »die übrigen stehen daneben.« (HI XIX, 215 ff)

Rosmersholm
Schauspiel in vier Akten
Ursprünglicher Titel: Hvide heste (Weiße Rosse)

Abgeschlossen: 27. September 1886 in München
Erstdruck erschienen: 23. November 1886 in Kopenhagen
Uraufführung: 17. Januar 1887 in Bergen

Ibsen an Frederik Hegel   Gossensaß, 18. Oktober 1884
Ich fühlte mich ziemlich nervös und überanstrengt, als ich das Manuskript [zur *Wildente*] fertig hatte und beschloß, ein Jahr auszuspannen. Aber daraus wird nichts. Ich habe nämlich schon den Grundplan zu einem neuen Schauspiel in vier Akten entworfen[1] und hoffe, in nicht allzu ferner Zukunft, wenn ich in Rom zur Ruhe gekommen bin, an die Ausarbeitung gehen zu können.
(HI XVIII, 44 f)

Aufzeichnungen zu *Weiße Rosse*

I.

Er, ein feiner vornehmer Charakter, der freisinnig geworden ist und von dem alle früheren Freunde und Bekannte sich zurückgezogen haben. Witwer, war unglücklich verheiratet mit einer schwermütigen, halb geisteskranken Frau, die zuletzt ins Wasser ging.
Sie, die Erzieherin seiner zwei Töchter, emanzipiert, warmblütig, etwas rücksichtslos, wenn auch in feiner Form. Wird von allen als

[1] *Weiße Rosse.*

134

der böse Geist des Hauses angesehen, ist Opfer von Mißdeutungen und Verleumdungen.

Die ältere Tochter steht im Begriff, der Untätigkeit und Einsamkeit zu unterliegen.

Die jüngere Tochter beobachtend, auftauchende Leidenschaften.

Der Journalist: Genie, Landstreicher.

II.
Entwurf

Im Wohnzimmer des Pfarrhofes. S. und Fräulein B. im Gespräch. Der Student kehrt von einem Spaziergang zurück. Der alte, ehemalige Provisor mit einem Anliegen, dann ab. Die versammelte Familie. Der Rittmeister. Der Amtmann mit Tochter zu Besuch und mit Einladung, er wird empfangen. Die schnelle Veränderung wird offenbar. Die Familie allein. Man spricht von den weißen Rossen.

III.
(Entwurf 1. Akt)

Im Wohnzimmer des Herrenhofes gegen Nachmittag. Der Pfarrer und das Fräulein. (HI X, 444)

Ibsen an Frederik Hegel   München, 4. November 1885
Mit dem Plan zu meinem neuen Schauspiel bin ich nun ganz im reinen und werde in einigen Tagen zu schreiben beginnen. Es wird vier Akte enthalten und interessiert mich sehr.   (HI XVIII, 80)

Ibsen an Carl Snoilsky   München, 14. Februar 1886
Ich meinerseits bin ebenfalls voll beschäftigt mit einem neuen Schauspiel, das ich lange im Kopfe hatte und zu dem ich während meiner Reise in Norwegen im vorigen Sommer genaue Studien betrieben habe.   (KB)

Ibsen an Edvard Fallesen   München, 20. Februar 1886
Durch einen Brief von Justizrat [Frederik] Hegel erhielt ich gestern die Mitteilung von der Anfrage Ew. Hochwohlgeboren, ob in nächster Zeit eine neue dramatische Arbeit [von mir] zu erwarten sei.

Ich möchte aus diesem Anlaß nicht versäumen zu erklären, daß das neue Schauspiel,[2] womit ich mich zur Zeit beschäftige, nicht vor dem Herbst eingereicht werden kann. (HI XVIII, 90 f)

Aufzeichnungen zu *Rosmersholm*
[Personen]
Johannes Rosmer
Rebekka West
Rektor Gylling
Ulrik Hekman
Peder Mortensgård
Madam Helset

Sie intrigiert und sie liebt ihn. Will seine Frau werden und verfolgt dieses Ziel unerschütterlich. Er kommt dahinter, sie gibt es offen zu. Damit hat er kein Lebensglück mehr. Schmerz und Bitterkeit wekken in ihm das Dämonische. Er will sterben, und sie soll es mit ihm. Sie tut es. (HI X, 485 f)

Ibsen an Frederik Hegel   München, 13. Juli 1886
Lange habe ich nicht von mir hören lassen. Ich möchte daher heute einen Augenblick freier Zeit benutzen, um Ihnen mitzuteilen, daß das Konzept zu meinem vieraktigen Schauspiel fertig ist. Außerdem habe ich gestern die ersten beiden Akte abgeschrieben. Heute ruhe ich mich aus, und morgen fahre ich mit der Abschrift der zweiten Hälfte des Stückes fort, die Ende dieses Monats fertig sein soll. Danach beginne ich sofort mit der definitiven Reinschrift, wozu ich vermutlich den ganzen August brauche, weil jedes Wort abgewogen und der Dialog so vollendet wie möglich geformt sein soll. Das fertige Manuskript wird Ihnen danach umgehend zugesandt. Das Stück wird ungefähr dreizehn Druckbogen umfassen.
(HI XVIII, 100)

Ibsen an Frederik Hegel   München, 25. Juli 1886
Gestern habe ich die Abschrift des dritten Aktes abgeschlossen, morgen werde ich den vierten in Angriff nehmen, den ich bis zum

2 *Weiße Rosse*. Die folgenden Zitate beziehen sich auf das Drama mit dem späteren Titel *Rosmersholm*.

1. August fertig zu haben hoffe, da der Schluß für mich immer am leichtesten und schnellsten zu gehen pflegt.

Ich habe dem Kammerherrn [Edvard] Fallesen nichts Bestimmtes versprochen, wie in Ihrem Brief erwähnt. Als ich voriges Jahr mit ihm sprach, bat er mich, das Stück so bald wie möglich und noch vor dem Erscheinen im Buchhandel einzureichen. Aber selbstverständlich muß das Buch zu einem Zeitpunkt erscheinen, den Sie für den vorteilhaftesten halten. Mit dem Aufführungstermin mag es dann gehen, wie es will. Im übrigen hoffe ich, die Angelegenheit läßt sich zur Zufriedenheit aller Beteiligten leicht arrangieren.

(HI XVIII, 102)

Ibsen an Frederik Hegel   München, 28. August 1886
Das Konzept zu meinem neuen Stück habe ich am 4. ds. abgeschlossen, und die erste Hälfte der Reinschrift liegt nun fertig vor. Innerhalb von drei bis vier Wochen wird sich also das Manuskript hoffentlich in Ihren Händen befinden. Ich rechne damit, daß dieses Stück eine gute Aufnahme finden wird.   (HI XVIII, 103)

Ibsen an Frederik Hegel   München, 28. September 1886
Hiermit habe ich das Vergnügen, Ihnen mitzuteilen, daß ich gestern das Manuskript meines neuen Schauspiels abgeschlossen habe. Heute lese ich es noch einmal durch und kann es hoffentlich schon morgen abschicken oder doch übermorgen.

Ich glaube, das gedruckte Buch wird etwas umfangreicher als berechnet, doch nicht wesentlich.

Da ich keine Kopie der vielen während der Reinschrift vorgenommenen Änderungen besitze, wäre ich Ihnen sehr dankbar, wenn Sie mir per Postkarte mit ein paar Worten Nachricht geben wollten, sobald sich das Manuskript in Ihren Händen befindet.

(HI XVIII, 104)

Ibsen an Frederik Hegel   München, 2. Oktober 1886
Am Mittwoch [29. September] habe ich das Manuskript meines neuen Stückes abgeschickt und hoffe, daß es richtig ankommt.
Rosmersholm ist als eine Frucht von Studien und Beobachtungen zu

betrachten, die ich im vorigen Sommer während meines Aufenthaltes in Norwegen zu machen Ursache hatte.

Soweit ich sehe, wird das Stück keinen Anlaß zu Angriffen von irgendeiner Seite geben. Dagegen hoffe ich auf lebhafte Diskussionen, besonders in Schweden.

Am besten wird es wohl sein, wenn das Manuskript recht bald in die Druckerei kommt, so daß das Buch ungefähr zu der von Ihnen in einem früheren Brief angedeuteten Zeit, nämlich Mitte November, versandfertig vorliegt.

Bevor das Stück im Buchhandel erscheint, will ich ungern Exemplare an die Theater verschicken. Ich habe nämlich wiederholt die Erfahrung gemacht, daß Direktoren und andere Angestellte trotz Schweigeversprechens das Buch bedenkenlos unter Freunden und Bekannten zirkulieren lassen. Daneben kann ich mich nicht des Gedankens erwehren, daß die Hoffnung des Publikums, das Stück sehr bald auf der Bühne zu sehen, sich hemmend auf den Buchverkauf auswirkt.

Ich sehe [auch] keinen Anlaß, in Bezug auf das Kgl. Theater [in Kopenhagen] eine Ausnahme zu machen, da man meines Wissens noch nicht einmal mit der Einstudierung der *Komödie der Liebe* begonnen hat. Und zwei neue Stücke ein und desselben Autors gleichzeitig zu inszenieren und aufzuführen,wäre wohl nicht besonders sinnvoll, um so weniger in diesem Fall, da dieselben Künstler, Herren wie Damen, die Hauptrollen in beiden Stücken bekämen.

Sollten Sie jedoch in diesem Punkte anderer Meinung sein, so bitte ich, mich davon zu unterrichten. Ich werde mich gern Ihrem guten Ermessen und Ihrer näheren Kenntnis der Verhältnisse fügen.

Ich hoffe, der Druck wird mit der üblichen ausgezeichneten Korrektur vorgenommen, der ich mich stets erfreuen konnte.

(HI XVIII, 105 f)

Ibsen an August Larsen   München, 16. Oktober 1886
Ich bin Ihnen außerordentlich dankbar für Ihren freundlichen Brief, worin ich abermals einen Beweis der Gewissenhaftigkeit sehe, mit der Sie die Korrektur meiner Arbeiten lesen.[3] Das Wort spøge

3 Hier *Rosmersholm*.

[spuken] ist ein Schreibfehler, soll heißen spørge [fragen]. Meine Frau machte mich schon hier unten [in München] auf diese Stelle aufmerksam, die ich mir vornahm zu verbessern. Aber der Fehler ist leider stehengeblieben. Ihre Schreibweise des Wortes saamaend[4] ist zweifellos richtig und sollte auch gebraucht werden. In der Regiebemerkung vor Madame Helseths Auftrittsreplik, womit der vierte Akt beginnt, bitte ich die Worte »und sieht zurückhaltend aus« zu verbessern in »und scheint zurückhaltend«.

(HI XVIII, 106 f)

Ibsen an Frederik Hegel   München, 30. Oktober 1886
Mein neues Stück ist also jetzt im Druck, und ich rechne damit, daß es ungefähr Mitte nächsten Monats erscheinen kann.
Die nötigen Begleitbriefe an die Theater werden Ihnen rechtzeitig zugehen.
Die deutsche Übersetzung wird von Dr. Wilhelm Lange in Berlin besorgt und in Reclams Universalbibliothek erscheinen.
Um einerseits zu verhindern, daß die Übersetzung der Originalausgabe Abbruch tut und andererseits konkurrierende Übersetzungen zu erschweren, stelle ich Ihnen anheim, Dr. Lange gütigst Druckbogen von ungefähr *einem* Akt zur Zeit zu schicken, so daß er die Bogen zum ersten Akt erhält, wenn der zweite bei Ihnen ausgedruckt ist usw. Den Titel des Stückes kennt er nicht, und das Titelblatt bitte ich, ihm ganz zuletzt zu schicken. Ziehen Sie ein anderes Verfahren vor, bitte ich Sie, sich dessen zu bedienen.   (HI XVIII, 107 f)

Ibsen an Frederik Hegel   München, 4. November 1886
Als ich im vorigen Jahr dem Intendanten [Edvard Fallesen vom Kgl. Theater in Kopenhagen] die Möglichkeit in Aussicht stellte, daß mein neues Stück *[Rosmersholm]* ihm vor Erscheinen im Buchhandel zugeschickt würde, geschah es unter der Voraussetzung, daß das Stück früh im Sommer fertig würde, also zu einer Zeit, da meine neuen Bücher [sonst] nicht erscheinen.
Aber diese Voraussetzung traf ja nicht ein. Und wie kann Herr

---

4 Zustimmende Interjektion.

Fallesen sich nur einen Augenblick denken, daß ich aus Rücksicht auf ihn oder seine Wünsche bereit sein würde, mein neues Schauspiel dem bevorstehenden literarischen Weihnachtsverkauf vorzuenthalten?

Ich bitte Sie, ihm gleich nach Fertigstellung ein Exemplar zu schicken und ihn über den zwischen uns vereinbarten Erscheinungstermin zu unterrichten. Zieht er seinen seltsamen Entschluß zurück, werde ich das Stück offiziell beim Kgl. Theater einreichen.

Ich kann mir jedoch nicht denken, daß er nach der Lektüre dieser Arbeit seinen besten Künstlern die lohnenden Aufgaben vorenthalten will, die ihnen hier geboten werden. Auch habe ich die Hoffnung, daß der Kammerherr [Fallesen) bei näherer Erwägung zu einer besseren Erkenntnis dessen kommen wird, was er dem Kopenhagener Publikum schuldig ist.   (HI XVIII, 109 f)

Ibsen an Frederik Hegel   München, 6. November 1886
Aus Ihrem vorigen Brief ersehe ich, daß das Buch erst gegen Ende dieses Monats erscheint oder ungefähr vierzehn Tage, nachdem es ausgedruckt ist.

Folglich bitte ich Sie um den Versand der Bogen an Herrn [Wilhelm] Lange derart, daß der ganze letzte Akt und danach das Titelblatt ihm nicht eher geschickt wird, als bis das Stück in Kopenhagen erschienen und distribuiert ist.

Diese Vorsicht kann ja nicht schaden. Aber ich halte es für undenkbar, daß die Übersetzung vor dem 1. Februar nächsten Jahres herauskommt. Schon gleich am Anfang habe ich Herrn Dr. Lange angehalten, keinen Teil seines Manuskriptes an Reclam zu schicken, solange er die Übersetzung nicht fertig hat, [also] durchgesehen und verbessert. Reclam hat außerdem ganz andere Pläne.

Ich habe hier unten kein Interesse an einer Beschleunigung der deutschen Übersetzung. Denn ich kann nicht damit rechnen, daß dies schwierige Stück bereits in diesem Winter an den führenden deutschen Bühnen zur Aufführung kommt. Im übrigen werde ich dafür sorgen, daß Dr. Langes Übersetzung in deutschen Blättern angekündigt wird. –

[...]

Ich bin sehr gespannt, mein neues Stück gedruckt zu sehen. Sobald

Sie ein geheftetes Exemplar fertig haben, hoffe ich, daß Sie es mir
schicken. (HI XVIII, 111 f)

Ibsen an Frederik Hegel München, 18. November 1886
Es freut mich sehr zu wissen, daß das Buch in einigen Tagen im
Handel erscheinen wird. (HI XVIII, 116)

Ibsen an Frederik Hegel München, 29. November 1886
Ich danke Ihnen verbindlichst für die übersandten Exemplare von
Rosmersholm und für das Lustspiel von [Alexander] Kielland.[5]
In meinem neuen Stück habe ich nicht einen einzigen Druckfehler
entdecken können und bitte, Herrn [August] Larsen meinen be-
sten Dank für die ausgezeichnete Korrekturlesung zu übermitteln.
(HI XVIII, 116)

Ibsen an Hans Schrøder München, 6. Dezember 1886
Aus mehreren Gründen habe ich mein neues Schauspiel nicht dem
Christiania Theater eingereicht. Ich hatte und habe noch meine
Bedenken mit Rücksicht auf die Geschmacksrichtung Ihres Publikums, so wie sie sich in dem Spielplan der jüngsten Zeit deutlich
offenbart.
Zudem hege ich einige Zweifel, ob es im Augenblick möglich wäre,
das Stück am Christiania Theater befriedigend zu besetzen. Jedenfalls muß ich mir vorbehalten, die Besetzung vorzuschlagen oder
gutzuheißen, ehe sie endgültig vorgenommen wird.
Was das Honorar betrifft, so ist es gut möglich, daß die prozentuale
Beteiligung an den Bruttoeinnahmen für das Theater am bequem-
sten ist und vielleicht auch auf die Dauer am vorteilhaftesten für
den Autor. Aus mehrfachen Gründen möchte ich jedoch am liebsten – wie bisher – nach der Premiere einen bestimmten Pauschalbetrag erhalten.
Angesichts der finanziellen Schwierigkeiten, mit denen das Theater
gerade jetzt zu kämpfen hat, bin ich allerdings in diesem Falle bereit, meine übliche Forderung auf 2000 (Kronen) herabzusetzen.
(A 39 f)

5 *Tre par* (Drei Paare, 1886).

Ibsen an August Lindberg   München, 15. Dezember 1886
Es wäre mir außerordentlich lieb, wenn es Ihnen gelänge, den Plan durchzuführen, den Sie in Ihrem Brief erwähnen. Sowohl die Darstellung des Johannes Rosmer als auch die Einstudierung und Inszenierung von *Rosmersholm* überhaupt kann ich mir nicht in besseren Händen denken oder wünschen als in den Ihrigen.
Über die Honorarbedingungen werden wir uns sicher einigen können. Dagegen bin ich nicht sicher, ob Sie das alleinige Aufführungsrecht für die schwedische Provinz bekommen können. Direktor Lorentz Lundgren hat sich nämlich betreffs dieses Stückes an mich gewandt, und ich habe ihm das Recht erteilt, mit seinem Ensemble *Rosmersholm* am Großen Theater (Stora teatern) in Göteborg und in anderen Orten in Schweden zu spielen, natürlich mit Ausnahme von Stockholm. Wieweit er auf meine Bedingungen eingeht, weiß ich nicht, aber ich glaube annehmen zu dürfen, daß er es tut.
In Bergen habe ich mir ausbedungen, daß Ihnen keine Schwierigkeiten bereitet werden, falls Sie mit Ihrem eventuellen Ensemble dorthin kommen. Betreffs Kristiania werde ich dafür sorgen, daß es ähnlich geschieht. Trondhjem, Stavanger usw. steht Ihnen natürlich offen. Die Wanderbühnen, die jetzt in Norwegen gastieren, denken sicher nicht daran, *Rosmersholm* aufzuführen. –
[. . .] *Rosmersholm* erscheint demnächst in deutscher Übersetzung.
(HI XVIII, 117 f)

Ibsen an Hans Schrøder   München, 18. Dezember 1886
Als Antwort auf Ihr sehr geehrtes Schreiben vom 14. ds. erlaube ich mir mitzuteilen, daß ich auf Ihren Vorschlag eingehe, das Honorar für *Rosmersholm* auf 10⁰/₀ der Bruttoeinnahmen festzusetzen.
Ich bin überlastet mit Korrespondenz und stehe dazu im Begriff, nach Meiningen zu reisen, wo am Dienstag [21. Dezember] die *Gespenster* aufgeführt werden. Deshalb heute nur diese wenigen Zeilen.
(A 43)

Ibsen an Frederik Hegel   München, 19. Dezember 1886
Mit dem Christiania Theater ist alles in Ordnung, ebenso mit Bergen und Göteborg.[6] Direktor Julius Petersen hat sich wegen der
Aufführungsrechte für die dänischen Provinzstädte an mich gewandt. Direktor [Lorentz] Lundgren ebenso wegen der schwedischen. Auch mit August Lindberg habe ich eine Vereinbarung getroffen. Er beabsichtigt, eine *Rosmersholm*-Tournee durch Schweden, Norwegen und Finnland, vielleicht auch Dänemark, zusam-
menzustellen. Vom Kgl. Theater in Stockholm habe ich nichts gehört, aber die Übersetzung soll in Arbeit sein.
Herr [Edvard] Fallesen[7] will ja, wie es heißt, aus seiner Drohung
Ernst machen. Oder will er aus einem anderen Grund das Stück
nicht spielen? Im Laufe der Zeit werde ich wohl Näheres erfahren.
(HI XVIII, 120)

Ibsen an Hans Schrøder   München, 30. Dezember 1886
Seit ich das vorige Mal schrieb, bin ich so sehr mit anderen Dingen
beschäftigt gewesen, daß ich keine Zeit fand, an die Aufführung
von *Rosmersholm* in Kristiania zu denken. Heute will ich jedoch
meinen angekündigten Besetzungsvorschlag unterbreiten. Ich denke
mir ihn folgendermaßen: [. . .]
Was Ulrik Brendel betrifft, so bin ich etwas ungewiß. Ich denke
zunächst an Herrn [Olaf] Hansson oder Herrn [Henrik] Klausen. Bekommt der Erstgenannte die Rolle, dann könnte wohl Herr
Klausen den Mortensgård übernehmen. Im entgegengesetzten Fall
könnte man die Rolle des Mortensgård vielleicht Herrn [Jens] Selmer geben??
Unter allen Umständen muß ich mir aber ausbedingen, daß der
schreckliche [Andreas] Isachsen aus dem Spiel gelassen wird. Ich
weiß aus sicherer Quelle, daß er mit seiner völlig verkehrten Auffassung und seiner desperaten Wiedergabe des Dr. Relling in der
Wildente den Gesamteindruck des Stückes verdorben hat. Es wäre
die unbedingte Pflicht des betreffenden Regisseurs gewesen, ihm die
Rolle abzunehmen, als es sich auf den Proben zeigte, daß er sie

6 Bezüglich der Aufführungsrechte an *Rosmersholm*.
7 Intendant des Kgl. Theaters in Kopenhagen.

nicht spielen konnte. Die damals bezeugte Gleichgültigkeit gegenüber einem neuen Stück von mir hat mir sehr zu denken gegeben, und ich erwähne diese alte Geschichte hier, weil ich damit die bestimmte Erwartung ausgesprochen haben will, daß man sich die Einstudierung von *Rosmersholm* ernsthaft vor Augen halte.

(A 45 f)

Ibsen an Hans Schrøder   München, 2. Januar 1887
Ihren Brief wegen der Besetzung in *Rosmersholm* erhielt ich einen Tag, nachdem mein Schreiben in derselben Angelegenheit an Sie abgegangen war.

Ich will Ihnen nicht verhehlen, daß Ihre Äußerungen mich in Bezug auf das Schicksal meines Stückes am Christiania Theater noch unruhiger gemacht haben, als ich schon vorher war. Es kann gar nicht anders sein, als daß man das Buch höchst oberflächlich durchgelesen hat, noch dazu ohne plastische Phantasie. Hätten Sie die Personen in ihrem gegenseitigen Verhältnis lebend vor sich gesehen, dann würden Sie nicht solch einen Vorschlag gemacht haben.

Sie glauben, Frau [Laura] Gundersen sei gegeben für die Rebekka [West]. Das ist nicht der Fall. Frau G[undersens] Stärke liegt in der großen Deklamation, aber die kommt in meinem Stück nicht vor. Wie sollte sie die scheinbar leichten, aber hintergründigen Gespräche führen können? Außerdem – Doppelnaturen, komplizierte Charaktere, liegen ihr nicht. – Und dann wollen Sie [Sigvard] Gundersen für den Rosmer einsetzen. Ich erlaube mir die Frage, wie es sich ausnehmen würde, wenn Rebekka erzählt, sie sei von »wilder sinnestrunkener Begierde« nach ihm erfüllt gewesen? Oder wenn Brendel ihn »mein Junge« nennt usw.? Oder wenn Rektor Kroll ihm imponiert und ihn beherrscht? Ist G[undersens] Persönlichkeit damit und mit vielem anderen vereinbar? Für den Rosmer müssen Sie die feinste und zarteste Gestalt nehmen, über die das Theater verfügt. – Ulrik Brendel habe ich mir natürlich nie gewünscht, in Johannes Bruns Händen zu sehen. Das wäre reiner Wahnsinn. Dagegen bin ich nach genauer Überlegung zu dem Resultat gekommen, daß Brendel am besten von Herrn Reimers gespielt werden sollte, vorausgesetzt, daß er als Kroll zu entbehren ist. Und das geht, glaube ich, wenn ich davon ausgehe, daß Rektor

Kroll zufriedenstellend von Herrn Hansson gegeben werden wird. – Daß die Darstellung des Rektors Kroll, dieses gebieterischen Schulmonarchen, Herrn [Bjørn] Bjørnson[8] anvertraut werden könnte, ist hoffentlich ein Scherz, mit dem ich mich nicht weiter befassen will. – Ist dieser monströse Gedanke jedoch wirklich ernstgemeint, dann herrscht also ein so totaler Mangel an Kritik und Selbstkritik bei der künstlerischen Leitung, daß ich der Einstudierung leider nur mit völlig berechtigtem Mißtrauen entgegensehen kann. Wer soll den Rolleninhabern [eigentlich] die Grundtendenz des Stückes erklären und mit Interesse, Eifer und gutem Willen darüber wachen, daß sie durchgeführt wird? (A 47 f)

Ibsen an Hans Schrøder   München, 16. Januar 1887
Während der ganzen vergangenen Woche war ich abwesend und kam erst gestern zurück. Aus diesem Grunde kommt die Antwort auf Ihr geehrtes Schreiben vom 6. ds. so spät.
Ich sehe keinen Anlaß, in irgendeinem Punkt von meinem Besetzungsvorschlag abzuweichen, so wie ich ihn in veränderter Form in meinem vorigen Brief vorgelegt habe. Ich möchte weiterhin bei meiner Vermutung bleiben, daß Herr [Hjalmar] Hammer als Rosmer besser meinen Intentionen entsprechen wird als Herr Gundersen. Frau Gundersen könnte eine in vieler Hinsicht hervorragende Frau Alving gestalten, aber als Rebekka West, glaube ich nicht, daß sie auf dem rechten Platz wäre. Fräulein [Constance] Bruuns Jugend und angeblicher Mangel an persönlichen Erfahrungen oder Erlebnissen geben mir nicht zu denken. Beobachtungen können notfalls an die Stelle der Erlebnisse treten, und außerdem – neue Aufgaben wecken und entwickeln [den Menschen] nach allen Seiten. Ihr jüngster Brief scheint mir zu bestätigen, was ich gleich befürchtete, nämlich daß Herr [Bjørn] Bjørnson den Rektor Kroll hauptsächlich deswegen spielen wollte, um daraus eine Porträtfigur[9] machen zu können. Das muß vermieden werden. Es darf durch die Darstellung nichts in das Stück getragen werden, was

8 Sohn des Dichters Bjørnstjerne Bjørnson, damals 28 Jahre alt, ab 1899 Intendant des eben eröffneten norwegischen Nationaltheaters in Kristiania.
9 In der Maske einer stadtbekannten Persönlichkeit.

nicht dahingehört und also stört. Ihre eigene Auffassung von Krolls Charakter ist durchaus richtig. Und ich begreife absolut nicht, wie Sie sagen können, meine Äußerungen hätten Sie in dieser Beziehung zweifeln gemacht! Wenn Krolls Charakter weit von dem des Herrn Hansson entfernt ist, so braucht das an und für sich kein Hindernis zu sein, daß er die Figur künstlerisch darstellen kann.

Lassen Sie uns also, wenn Sie es so nennen wollen, experimentieren. Lassen Sie uns bei meinem Vorschlag bleiben. Das bedeutet an sich, wie es scheint, ein neues Prinzip am Christiania Theater. Aber ich glaube, wenn *dieses* in größerem Umfang verfolgt wird, dann wird es zu Gedeihen und Fortschritt führen. Wir müssen uns von der Angst befreien, den Jungen schwere Aufgaben anzuvertrauen.

Wenn ich mich hier unten darauf einlassen wollte oder könnte, die Einstudierung mit Winken und Anweisungen zu leiten, so wäre das eher zum Schaden als zum Nutzen. Sowas kann nur an Ort und Stelle während der Proben geschehen. Die Darsteller mögen Zeit und Anlaß finden, ihre Fehler zu begehen, ehe diese berichtigt werden können. (A 53 ff)

Ibsen an Frederik Hegel   München, 26. Januar 1887
Ich nehme an, daß Sie nichts von dem Kammerherrn Fallesen wegen *Rosmersholm* gehört haben. Und da ich selbst auch keine Nachricht von ihm habe, sieht es ja danach aus, als ob die Ihrem Herrn Sohn gegenüber geäußerte Drohung doch ernst gemeint war. Dann aber finde ich es sonderbar und widerspruchsvoll, daß er gerade jetzt [Holger] Drachmanns Märchenkomödie[10] aufführt, die ja schon lange gedruckt ist.

[...] Wahrscheinlich schon heute erscheint in Berlin eine deutsche Übersetzung von *Rosmersholm* von M[arie] v. Borch. [...] W[ilhelm] Lange hat so lange mit der Ablieferung seines Manuskriptes an Reclam gezögert, daß seine Konkurrentin ihm nun zuvorkommt. Für mich bedeutet das keinen pekuniären Verlust, da ich mit beiden Übersetzern die gleichen Bedingungen vereinbart habe.

[...] *Rosmersholm* kommt wahrscheinlich am Deutschen Theater in Berlin heraus. (HI XVIII, 123 f)

10 *Der var engang* (Es war einmal, 1885).

Ibsen an Julius Hoffory   München, 4. Februar 1887
Es freute mich ganz außerordentlich, auch durch Sie zu erfahren,
daß die deutsche Ausgabe von *Rosmersholm* in Berlin so gut aufgenommen worden ist.   (HI XVIII, 126)

Ibsen an Hans Schrøder   München, 5. Februar 1887
Ich hoffe, Sie entschuldigen gütigst, daß ich Sie noch einmal mit
einigen Worten betreffs *Rosmersholm* belästige.
Es gilt nämlich Rektor Kroll. Nach den Zeitungsberichten muß ich
annehmen, daß dieser Charakter bei der Aufführung in Bergen
mißverstanden oder falsch dargestellt worden ist.[11]
Zwar befürchte ich kaum etwas Ähnliches in Kristiania, aber es
kann ja nicht schaden, daß ich kurz andeute, wie ich diese Gestalt
sehe.
Rektor Kroll ist eine gebieterische Natur mit stark entwickelter
Herrschsucht, wie sie sich aus der Stellung eines Schulleiters ergibt.
Natürlich ist er aus guter Familie. Major Rosmers Sohn heiratet ja
Krolls Schwester. Der Rektor hat also die Manieren eines weltge-
wandten Beamten. Trotz gelegentlichen Aufbrausens ist sein Um-
gangston angenehm und zuvorkommend. Er kann liebenswürdig
sein, wenn er es darauf anlegt oder wenn er mit Menschen zusam-
mentrifft, die ihm sympathisch sind. Dabei ist jedoch zu beachten,
daß er nur seine Gesinnungsgenossen mag. Andere irritieren ihn,
und denen gegenüber wird er leicht rücksichtslos, wobei ein Zug
von Bosheit erkennbar wird. Sein Äußeres ist distinguiert. Er ist
gut angezogen, in schwarz. Der Mantel reicht ihm bis an die Knie,
aber auch nicht länger. Er trägt ein weißes Halstuch nach älterer
Mode, das zweimal um seinen Hals gelegt ist. Also keinen Schlips.
Seine Kleidung erklärt, warum Ulrik Brendel ihn zunächst für Pastor Rosmer hält und danach für einen von dessen »Amtsbrüdern«.
Im ersten Akt trägt Rosmer ebenfalls einen schwarzen Überrock,
dazu graue Hosen und Schlips oder Krawatte in der gleichen Farbe.
Im dritten und also auch im vierten Akt ist er dagegen schwarzge-
kleidet.

11 Uraufführung am 17. Januar 1887 in Bergen.

Rebekka endlich darf in ihrem Wesen keine gebietenden oder mannhaften Züge offenbaren. Sie *zwingt* nicht Rosmer, sie *lockt* ihn. Etwas Beherrschtes, eine stille Bestimmtheit, gehört zu ihrem Charakter.

Die anderen Personen des Stückes kann man wohl kaum falsch auffassen. Ich will mich deshalb nicht näher darüber auslassen, bin aber im übrigen gern bereit, jede Anfrage zu beantworten, die wegen irgend welcher Zweifel an mich gerichtet werden mag.

PS: Ich möchte darum bitten, daß meine Bemerkungen wortgetreu an die betreffenden Rolleninhaber weitergegeben werden.

(A 56 f)

Ibsen an Bjørn Kristensen   München, 13. Februar 1887
Der Anspruch auf Arbeit geht ganz gewiß durch *Rosmersholm*. Außerdem aber handelt das Stück von dem Kampf, den jeder ernsthafte Mensch mit sich selbst zu bestehen hat, um seine Lebensführung mit seiner Erkenntnis in Einklang zu bringen.

Die verschiedenen Geistesfunktionen entwickeln sich nämlich weder nebeneinander noch gleichmäßig in ein und demselben Individuum. Der Aneignungstrieb jagt von Gewinn zu Gewinn. Das Moralbewußtsein, »das Gewissen«, ist dagegen sehr konservativ. Es ist tief in den Traditionen und der Vorzeit überhaupt verwurzelt. Daher der individuelle Konflikt.

Aber vor allem ist das Stück natürlich eine Dichtung über Menschen und deren Schicksale.   (HI XVIII, 128)

Ibsen an Sophie Reimers   München, 25. März 1887
Ihre Anfrage, die Sie ganz allgemein und ohne bestimmte Punkte zu nennen, [an mich] gerichtet haben, kann ich so nicht beantworten.

Um Ihnen eine Anleitung geben zu können, müßte ich zur Stelle sein und sehen, wie Sie die Rolle [der Rebekka West in *Rosmersholm*] angelegt haben.

Der einzige Rat, den ich Ihnen geben kann, ist, das Stück wiederholt gründlich durchzulesen und genau darauf zu achten, was die anderen Personen über Rebekka sagen. Unsere Schauspieler machten früher jeweils den großen Fehler, ihre Rolle isoliert zu studieren, ohne die Situation der betreffenden Person in Beziehung zum ganzen Werk zu bedenken.

Ich habe mich einmal in einem Brief an den Direktor [des Christiania Theaters] kurz über Rebekka geäußert und werde ihn bitten, Ihnen meine Andeutungen mitzuteilen, falls er es nicht schon getan hat.[12]

Im übrigen müssen Sie Ihre Studien und Beobachtungen am wirklichen Leben zu Hilfe nehmen.

Keine Deklamation! Keine theatralischen Betonungen! Überhaupt nichts Feierliches! Geben Sie jeder Stimmung glaubwürdigen, natürlichen Ausdruck. Denken Sie niemals an diese oder jene Schauspielerin, die Sie gesehen haben. Aber halten Sie sich an das Leben, das draußen um Sie pulst, und stellen Sie einen leibhaftigen wirklichen Menschen dar.

In Rebekkas Charakter einzudringen und ihn zu verstehen, scheint mir gar nicht so schwer. Dagegen ist es schwer, diesen Charakter wiederzugeben und darzustellen, weil er so kompliziert ist.

Ich zweifle jedoch nicht, daß Sie diese Schwierigkeiten überwinden werden, sofern Sie nur das wirkliche Leben – und das einzig und allein – als Grundlage und Ausgangspunkt bei der Gestaltung von Rebekkas Persönlichkeit nehmen.   (HI XVIII, 130 f)

Ibsen an Nils Lund   München, 26. April 1887
Ebenso bitte ich Sie einzukassieren, was das Christiania Theater für *Rosmersholm* einzahlt. Die Bedingungen sind diesmal 10% von den Bruttoeinnahmen jeder Vorstellung.   (HI XVIII, 134)

Ibsen an August Lindberg   München, 10. Mai 1887
Der Direktor des Dagmartheaters [in Kopenhagen] hat sich nicht wegen der Aufführungsrechte an *Rosmersholm* an mich gewandt. Dagegen hat Fräulein [Ida] Aalberg mich vor einiger Zeit um Erlaubnis gebeten, das Stück zu ihrem Benefiz spielen zu dürfen. Soweit ich verstand, handelte es sich nur um diese eine Aufführung, und ich schlug ihre Bitte ab, da ich aus Erfahrung weiß, wie über-

---

12 Siehe Ibsens Briefe vom 2. 1. 1887 und 5. 2. 1887 an Hans Schrøder.

eilt und mangelhaft die Einstudierung unter solchen Umständen vor sich geht.

Herrn Foghts Anfrage bin ich unter der Voraussetzung entgegengekommen, daß Sie weiterhin in der Aufführung mitwirken.

Aber nach dem, was Sie in Ihrem Brief andeuten, wird das nicht der Fall sein, und ich nehme deshalb an, daß Herr Foght seine Kopenhagener Pläne aufgegeben hat.

Unter diesen Umständen habe ich nichts dagegen, daß Sie zu den gleichen Bedingungen in seine Rechte treten. Sie haben dann freie Hände, mit dem Dagmartheater oder dem Casinotheater einig zu werden, ohne daß ich noch mit der Sache zu tun habe.

(HI XVIII, 136 f)

Ibsen an Frederik Hegel München, 1. Juni 1887
Ich hoffe, daß Herr [August] Lindberg oder Herr Foght das Honorar für die Aufführungsrechte an *Rosmersholm* in Schweden und Norwegen an Sie eingezahlt hat. Wahrscheinlich wird der Erstgenannte das Stück über den Herbst auf einer Kopenhagener Bühne geben. (HI XVIII, 138)

Ibsen an Frederik Hegel München, 2. Dezember 1887
Aus den Zeitungen ersehe ich, daß *Rosmersholm* nun am Dagmartheater [in Kopenhagen] zur Aufführung gekommen ist. Mit Herrn [August] Lindberg war vereinbart, daß er als Honorar für das Stück 600 Kronen im voraus an Sie einbezahlen soll. Falls das nicht geschehen ist, wird es sicher in allernächster Zeit geschehen. Herr Lindberg ist durchaus zuverlässig und zahlungsfähig. Mit dem Theater habe ich wegen der Aufführung nicht verhandelt.

(HI XVIII, 149)

Ibsen an Julius Hoffory München, 26. Februar 1888
[Ernst] Brausewetters Übersetzung [von Rosmersholm] hatte ich schon befürchtet, da ich gerüchtweise gehört hatte, sie sei in Vorbereitung. Aber ich hoffte trotzdem bis zuletzt, daß der Erscheinungstermin nicht so nahe bevorstand. Sowohl er als auch Herr [Philipp] Reclam haben mir gegenüber völlig geschwiegen.

Doppelt so lieb ist es mir unter diesen Umständen, daß die Berliner

Ausgabe so sehr wie möglich beschleunigt werden soll. Ich fühle mich auch Herrn [Samuel] Fischer dafür außerordentlich verbunden und hoffe, daß sein Konkurrent ihm nicht zu großen Schaden verursachen kann, wenn er schon jetzt seine eigene rechtmäßige und autorisierte Ausgabe als nahe bevorstehend ankündigt.

(HI XVIII, 153)

Ibsen an Georg Brandes   München, 4. November 1888
Und während ich hier bei meinen postalischen Sünden verweile, bitte ich Sie, Ihrem Bruder [Edvard] meinen wärmsten Dank für seine Besprechung von *Rosmersholm* auszurichten. Sie wird mir unvergeßlich bleiben. Als ich sie das erste Mal las, war mir, als läse ich eine feine, tiefe und verständnisvolle Dichtung über meine Arbeit.   (HI XVIII, 183)

München, 11. Mai 1889
Ibsen an die Direktion des Christiania Theaters
Ich erlaube mir hiermit, höflichst an die mir zustehenden Tantiemen für die Aufführungen von *Rosmersholm* im September 1887 zu erinnern und ersuche darum, daß der Betrag gütigst an Buchhändler Nils Lund einbezahlt werden möge, ebenso wie mein Anteil an den Einnahmen aus Frau Didi Heibergs Gastspiel im selben Stück.   (A 64)

Ibsen an C. C. S. Danneskjold-Samsøe   Kristiania, 3. April 1901
In Beantwortung Ihres Schreibens vom 30. März erlaube ich mir mitzuteilen, daß ich hiermit das Alleinrecht zur Aufführung von *Rosmersholm* zu den angebotenen Bedingungen erteile.[13]

(HI XVIII, 455)

13 Am Kgl. Theater in Kopenhagen.

Die Frau vom Meer
(Fruen fra havet)
Schauspiel in fünf Akten

Abgeschlossen: Mitte September 1888 in München
Erstdruck erschienen: 28. November 1888 in Kopenhagen
Uraufführung: 12. Februar 1889 in Kristiania

Frederikshavn, August oder September 1887
Henrik Jaeger über Ibsen
Das Meer war ihm genug. »Das Meer hat etwas ungeheuer Faszinierendes an sich«, sagte er. »Wenn man ins Wasser starrt, ist es, als sähe man das Leben, das sich oben auf der Erde abspielt, in veränderter Gestalt. Alles hat Zusammenhang und Gleichheit. In meiner nächsten Arbeit soll das Meer eine Rolle spielen.«   (HI XVIII, 172)

Ibsen an Bernt Grønvold   München, 14. April 1888
Ich finde keine Worte, um Ihnen meinen Dank für das prächtige Bild auszudrücken, mit dem Sie mich in Ihrer großen Güte erfreut und bereichert haben.
Sie wissen nicht und können nicht ahnen, welchen Wert dieses Bild – ganz abgesehen von dem künstlerischen – gerade jetzt für mich hat, da mir ein neues Schauspiel durch den Kopf geht. Ihre Landschaft enthält Meer und Sonne und Sommerstimmung. Daß diese Mächte anschaulich und verlebendigt zu mir kamen, deute ich als ein gutes Zeichen, denn sie werden auf ihre Weise in dem mitwirken, was ich jetzt vorbereite.
Nehmen Sie deshalb meinen herzlichsten Dank!   (HI XVIII, 167)

Ibsen an Jacob Hegel   München, 1. Juli 1888
Diesen Sommer muß ich in Ruhe hier verbringen, um meine neue Arbeit fertigzubekommen.   (HI XVIII, 172)

Entwurf zu *Die Frau vom Meer* vom 5. Juni 1888

A.

Eine kleine Anlegestelle der Touristendampfer, die dort nur halten für zusteigende und absteigende Reisende. Rundherum hohes steiles, zugleich schattiges Gebirge. Man erkennt kein offenes Meer durch den gewundenen Fjord. Badehotel. Höher hinauf das Sanatorium. Bei Beginn der Handlung geht die letzte Dampfschiffstour nach Norden. Die Schiffe passieren diese Stelle immer um Mitternacht. Lautlos gleiten sie durch die Bucht und wieder hinaus.

Die Personen zerfallen in drei Gruppen. Zuerst sind da eigentümliche Figuren unter den Einwohnern. Der Rechtsanwalt, zum zweiten Mal verheiratet mit jener vom freien offenen Meer, besitzt zwei junge erwachsene Töchter aus erster Ehe. Fein, vornehm, bitter. Befleckte Vergangenheit durch eine unbesonnene Affäre, deshalb Zukunftskarriere versperrt. Der verkommene Schildermaler mit Künstlerträumen und glücklich in seiner Einbildung. Der alte verheiratete Kontorist. Hat in seiner Jugend ein Schauspiel geschrieben, das einmal aufgeführt worden ist. Feilt ständig daran und lebt in der Illusion, daß es im Druck erscheinen und ihm den Durchbruch verschaffen werde. Im übrigen unternimmt er nichts in dieser Beziehung, zählt sich aber zu den literarischen Größen des Landes. Frau und Kinder glauben blind an das »Stück«. (Vielleicht gibt er Unterricht und ist gar kein Kontorist?) Der Schneider Fresvik, ein Radikalist, der seine »Befreiung« in lächerlichen Ansätzen von Ausschweifungen demonstriert – Verbindungen mit anderen Frauen, spricht von Scheidung und ähnlichem.

Die andere Gruppe besteht aus Sommergästen und aus den Erholungsbedürftigen des Sanatoriums. Unter ihnen befindet sich der kranke junge Bildhauer, der Kräfte sammeln muß, um den kommenden Winter zu überstehen. Für den nächsten Sommer hat man ihm ein Stipendium in Aussicht gestellt, dazu einen Auftrag und Unterstützungen anderer Art, so daß er nach Italien reisen kann. Ihm graut vor der Möglichkeit, sterben zu müssen, ohne den Süden gesehen und ohne etwas Gutes in der Kunst geschaffen zu haben. – Sein »Beschützer« wohnt im Badehotel, eignet sich die Vormundschaft über den Kranken an. Ist Prinzipmensch. Keine Hilfe, keine

Unterstützung dieses Jahr. Schwarz auf weiß bezüglich des Stipendiums »werden wir sehen, wie weit wir nächstes Jahr gehen können«. Seine Frau dumm, hochmütig und taktlos. Verletzt mal freiwillig, mal unfreiwillig den Kranken. – Nebenpersonen.

Die dritte Gruppe umfaßt kommende und gehende Touristen, die episodisch in die Handlung eingreifen.

Das Leben ist da oben im Schatten der Berge und in der Einförmigkeit der Absonderung offenbar licht, leicht und beschwingt. Da wird der Gedanke aufgeworfen, daß dieses Leben nur ein Schattendasein sei. Keine Handlungskraft, kein Kampf um die Befreiung. Nur Sehnsüchte und Wünsche. So erlebt man dort den kurzen hellen Sommer. Und danach – in die Dunkelheit. Da erwacht das Verlangen nach dem Leben in der großen Welt. Aber ist es schon damit gewonnen? Mit den Verhältnissen, mit der geistigen Entwicklung wachsen die Forderungen, die Sehnsüchte und Wünsche. Wer auf der Höhe des Lebens steht – ob er oder sie –, verlangt nach den Geheimnissen der Zukunft, will seinen Anteil am zukünftigen Leben und am Umgang mit den fernen Himmelskörpern. Überall Begrenzung. Daher die Schwermut gleich einem dämpfenden Klagelied über das menschliche Dasein. Ein lichter Sommertag mit der nachfolgenden großen Dunkelheit – das ist das Ganze. – –

Ist die Entwicklung des Menschen verfehlt? Wie sind wir dazu gekommen, der trocknen Erde anzugehören? Warum nicht der Luft? Oder dem Meer? Die Sehnsucht, Flügel zu besitzen. Die eigentümlichen Träume, fliegen zu können, ohne sich darüber zu wundern –. Wie soll man das alles deuten? – –

Des Meeres sollten wir uns bemächtigen. Unsere Städte darauf schwimmen lassen. Sie nach Süden oder Norden verlegen, je nach der Jahreszeit. Lernen, die Stürme und das Wetter zu bezwingen. Etwas so Glückseliges wird kommen. Aber wir – wir werden nicht dabei sein dürfen! Werden es nicht »erleben«! – –

Die Anziehungskraft des Meeres. Die Sehnsucht nach dem Meer. Die Menschen verwandt mit dem Meer. Gebunden ans Meer, abhängig vom Meer. Möchten dorthin zurück. Eine Fischart bildet ein Urglied in der Entwicklungsreihe. Finden sich noch Rudimente im menschlichen Gemüt? Im Gemüt einzelner Menschen?

Bilder vom pulsierenden Leben im Meer und vom »ewig Verlorenen«.

Das Meer beherrscht die Macht der Stimmungen, eine Macht, die wie ein Wille wirkt. Das Meer kann hypnotisieren. Die Natur überhaupt kann es. Das große Geheimnis ist die Abhängigkeit des menschlichen Willens vom »Willenlosen«.

Sie [die Frau vom Meer] ist von draußen vom Meer gekommen, wo der Pfarrhof ihres Vaters lag. Wuchs auf da draußen – am freien, offenen Meer. Verlobte sich heimlich mit dem leichtsinnigen jungen Steuermann – dem ausgewiesenen Seekadetten –, der wegen einer Havarie den Winter über mit seinem Schiff im Hafen lag. Mußte auf Wunsch des Vaters die Verbindung lösen, zum Teil auch freiwillig. Konnte nicht verzeihen, was sie über seine Vergangenheit erfahren hatte. So voller Vorurteile war sie damals durch die Erziehung im Elternhaus. Steckt noch immer voller Vorurteile, obwohl sie heute mehr weiß. Steht auf der Grenze, schwankt und zweifelt. –

Das Geheimnis ihrer Ehe – das sie sich kaum einzugestehen wagt, woran sie kaum zu denken wagt: Die Einbildungskraft, die sie mächtig zu dem Vorigen zieht. Zu dem Verlorenen.

Im Grunde – in der unwillkürlichen Vorstellung – ist *er* es, mit dem sie ihre Ehe führt.

Aber andererseits: Leben Mann und Stiefkinder ganz mit ihr? Haben die drei nicht sozusagen eine ganze Welt von Erinnerungen für sich allein? Da gibt es Festtage zu feiern, deren Bedeutung sie nur erraten kann. Gespräche stocken, werden abgebrochen, wenn sie hinzutritt. Ihre Vorgängerin hat sie nicht gekannt, und aus Feingefühl spricht man nicht von ihr in ihrer Gegenwart. Es besteht eine Freimaurerei zwischen allen anderen im Hause. Auch zwischen den Hausangestellten und der Dienerschaft. Sie dringt niemals in diesen Kreis ein, sie steht außerhalb.

Sie trifft »den fremden Passagier«. So nennen ihn die anderen Badegäste. Einst hat er eine tiefe Zuneigung zu ihr empfunden. Das war damals, als sie mit dem jungen Seemann verlobt war. Jetzt ist er überarbeitet und muß Seebäder nehmen. Das Leben hat ihn enttäuscht. Er ist verbittert, fast zynisch.

Der Bildhauer erzählt. Mußte mit 12 [Jahren] zur See. Erlitt

Schiffbruch vor fünf Jahren, war damals siebzehn. Bei der Gelegenheit bekam er einen Knacks, lag lange im kalten Wasser. Seitdem Lungenentzündung, noch nicht ganz überwunden. Dennoch war es sein Glück, konnte deshalb Künstler werden. Wie wunderbar, mit dem herrlichen Lehm modellieren zu dürfen, der sich so gut den Fingern fügt!

Was er modellieren will? Gottesbilder? Oder vielleicht alte Wikinger?

Nein, nicht so etwas. Sobald er Gelegenheit findet, will er eine Gruppe modellieren.

Und was soll die vorstellen?

Natürlich etwas Selbsterlebtes.

Und das wäre? Das muß er schließlich erklären.

Eine junge Seemannsfrau, die schläft. Träumen tut sie auch. Das soll man ihr ansehen können.

Mehr nicht?

Doch! Ihr Mann ist ertrunken, aber doch zurückgekehrt. Bei Nacht. Jetzt steht er an ihrem Bett und blickt sie an.

Um Gottes willen! Er sagte doch, es sollte etwas Selbsterlebtes sein?!

Ja, das hatte er eben auch erlebt. Auf gewisse Weise.

Erlebt –?!

Nun ja, so meint er es nicht, aber trotzdem –

Dann kommt die Erzählung – hingeworfen und unterbrochen – und weckt entsetzliche Ahnungen und Vorstellungen in ihr.

Erster Akt

Das Haus des Rechtsanwalts mit großer überbauter schattiger Veranda links. Rundherum der Garten. Hecke mit kleiner Pforte im Hintergrund. Jenseits der Hecke ein Fußgängerweg am Strand entlang. Allee am Wege. Zwischen den Bäumen erkennt man den Fjord und in der Ferne hohe Berggipfel. Strahlend schöner, warmer Sommermorgen.

Der Maler steht mit einer großen Palette an der Veranda und streicht einige neue Holzstützen. *Der Lehrer* kommt aus dem Büro des Rechtsanwalts hinter dem Haus hervor. Herzensguter Mann, der Rechtsanwalt. Wenn sich das Stück nur anfindet, haben wir das Schlimmste hinter uns.

Der L.: Soll hier heute Gesellschaft sein?

Der M.: Sieht so aus.

Die Töchter setzen in der Veranda Blumen in die Vasen.

L.: Ja, jetzt in der Touristensaison geht es lustig zu.

M.: Heute abend kommt wieder ein großer Dampfer.

Man wechselt ein paar Worte mit den jungen Mädchen, die auf und ab gehen.

Der Bildhauer kommt draußen vorbei, bleibt an der Pforte stehen und beginnt ein Gespräch mit denen im Garten. *Der Maler* ist verlegen, weil man ihn mit so einer simplen Arbeit beschäftigt sieht. Natürlich [reine] Bereitwilligkeit. Bitterkeit über »vornehme Künstler«, denen das Zuhause nicht gut genug ist. *Der B.* tritt in den Garten, will die Palette leihen. Die jungen Mädchen mit mehr Blumen.

B.: Ist hier heute ein Fest?

Die Jüngere: Ja, Mutters Geburtstag.

B.: Ach so!

Die Ältere (zu ihrer Schwester): Sei doch still.

B. empfiehlt sich und geht. *L.* ebenfalls. *Der Rechtsanwalt* tritt in die Veranda und wechselt einige Worte mit dem *M.*, der mit seiner Arbeit fertig ist und geht. *Der R.* und die Töchter. Er äußert sich mißbilligend über die Vorbereitungen.

Die Ältere: Aber, Vater, »der f[remde] P[assagier]« kommt doch heute vormittag.

Der R.: (lächelt): Ja, ja, da hast du natürlich recht.

Bemerkungen über ihn. Sieht noch gut aus, aber Großstadtlöwe. Der f[remde] P[assagier] kommt. Konnte gestern abend so wenig mit ihm sprechen. Kurz danach gehen die jungen Mädchen. Dann langes Gespräch der Freunde. Auskünfte über die dazwischenliegenden Jahre. – Die Frau kommt vom Baden. *Der R.* meint, sie tummele sich im Wasser wie eine Seejungfer. Ja, erklärt sie, das Meer ist schöner als die Erde. *Der R.* zieht sich zu seinen Geschäften zurück. – Offenes und vertrauliches Gespräch zwischen den beiden anderen. Sie ist in den vergangenen drei Jahren nicht wirklich glücklich gewesen. Warum nicht? Kann es ihm nicht sagen. Es ist so sonderbar. – *Der Bildhauer* kommt mit einem großen Blumenstrauß, verbeugt sich und gratuliert. – Warum? Wegen des Festtages. – Ist hier heute ein Festtag? – Ja, die Frau des Hauses hat doch Geburtstag. – Meiner! –

D[er] f[remde] P[assagier]: Nein, das stimmt doch nicht!

Die F[rau]: Wie kommen Sie darauf?

B[ildhauer]: Fräulein A. hat es mir verraten. Sie sagte, es sei ihrer Mutter Geburtstag heute.

Die F: Ach so.

D f. P.: Aber –

Die F. nimmt die Blumen und dankt. Dann unterhält sie sich mit dem *B.* über seine Angelegenheiten. – Hier folgt der vorher (auf dem zweiten Bogen) zitierte Dialog. Der *B.* wird in den Garten geschickt zu den Mädchen. *D. f. P.* findet ihn zu grün. Der *R[echtsanwalt]* aus dem Büro. *Die jungen Mädchen* aus dem Garten. Entzücken über die schönen Blumen. Woher kommen die denn? Herr *P.* hat sie mitgebracht. – [Eingeschoben: *D. f. P.*]: Aus Anlaß des Geburtstages.

Die Jüngere: Oh –

Die Ältere: Siehst du? –

Der R. (verlegen): Mein Lieber usw. Ärgere dich nicht. – So junge Mädchen, weißt du usw.

Sodawasser und Saft in der Gartenlaube. Dort ist es kühler.

Der R.: Jetzt ziehe ich mich zurück. (Er und die Töchter hinein.)

D. f. P.: Man läßt die Zeit gegen Sie arbeiten. An diesem Leben haben Sie keinen Teil.

Die F[rau]: Ich darf nicht klagen. Denn ich lebe auch mein eigenes Leben – im gewissen Sinne. –

[D. f. P.]: Sie? Wieso denn?

[D. F.]: Das kann ich keinem Menschen sagen. – Bitte einzutreten. (Beide ab.)

Zweiter Akt

(Der Aussichtspunkt auf waldiger Höhe. In der Tiefe erkennt man den Fjord mit Inseln und vorspringenden Landzungen. Das offene Meer ist nicht zu sehen. Oben auf der Höhe eine Flaggenstange und ein paar Bänke. Sommernacht. Goldroter Schimmer in der Luft und über den Berggipfeln weiter in der Ferne.)   (HI XI, 162 ff)

Zweiter Entwurf zu *Die Frau vom Meer*

Personen

Dr. Wangel, Bezirksarzt [geändert von: Rechtsanwalt]
Frau Wangel, seine zweite Frau
Annette [geändert von: Thea] ⎫
Frida, Jugendliche ⎭ seine Töchter aus erster Ehe
Hesler, Oberlehrer [geändert von: Bürovorsteher]
Hans Lygnstrand [geändert von: Lygnstad, davor Løvstad], ein junger Bildhauer
Strømme, Großkaufmann
Frau Strømme, seine Frau
Ballesen, Maler [geändert von: Solfeldt]
[Gestrichen: Ballesen, Lehrer]
Dorfbewohner, Sommergäste, Schiffspassagiere, Touristen.
(Die Handlung spielt sich in einer nordnorwegischen Handelsstadt ab.)

1. Akt

Sommerstimmung, Leben, Freude über die Menschen. Die Tage schwinden dahin wie ein einziges Fest. Nach Gesprächen mit Hesler vertraut Thora sich ihrem Mann an [geändert von: Hesler]. Wangel empört, als er von ihrer früher verschwiegenen Verlobung erfährt. Verzeihung und Vergessen. Jetzt gehört sie ihm ja jedenfalls allein. Und nun soll völliges Vertrauen zwischen ihm und ihr und den Kindern herrschen. Sie wollen ihre gegenseitigen Erinnerungen teilen. Und ein Gemeinschaftsleben führen. Sie schüttelt den Kopf: Gemeinschaftsleben?! Ja, ja! Er stutzt, versteht nicht. Sie gibt keine weitere Erklärung.

2. Akt

Durch Andeutungen und auf Umwegen über Gesprächen mit Hesler versucht Wangel Klarheit zu gewinnen über ihr sonderbares Wesen. Es ist das Meer, das sie mit geheimnisvoller Macht anzieht. Darüber spricht Wangel mit ihr. Will sie ans Meer? Ja, ja, das will sie! Dann ist er bereit, dorthin zu ziehen. Nein, nein, nicht dieses Opfer! Nicht von hier entwurzelt werden, wo er sein natürliches

Heim hat! Doch er bleibt bei seinem Vorsatz. Sie: Gib mich frei! Laß mich allein reisen! Wie lange? Für immer! Ich kann nicht mehr mit Dir zusammen leben! Danach folgt die Erklärung: Eigentlich führt sie keine Ehe mit ihm!

3. Akt
Dieser Akt spielt sich abseits im Garten an der Schiffsbrücke und am Badehaus ab. Thora hält sich dort auf. Wangel kommt zu ihr. Danach Hesler, schließlich Lygnstrand. Große Neuigkeit! Der Amerikaner ist hier! Er hat ihn gesehen! – Auftritt zwischen Thora und Johnson. Was das Meer zusammengefügt, soll der Mensch nicht trennen. Wangel kommt. Erkennt den Amerikaner als den Steuermann, der den Kapitän erschlagen hat. Er beruft sich auf Thoras Aussage. Sie: Nein, nein! Leugnet alles, Johnson geht: Dann mache dich also bereit zur Abreise, Thora.

4. Akt
Derselbe Ort. Jetzt kommt es zur Auseinandersetzung zwischen Wangel und Thora. Hesler tritt hinzu. Wangel willigt in Thoras Reise ein. Verzichtet auf sie. (HI XI, 168 ff)

Ibsen an Nils Lund   München, 1. Juli 1888
Ich bin jetzt damit beschäftigt, ein neues Schauspiel zu schreiben. Aus diesem Grunde werden wir den ganzen Sommer hier verbringen.   (HI XVIII, 173)

Ibsen an Laura Kieler   München, 23. Juli 1888
Wenn ich erst heute Ihren freundlichen Brief vom 13. Juni beantworte, so deshalb, weil ich in dieser Zeit hauptsächlich damit beschäftigt war und noch bin, ein großes neues Schauspiel zu schreiben und daher jegliche Korrespondenz außer acht lassen mußte.
                    (HI XVIII, 174)

Ibsen an Emma Klingenfeld   München, 30. August 1888
Ich bitte Sie, gütigst zu entschuldigen, daß ich erst heute Ihren freundlichen Brief beantworte. Aber ich bin noch immer mit meinem neuen Schauspiel beschäftigt, und um in meinen Gedanken

nicht unterbrochen zu werden, habe ich in dieser Zeit jegliche Korrespondenz einstellen müssen [...]

[...] Sehr gern hätte ich Ihnen die erwähnte Übersetzung überlassen, aber sie ist bereits seit langem einigen literarischen Freunden in Berlin zugesagt worden, die es übernommen haben, die Übersetzung anzufertigen. Die näheren Umstände werde ich Ihnen erklären, wenn ich das Vergnügen habe, Sie wiederzusehen.

(HI XVIII, 175)

Ibsen an Jacob Hegel   München, 1. September 1888

Wahrscheinlich hat Herr [August] Larsen [Ihnen] mitgeteilt, daß mein neues fünfaktiges Schauspiel Ihnen ungefähr Mitte dieses Monats als Manuskript zugehen wird. Ich bin nun bei der Reinschrift des vierten Aktes. Wenn das Manuskript fertig ist, werde ich Ihnen Näheres darüber schreiben. Mit Rücksicht auf die Theater möchte ich ja gern, daß der Druck sobald wie möglich beginnen könnte. Auch für das Erscheinen des Buches im Handel dürfte es wünschenswert sein.   (HI XVIII, 176)

Ibsen an Jacob Hegel   München, 26. September 1888

Gestern habe ich das Manuskript zu meinem neuen Schauspiel abgeschickt und hoffe, daß Sie es bereits erhalten haben, wenn dieser Brief eintrifft. Da ich jedoch keine korrekte Abschrift des Stückes in seiner fertigen Gestalt besitze, wäre es mir eine große Beruhigung, durch ein paar Worte auf einer Postkarte zu erfahren, ob das Paket richtig angekommen ist.

Die Arbeit ist etwas später fertig geworden als berechnet. Aber ich hoffe, es ist nicht zu spät, falls der Druck sofort beginnen kann. Das Titelblatt bitte ich zuletzt zu drucken und den Titel *Die Frau vom Meer* zu verschweigen, ebenso wie ich hoffe, daß seitens der Druckerei in jeder Hinsicht völlige Diskretion bewahrt wird, besonders gegenüber allen Unbefugten.

Die hervorragende Korrekturarbeit, der ich mich bisher erfreuen konnte, wird hoffentlich auch meiner neuen Arbeit zuteilwerden, so daß das Buch ohne Fehler erscheinen kann. Besonders bitte ich dem Setzer einzuschärfen, er möge die Namen vor den Repliken endlich nicht mehr verwechseln.

Ich verlasse mich ganz darauf, daß dieses Schauspiel überall Aufmerksamkeit erregen wird. In vieler Hinsicht ist es ja eine neue Richtung, die ich diesmal eingeschlagen habe.   (HI XVIII, 176 f)

Ibsen an Julius Hoffory   München, 27. September 1888
Es tut mir sehr leid, daß Fräulein [Emma] Klingenfeld sich hinreißen lassen konnte, Ihnen einen solchen Brief zu schreiben, den ich hiermit zurückschicke. Anläßlich ihres Abschiedsbesuches bei uns sagte ich ihr ausdrücklich, daß man ihre Mitwirkung nur bei der Übersetzung von Henrik Jaegers Buch[1] wünschte. Ich fügte hinzu, daß mein neues Schauspiel in Berlin übersetzt werden würde. Von wem, wußte ich damals nicht. Aber sie äußerte nicht mit einem einzigen Wort den Wunsch, diese Arbeit zu übernehmen.
Es ist wohl möglich, daß ich in meinem Brief an sie[2] gesagt haben kann, daß ich sie »sehr gern« mit meinem neuen Schauspiel betraut haben würde, falls die Übersetzung nicht schon auf andere Weise vorbereitet gewesen wäre. Aber ich meine, sie hätte begreifen müssen, daß dieser Ausdruck nur als allgemeine Höflichkeitsformel aufzufassen war. Denn hätte ich sie bei dieser Gelegenheit wirklich als Übersetzerin gewünscht, dann würde ich mich natürlich an sie gewandt haben. Aber eine solche Anfrage käme mir niemals in den Sinn, weil ich Fräulein Klingenfeld dafür nicht geeignet halte. Vor nicht langer Zeit äußerte sie gegenüber meiner Frau, sie verstünde nicht den Sinn der *Wildente*. Und ich bin ziemlich sicher, daß es ihr ebenso mit meinem neuen Schauspiel gehen würde.
Daß ich nichts lieber möchte als eine Beibehaltung der zwischen uns getroffenen Vereinbarung, ist natürlich selbstverständlich. Das Manuskript ist vor ein paar Tagen nach Kopenhagen abgegangen, und die Druckbogen werden Ihnen danach so schnell wie möglich zugeschickt. Auf die umstehende Seite schreibe ich das Personenverzeichnis, da es mit dem Titelblatt erst in die Druckerei geht, wenn die übrigen Bogen fertig sind.   (HI XVIII, 178 f)

1 Henrik Jaeger: *Henrik Ibsen 1828–1888*, Kopenhagen 1888.
2 S. Ibsens Brief an sie vom 30. 8. 1888.

Ibsen an Jacob Hegel   München, 6. Oktober 1888

Gestern hatte ich das Vergnügen, Ihren freundlichen Brief vom
3. ds. zu bekommen, und habe ich zu meiner Freude daraus erfahren, daß Sie und Ihre Frau meiner neuen Arbeit persönliches Interesse entgegenbringen. Es ist mir auch besonders lieb zu wissen, daß
das Manuskript bereits in die Druckerei gegeben worden ist.

Für Ihr Angebot betr. des Honorares und der Höhe der Auflage
meinen verbindlichsten Dank.

Ich halte es für durchaus notwendig, daß das Buch unabhängig vom
Theater herauskommt.[3] Sonst würde es ja vom Weihnachtsverkauf
ausgeschlossen und der Absatz wesentlich beeinträchtigt.

Dagegen möchte ich, daß Sie nach Fertigstellung des Buches in meinem Namen gütigst ein Exemplar an den Kammerherrn [Edvard]
Fallesen privat schicken, nicht an das Theater.[4] Er mag dann seine
Wahl treffen. Glaubt er das Stück zufriedenstellend besetzen zu
können, und besonders die Rolle der Ellida, dann besteht wohl kein
Zweifel, daß er es annehmen wird. In dieser meiner neuen Arbeit
kommt nämlich, soweit ich sehe, nichts vor, das seine Bedenken
wecken kann, und wenn er noch so ängstlich ist. (HI XVIII, 179)

Ibsen an Georg Brandes   München, 30. Oktober 1888

Nach vielen Monaten unablässiger Arbeit an einem neuen fünfaktigen Schauspiel, das nun fertig ist, habe ich endlich wieder Zeit für
mich selbst und kann neben dem rein Geschäftlichen an etwas
Briefwechsel denken.   (HI XVIII, 181)

Ibsen an August Larsen   München, 8. November 1888

Ich bin Ihnen sehr dankbar, daß der Titel meines Stückes bisher ge-
heimgehalten worden ist. Aber von jetzt ab überlasse ich es ganz
Ihnen oder Herrn [Jacob] Hegel, nach eigenem Gutdünken zu
verfahren. Falls Zirkulare oder Bestellzettel an die Buchhändler
ausgeschickt werden, darf der Stücktitel darauf angegeben werden.

3 Also ohne die Uraufführung abzuwarten, die erst am 12. 2. 1889 in
Kristiania stattfand.
4 Kgl. Theater in Kopenhagen.

Besonders lieb war mir, daß Sie mich auf die kurze Pressenotiz aufmerksam gemacht haben. Ich werde sie öffentlich berichtigen. Ich habe nie bezweifelt und es folglich nie ausgesprochen, daß mein neues Stück außerhalb Norwegens voll und ganz verstanden werden wird.

Die typographischen Vorzüge, die das neue Buch erhalten wird, habe ich mit Freuden zur Kenntnis genommen und fühle mich zu großem Dank verpflichtet.

[...]

Mit dem angegebenen Erscheinungstermin bin ich in jeder Beziehung einverstanden. Die Begleitbriefe an die Theater schicke ich rechtzeitig.

(HI XVIII, 184 f)

Ibsen an einen Unbekannten[5] [München, Mitte November 1888]
Die Nachricht mehrerer nordischer Blätter, mein neues Schauspiel würde laut meiner eigenen Aussage außerhalb Norwegens kaum richtig verstanden werden, ist *völlig grundlos*. So etwas habe ich nie gesagt oder befürchtet. Bisher habe ich das Glück gehabt, meine Arbeiten ebenso gut außerhalb als auch innerhalb Norwegens verstanden zu wissen, und ich hege keine Zweifel, daß es auch diesmal der Fall sein wird.

(HI XIX, 267)

Ibsen an Julius Hoffory   München, 16. November 1888
Es war mir eine ebenso große Freude wie Überraschung, als ich gestern aus Ihrem freundlichen Brief erfuhr, daß Sie die Übersetzung [von *Die Frau vom Meer*] schon fertig haben. Es besteht somit alle Aussicht, daß sie gleichzeitig mit dem Orginal erscheinen kann, nämlich Ende dieses oder Anfang nächsten Monats.

Es ist keine leichte Aufgabe gewesen, dieses Schauspiel zu übersetzen, und ich wüßte keinen anderen als Sie, der alle Voraussetzungen mitbringt, um die Aufgabe voll und zufriedenstellend zu lösen. Es gehört u. a. eine intime Vertrautheit mit der dänisch-norwegischen Sprache dazu, um die Unsicherheit und seminaristische Halbbildung in Lygnstrands Ausdrucksweise oder den leichten An-

---

5 Vielleicht als Dementi in Form eines öffentlichen Briefes gedacht? (Siehe auch Ibsens Brief vom 8. 11. 1888 an August Larsen.)

strich von pädagogischer Pedanterie zu erkennen, die hier und da in Arnholms Äußerungen und Satzformulierungen zum Ausdruck kommt. Ähnliche Finessen und Schwierigkeiten in sprachlicher Hinsicht ergeben sich ja auch bei den anderen Personen. Ich bin Ihnen deshalb unsagbar dankbar, daß Sie die Arbeit selbst übernommen haben.

Ihre liebenswürdigen Äußerungen über das Stück waren mir eine große Freude und Beruhigung. Es ist mir nämlich die ganze Zeit peinlich gewesen, daran zu denken, daß die Bogen Ihnen einzeln und in größeren Abständen zugeschickt wurden und daß darunter Ihr Gesamteindruck meiner Arbeit leiden könnte. Jetzt bin ich jedoch beruhigt. –

Ich weiß nicht, was Sie mit dem Anfang des zweiten Aktes gemacht haben, wo Ballested als Fremdenführer gebrochenes Deutsch spricht. Ich nehme an, Sie haben es in ein ähnliches Englisch verändert und lassen ihn dann ins Französische hinüberwechseln.

Das Wort »lugar« [Back] kann man, glaube ich, am besten mit »Volkskajüte, Mannschaftsraum« oder ähnlich übersetzen. Für »paamønstre« [anheuern] weiß ich nicht das richtige deutsche Wort. Aber in der betreffenden Replik kann man ausweichen mit dem Wort »anwerben«, das meines Wissens der deutsche Seemannsausdruck für unser »forhyre« ist. –

Kann die Rolle der Ellida am [Berliner] Schauspielhaus nicht zufriedenstellend besetzt werden, dann habe ich persönlich nicht den Wunsch, das Stück dem Theater anzubieten. Im Gegenteil, ich möchte am liebsten, daß es an einem Theater angebracht wird, das die größten Aussichten auf die beste Inszenierung hat. Direktor [Sigmund] Lautenburg hat mir aus diesem Anlaß einen bewegten Brief geschrieben. Aber ich kenne ja überhaupt nicht die Künstler, über die er verfügt. Vielleicht tritt er selbst von seinem Wunsch als einer Unmöglichkeit zurück, wenn er das Stück gelesen hat.

Im übrigen wiederhole ich, daß Sie in jeder Beziehung nach eigenem Ermessen disponieren mögen. Ich erkläre mich im voraus mit jedem Arrangement einverstanden, das Sie für zweckmäßig halten.

(HI XVIII, 185 ff)

Ibsen an Magdalene Thoresen   München, 25. November 1888
Mein neues Schauspiel kommt nämlich nächste Woche in Kopenhagen und in Berlin heraus, und es ist fast unglaublich, was für eine überwältigende Korrespondenz dieses Ereignis mit sich bringt.

(HI XVIII, 191)

Ibsen an Hans Schrøder[6]   München, 6. Dezember 1888
Als Antwort auf Ihr geehrtes Schreiben vom 30. November muß ich Ihnen mitteilen, daß ich nicht auf die von Ihnen vorgeschlagenen Honorarbedingungen für das Aufführungsrecht an [meinem Schauspiel] *Die Frau vom Meer* am Christiania Theater eingehen kann.

Ich halte diese Bedingungen nämlich für unannehmbar, solange es dem Theater freisteht, ausländische Stücke gegen eine geringe Vergütung an den Übersetzer zu erwerben.[7]

Würde es bei uns zur Theaterpraxis werden, die einheimische dramatische Produktion mit einer Tantieme von 10% zu belasten, während die ausländische nahezu frei wäre, so würde, namentlich an einem ökonomisch weniger gut fundierten Theater, die Versuchung naheliegen, inländische Stücke möglichst selten zu spielen.

Wird dagegen das Gesamthonorar im voraus erlegt, so liegt es natürlich im verständlichen Interesse des Theaters, das Stück bis zum äußersten auszunutzen, um den verauslagten Honorarbetrag wieder einzuspielen.

Ausgehend von diesen Betrachtungen, abgesehen von anderen wichtigen Rücksichten, muß ich für das Aufführungsrecht an meinem neuen Schauspiel, wie früher, ein festes Honorar verlangen [...] Gehen Sie darauf ein, so wäre ich Ihnen sehr verbunden, wenn Sie mir Gelegenheit gäben, mit Ihnen über die Besetzung zu konferieren. Einen vollständigen Vorschlag wage ich allerdings nicht zu übersenden, dazu kenne ich das Personal des Theaters allzu wenig.

---

6 Direktor des Christiania Theaters.
7 Das internationale Urheberrecht wurde durch die Berner Konvention vom 9. September 1886 juristisch festgelegt und später verschiedentlich revidiert bzw. ergänzt. Norwegen trat der revidierten Übereinkunft vom 13. November 1908 bei.

Vorläufig habe ich mir jedoch folgende [Besetzung] gedacht:

Dr. Wangel . . . .[Sigvard] Gundersen
Ellida . . . .[Laura] Gundersen
Oberlehrer Arnholm . . . .[Olaf] Hanson
Der Fremde . . . .[Arnoldus] Reimers
Ballested . . . .[Henrik] Klausen oder Jens Selmer

Betreffs der übrigen Partien schwebe ich völlig in Ungewißheit.
Ich möchte nicht versäumen, darauf aufmerksam zu machen, daß
das Kgl. Theater in Kopenhagen sich das Stück zur Aufführung
ausgebeten hat und ich mein Einverständnis gegeben habe. Doch
hoffe ich, [Intendant] Kammerherr Fallesen wird nicht absolut auf
seiner Forderung bestehen, daß vorher keine Aufführung an anderem Ort stattfinden darf.   (A 59 f)

Ibsen an Julius Hoffory   München, 9. Dezember 1888
Ich danke Ihnen herzlichst für die große Freude, die Sie mir mit der
sofortigen Übersendung eines Exemplares Ihrer Übersetzung bereitet haben. Daß sie in jeder Hinsicht vortrefflich werden würde,
wußte ich im voraus. Aber ich hätte es kaum für möglich gehalten,
daß jemand jede Schattierung der Gedanken im Original, jede Stimmung und Formulierung der Repliken, mit so vollkommener Ge-
nauigkeit wiedergeben könnte. Gewöhnlich muß man ja zufrieden
sein, wenn wenigstens der richtige Sinn zu erkennen ist. Seien Sie
gewiß, daß ich lebhaft empfinde, wieviel ich Ihnen für die Arbeit
schulde, die Sie dieser Sache gewidmet haben.
Die Originalausgabe, die am 28. November im Handel erschien,
hat eine besonders warme und wohlwollende Aufnahme gefunden.
Am Kgl. Theater in Kopenhagen wird das Stück bereits zur Aufführung vorbereitet. Da man aber dort oben ziemlich langsam
arbeitet, besteht durchaus die Möglichkeit, daß es zuerst in Berlin
herauskommen kann.   (HI XVIII, 192 f)

Ibsen an Jacob Hegel   München, 11. Dezember 1888
Nehmen Sie meinen besten und verbindlichsten Dank für die be-
sonders hübsch ausgestattete Ausgabe der *Frau vom Meer*. Die neue
Schrift für die Namen oberhalb der Repliken nimmt sich außeror-

dentlich gut aus. Auch andere Veränderungen habe ich mit Anerkennung und Würdigung bemerkt. Nun will ich bloß hoffen, daß der Absatz lebhaft wird. Die Auflage ist ja ungewöhnlich hoch.

Kammerherr [Edvard] Fallesen hat das Stück telegraphisch angenommen und beabsichtigt, es sobald wie möglich [am Kgl. Theater in Kopenhagen] zur Aufführung zu bringen. Ich hoffe, Frau [Betty] Hennings wird die Ellida spielen, wage mich aber im übrigen nicht einzumischen, da ich nicht so genau die entscheidenden Voraussetzungen kenne.   (HI XVIII, 193 f)

Ibsen an Julius Hoffory   München, 17. Dezember 1888
Als Antwort auf Ihren freundlichen Brief vom 10. ds. teile ich Ihnen mit, daß ich in Übereinstimmung mit Ihrem Wunsch Herrn [Philipp] Reclam um Aufschub gebeten habe. Da es kein effektives Rechtsmittel gibt, würde es zu nichts führen, ihm die Ausgabe einer Übersetzung des neuen Stückes ganz zu verbieten.

Ich glaube annehmen zu dürfen, daß Herr Reclam respektieren wird, was ich in meinem Brief an ihn ausgesprochen habe, und daß er seine Handlungsweise danach einrichtet. Aber sicherheitshalber wäre es doch wohl angebracht, wenn sowohl Sie als auch Herr [Samuel] Fischer auf Frau v. Borch einen Druck ausüben würden, die – wie Sie vermutlich wissen – sich erboten hat, der Reclamschen Universalbibliothek eine Übersetzung zu liefern. Sie schrieb mir deswegen vor einiger Zeit, aber in meiner Antwort ersuchte ich sie, ihr Vorhaben aufzugeben. Es sieht allerdings nicht danach aus, als ob mein Ersuchen gefruchtet hat.

Auch gegenüber den Theatern können wir von der einen oder anderen Seite Kokurrenz befürchten. Zur Wahrung unserer Interessen wäre es daher zweifellos ratsam, *Die Frau vom Meer* unmittelbar dem Bühnenverlag Felix Bloch Erben zu übergeben. Unter allen Umständen glaube ich, daß der gewonnene Zeitvorsprung aufs äußerste ausgenutzt werden muß. Ich habe nämlich gehört, daß Ernst Brausewetter in Stuttgart [auch] an einer Übersetzung arbeitet, die wohl für die Theater berechnet sein dürfte.

                                   (HI XVIII, 194 f)

Ibsen an Hans Schrøder   München, 18. Dezember 1888

Hoffentlich haben Sie durch mein vorgestriges Telegramm die Mitteilung erhalten, daß ich mit Ihnen wegen der Besetzung für *Die Frau vom Meer* einig bin. – Bolette wird also von Fräulein [Constance] Bruun gespielt, Hilde von Fräulein [Johanne] Juell, Lyngstrand von Herrn [Berent] Schanche und Ballestad von Herrn Johannes Brun, falls seine Gesundheit es erlaubt, andernfalls von Herrn [Henrik] Klausen.

Herrn Schanche kenne ich nicht als Schauspieler, aber ich hoffe, es wird ihm gelingen, den rechten Ausdruck stiller Zufriedenheit zu finden und wiederzugeben, der von Lyngstrand ausgeht. Hilde ist auch nicht so leicht darzustellen. Man muß verstehen, daß der dämonische Zug, der über ihrem Wesen liegt, hauptsächlich seinen Ursprung in ihrem kindlichen, stets unbefriedigten Verlangen hat, Ellida [Wangels] Neigung zu gewinnen.

Herr [Olaf] Hansson darf sich nicht durch Bolettes und Hildes Äußerungen über sein Aussehen dazu verleiten lassen, den [Oberlehrer] Arnholm als wirklich alt oder gebrechlich darzustellen. So erscheint er nur den jungen Mädchen. Sein Haar ist leicht schütter geworden, er selbst etwas überanstrengt vom Schuldienst – das ist alles.

In meinem vorigen Brief habe ich mich gewiß in einem Punkte weniger deutlich ausgedrückt und will deshalb hier eine Erklärung dazu abgeben. Kammerherr Fallesen hat nicht ausdrücklich verlangt, daß mein neues Stück zuerst in Kopenhagen aufgeführt wird. Da er aber schon immer diese Forderung aufgestellt hatte, war ich darauf gefaßt, daß er es auch diesmal tun würde. Unsere Verhandlungen haben sich bisher jedoch nur auf je ein Telegramm beschränkt, und es kann also sein, daß er das Vorrecht noch hinterher beansprucht. Aber ich zweifle nicht, daß ich ihn in solchem Falle zum Verzicht bringen kann. Er hat sich in dieser Beziehung schon früher nachgiebig gezeigt.

Ich setze voraus, daß der Anspruch auf die Erstaufführung für das Christiania Theater nicht entscheidend ist, sondern daß man alles daransetzen wird, es in möglichst vollkommener Inszenierung und in einer der Grundstimmung entsprechenden Ausstattung zur Aufführung zu bringen.   (A 61 f)

Ibsen an Jonas Lie   München, 28. Dezember 1888
Die Frau vom Meer ist in Berlin bereits in der 3. Auflage erschienen und hat mir dadurch viel Schreiberei aufgeladen.

(HI XIX, 268)

Ibsen an Hans Schrøder   München, 6. Februar 1889
Im »Morgenblatt« (Morgenbladet) stehen einige Artikel, in denen die in meinem Stück vorkommenden Personen ganz vortrefflich und korrekt charakterisiert sind, so wie ich sie mir gedacht habe. Sollte deshalb einer der Darsteller wegen der rechten Auffassung in Ungewißheit schweben, kann ich nur auf diese Artikel verweisen, die mir erst kürzlich in die Hände geraten sind.   (ED IV, 364)

Ibsen an Julius Hoffory   München, 14. Februar 1889
Ihren freundlichen Brief, den ich gestern erhielt, beeile ich mich hiermit zu beantworten.

Herr [Direktor Anton] Anno möchte also auf dem Plakat und bei der Aufführung [der *Frau vom Meer*] den in Deutschland nicht gebräuchlichen Namen Bolette in Babette oder einen anderen Mädchennamen umtauschen.[8] Da mein Stück sich ja nicht in Deutschland abspielt, kann der von ihm angegebene Grund kaum der einzige oder wichtigste sein. Ich vermute, er hat noch einen anderen Grund und komme daher seinem Wunsch gern entgegen. Babette kann also statt dessen eingesetzt werden – natürlich unter der Voraussetzung, daß Arnholms Äußerung, der Name sei unschön, deutschen Zuhörern nicht unerklärlich vorkommt. Darüber kann ich ja keine sichere Meinung haben, verlasse mich aber auch in dieser Beziehung ganz auf Sie.

Andererseits muß ich ganz bestimmt dagegen Einwand erheben, daß auf dem Plakat steht »Ein Seemann« oder »Ein fremder Seemann« oder »Ein Steuermann«. Er ist nämlich weder das eine noch das andere. Als Ellida ihn vor zehn Jahren traf, war er 2. Steuermann. Sieben Jahre später ließ er sich als einfacher Bootsmann anheuern, also als etwas weit Geringeres. Und jetzt kommt er als Passagier auf einem Dampfschiff. Er gehört nicht zur Mannschaft,

8 Bulette = Frikandelle; Bollette = Zollbescheinigung.

er geht als Tourist gekleidet. Niemand soll wissen, was er ist, ebensowenig *wer* er ist oder wie er eigentlich heißt. Diese Ungewißheit ist nämlich die Hauptsache in der für diesen Fall von mir gewählten Methode. Ich bitte Herrn Anno, bei der Einstudierung seine Aufmerksamkeit gütigst darauf richten zu wollen, sonst könnte die Grundstimmung leicht verfehlt werden.

Wenn aber die Bezeichnung »Ein fremder Mann« für die Berliner einen komischen Beigeschmack hat, kann man dann nicht »Ein Fremder« auf das Plakat setzen? Dagegen hätte ich nichts einzuwenden. Sollte aber auch das die Sache nicht besser machen, dann glaube ich fast, daß man den Dingen freien Lauf lassen muß. Hoffentlich richten sie keinen ernsthaften Schaden an.

Es beruhigt mich sehr, lieber Herr Professor, daß Sie ein Auge auf die Proben werfen wollen, wenigstens auf die letzten. Es kann ja für Direktor Anno so vieles fremd sein, daß er sich nicht ganz im klaren ist. Und so hoffe ich auf ein gutes Resultat.

Laut Telegramm aus Kristiania erlebte *Die Frau vom Meer* dort vorgestern ihre Uraufführung mit ganz außerordentlichem Beifall. Aus Weimar, wo das Stück in diesen Tagen gegeben werden sollte, habe ich noch nichts gehört. (HI XVIII, 200 ff)

Ibsen an Nils Lund   München, 25. Februar 1889
Durch die heute eingetroffenen Zeitungen erfahre ich, daß Theaterdirektor Olaus Olsen *Die Frau vom Meer* in Kragerø aufgeführt hat, und ich erlaube mir aus diesem Grunde zu fragen, ob er das vereinbarte Honorar [von] 400 Kronen an Sie eingezahlt hat, das vor der Premiere fällig war? (HI XVIII, 202)

Ibsen an Suzannah Ibsen   Berlin, 5. März 1889
Zu einem ordentlichen Brief finde ich hier keine Zeit, da ich jeden Augenblick Besuch habe, wenn ich im Hotel bin. Meine Telegramme hast Du hoffentlich erhalten. Ich kam hier Sonntag morgen an und fand im Hotel die Nachricht, daß die Generalprobe von *[Die Frau vom Meer]* auf den nächsten Tag festgesetzt sei. [...] Gestern vormittag Generalprobe, die zu meiner vollen Zufriedenheit verlaufen ist. Abends hatte man für mich eine Herrengesell-

schaft arrangiert. 16–17 Personen waren anwesend, darunter [Paul] Lindau, [Hans von] Bülow und [Josef] Kainz. (HI XIX, 356)

Ibsen an Julius Hoffory   München, 26. März 1889
Die folgende Woche[9] brachte ich in Weimar zu. Auch dort wurde *Die Frau vom Meer* vortrefflich gespielt. Die Auffassung und Darstellung der Charaktere hatte eine merkwürdige Ähnlichkeit mit der im [Berliner] Schauspielhaus [am 5. März]. Dr. Wangel war hier jedoch in den Einzelheiten nicht ganz so fein ausgearbeitet, auch Lyngstrand war nicht so unvergleichlich echt empfunden und individualisiert. Aber »den fremden Mann« kann ich mir kaum besser denken oder wünschen als in Weimar – eine lange hagere Gestalt mit einem Habichtgesicht, schwarzen stechenden Augen und einem prächtigen, gedämpften Baß. (HI XVIII, 203 f)

Ibsen an Nils Lund   München, 31. März 1889
Am 22. ds. habe ich an den Theaterdirektor Olaus Olsen geschrieben und ihn aufgefordert, umgehend das Honorar für *Die Frau vom Meer* einzuzahlen. Den Brief habe ich nach Christiansand geschickt und um Nachsendung gebeten, falls er abgereist ist. Wieweit man das von norwegischen Postbeamten erwarten kann, weiß ich ja nicht. Eine Antwort von dem erwähnten Olsen habe ich jedenfalls bis heute nicht erhalten. Ich habe Anlaß zu glauben, daß er jetzt in den Städten am Christiansfjord herumreist, und sollten Sie etwas Näheres erfahren können über seinen Aufenthaltsort, so wäre ich Ihnen sehr verbunden, wenn Sie ihn per Postkarte ernstlich auffordern wollten, umgehend den schuldigen Betrag einzuzahlen, da er sonst durch einen Rechtsanwalt eingetrieben werden wird.   (HI XVII, 206)

Ibsen an Camilla Collett   München, 3. Mai 1889
Erlauben Sie mir daher, Ihnen heute mit ein paar Worten meinen herzlichsten Dank zu sagen für das Verständnis, das *Die Frau vom Meer* bei Ihnen gefunden hat.
Daß ich zu allererst gerade von Ihnen ein solches Verständnis er-

9 Ungefähr Mitte März.

warten durfte, davon war ich ja von Anfang an so ziemlich überzeugt. Aber es freute mich doch unsäglich, diese Hoffnung durch
Ihren Brief bestätigt zu sehen.
Ja, da sind Berührungspunkte. Sogar viele. Und Sie haben sie erkannt und gespürt. Ich meine, was da für mich nur als eine Ahnung
stehen konnte.
Aber es ist nun viele Jahre her, daß Sie durch Ihren geistigen Le-
benslauf in der einen oder anderen Form in meiner Dichtung eine
Rolle zu spielen begannen. (HI XVIII, 212)

Paul Lindau über Ibsen   Kristiania, Juli 1894
Da ich nun den größten Teil Norwegens kennen gelernt hatte, interessierte es mich, den Ort der Handlung, den sich Ibsen für seine
Hauptwerke gedacht hat und den er nie näher angibt, mir von ihm
selbst bezeichnen zu lassen. Ibsen sagte mir, er denke selten an einen
bestimmten Ort. Ihm schwebe bei seiner Arbeit gewöhnlich eine
größere Landschaft vor, eine allgemein norwegische Gegend ohne
lokale Beschränkung. [...] für *Die Frau vom Meer* dagegen die
anmutige, fast italienisch wirkende Landschaft von Molde und
dem Romsdalsfjord [...]   (HI XIX, 199)

Hedda Gabler
Schauspiel in vier Akten

Abgeschlossen: 16. November 1890 in München
Erstdruck erschienen: 16. Dezember 1890 in Kopenhagen
Uraufführung: 31. Januar 1891 in München

Ibsen an J. P. Kristensen-Randers   Gossensaß, 7. September 1889
Aber leider besteht keine Aussicht, daß wir bereits im nächsten
Jahr wieder nach Dänemark kommen. Ich trage mich nämlich mit
neuen Plänen zu einer dramatischen Arbeit, und es könnte sein, daß
sie mich weit über den nächsten Sommer mit Beschlag belegt. In
dem Falle müßte ich Ruhe haben und in München bleiben.
(HI XVIII, 219)

Ibsen an Emilie Bardach[1]   München, 7. Oktober 1889
Eine neue Dichtung fängt an in mir zu dämmern. Ich will sie diesen Winter vollführen und versuchen, die heitere Sommerstimmung auf dieselbe zu übertragen. Aber in Schwermuth wird sie enden. Das fühle ich.   (HI XVIII, 233)

Notizen zu *Hedda Gabler* ab Oktober 1889

Die zunehmende Einbildung der verheirateten Dame, eine bedeutende Persönlichkeit zu sein, und als Folge davon die Notwendigkeit, sich eine aufsehenerregende Geschichte verschaffen zu müssen –

Kommt in einer neuen Erzählung oder in einem Schauspiel eine interessante Frauengestalt vor, glaubt sie, die Schilderung beziehe sich auf sie.

Die männliche Umgebung bestärkt sie in diesem Glauben.

Die zwei Freundinnen verabreden, gemeinsam in den Tod zu gehen. Die eine führt ihr Vorhaben aus. Die andere fühlt, was ihr bevorsteht und verliert den Mut. Hier die Wendung –

»Er hat einen widerlichen Gang, wenn man ihn von hinten sieht.«

Sie haßt ihn, weil er ein Ziel hat, eine Lebensaufgabe. Die Freundin hat [ebenfalls] eine, wagt aber nicht, sich ihrer zu bedienen. Ihr persönliches Leben, literarisch behandelt.

Im zweiten Akt das abhanden gekommene Manuskript –
Die Apologie »des Verlorenen« für den Kulturmenschen. Der Mustang und das Rennpferd. Trinkt – ißt Paprika. Haus und Kleider. Aufbegehren gegen Naturgesetze – aber keine Dummheiten, bevor die Position gesichert ist.

Die bleiche, scheinbar kalte Schönheit. Große Forderungen an das Leben und die Lebensfreude. Er, der sie schließlich besiegt hat, als Mensch durchschnittlich, aber als Gelehrter rechtschaffen, begabt und freisinnig.

1 Im Original deutsch.

Das Manuskript, das H[olger] L[øvborg] abhanden kommt, behandelt die Aufgabe des Menschen: Aufwärts, dem Lichtbringer entgegen! Das Leben auf der gegenwärtigen Grundlage der Gesellschaft ist nicht wert, gelebt zu werden. Deshalb sich davon hinwegphantasieren. Durch Trinken usw. – Tesman ist die Korrektheit, Hedda die Blasiertheit. Frau R[ising] der nervös-hysterische Gegenwartsmensch. Brack ein Vertreter der subjektiv-bürgerlichen Auffassung.

So verschwindet H. [Løvborg] aus dem Bild. Und die beiden [Frauen] sitzen da mit dem Manuskript, das sie nicht deuten können. Die Tante ist dabei. Welche Ironie über das menschliche Streben nach Entwicklung und Fortschritt.

Zwischendurch zeigt sich Holgers Doppelnatur. Allein durch die Verwirklichung des niedrig Bürgerlichen kann er für seinen großen zentralen Gedanken eine Position gewinnen.

Frau Rising fürchtet, H. sei, obwohl »exemplarisch ordentlich«, nicht normal. Seine Gedankengänge kann sie nämlich nur ahnen, nicht verstehen. Zitiert Äußerungen von ihm – – –

Man spricht davon, im Interesse der Entwicklung Eisenbahnen und Straßen zu bauen. Nein, nein, das ist es nicht. Sie wollen Platz bereiten für den kommenden großen Aufschwung des menschlichen Geistes, denn der befindet sich auf Abwegen. Der menschliche Geist ist auf Abwege geraten.

Holger: Ich war auf dem Bummel, bin liederlich gewesen. Aber das macht nichts. Die Polizei weiß davon, das ist die Hauptsache.

H. L. ist verzweifelt, weil er die Welt beherrschen will, aber sich nicht selbst beherrschen kann.

Tesman glaubt, er habe H. L. dazu verlockt, wieder mit den Ausschweifungen zu beginnen. Das ist aber nicht der Fall. Es ist, wie Hedda gesagt hat, daß sie *ihn* begehrte, als sie von »dem berühmten Mann« sprach. Aber das wagt sie nicht Tesman zu sagen.

H. L. hat im »Manuskript« Aufzeichnungen zum Verständnis seiner Persönlichkeit gemacht. Das eben wollen die beiden deuten, *können* es aber nicht.

Brack hat einen Hang, als Junggeselle zu leben und sich auf diese Weise Zugang zu guten Familien zu schaffen, Hausfreund zu werden, unentbehrlich – – –

Man sagt, es sei ein Naturgesetz. Nun gut, aber dann opponiert man dagegen. Verlangt seine Abschaffung. Warum davor weichen? Warum sich ihm auf Gnade und Ungnade ergeben? –

Im Gespräch zwischen T[esman] und L[øvborg] sagt der letztere, er lebe für seine Wissenschaft. Der erstere erwidert, dann könne er konkurrieren – (T. lebt nämlich *von* seiner Wissenschaft), das ist es.

(Tesman) sagt: Keiner Fliege könnte ich was zuleide tun! L[øvborg]: Gut, dann kann ich dir sagen, ich bewerbe mich um die Professur. Wir sind Rivalen.

Sie hat Respekt vor seinem [Tesmans] Wissen, einen Blick für seinen noblen Charakter, geniert sich aber wegen seines unscheinbaren, lächerlichen Wesens, spottet über sein Benehmen und verhöhnt seine Äußerungen.

Die Tante stellt allerlei verblümte Fragen, um das zu erfahren, was ihre Phantasie am meisten bewegt.

Aufzeichnungen

Eines Abends, als Hedda und Tesman zusammen mit anderen von einer Gesellschaft nach Hause gingen und an einer hübschen Villa vorbeikamen, äußerte Hedda, dort möchte sie gern wohnen. Sie meinte es so, aber sie sagte es, um das Gespräch mit Tesman im Gange zu halten. »Denn er *kann* sich ja nicht unterhalten.«
Die Villa war nämlich damals zu vermieten oder zu verkaufen. (Sie hatte einer alten, nunmehr verstorbenen Staatsrätin gehört.) Tesman galt als ein Mann der Zukunft. Und als er sich dann erklärte und erzählte, daß auch er davon geträumt habe, dort zu wohnen, schlug sie ein. Die Villa gefiel nämlich auch ihm.
Beide haben die gemeinsame Liebe zu diesem Haus als ein Zeichen gegenseitiger Sympathie gesehen. Als ob sie ein gemeinsames Heim suchten und von diesem Gedanken angezogen wurden.
Er mietet also die Villa. Sie heiraten und reisen ins Ausland. Dann

läßt er sie erwerben, und die Tante möbliert das Haus auf seine Rechnung. Es ist also nun ihr Heim und doch nicht ihr Heim, denn es ist nicht bezahlt. Alles hängt von seiner Professur ab.

Als aber Hedda als junge Frau mit einem unklaren Verantwortungsbewußtsein zurückkehrt, ist ihr alles zuwider. Sie empfindet eine Art Haß auf das Haus, weil es ihr Heim geworden ist. Das vertraut sie Brack an, aber Tesman verschweigt sie es.
Das Stück soll vom »Unerschwinglichen« handeln, vom Streben und Trachten nach etwas, das der Konvention, dem Herkömmlichen, im Bewußtsein widerspricht – auch bei Hedda.

Die Geschichte mit dem Hut bringt Tante Rising aus der Fassung. Sie geht. – – – »Daß man glauben konnte, er gehöre dem Dienstmädchen! Das geht wirklich zu weit! Daß der Hut, den ich nun schon über neun Jahre trage, für den Hut des Dienstmädchens gehalten wird, das ist ja wahnsinnig!«

Hedda: Ja, damals fand ich, es müsse herrlich sein, dies zu besitzen und hier zu wohnen.
Brack: Aber nun widersprechen Sie sich ja selbst.
Hedda: Das mag sein, aber so ist es nun mal.

Hedda: Ich verstehe nicht, daß Menschen sich so aufopfern können. Wie z. B. Fräulein Rising. Da hat sie eine gelähmte Schwester zu Haus im Bett liegen – seit Jahren. Glauben Sie, sie betrachtet es als ein Opfer, für dieses arme Geschöpf zu leben, das sich auch noch selbst zur Last fällt? Durchaus nicht! Ganz im Gegenteil! Ich verstehe das nicht.

Hedda: Und wie die hinter verheirateten Männern her sind! Wissen Sie was, Assessor, Sie stehen sich selbst im Wege, wenn Sie nicht heiraten.
Brack: Ungefähr kann ich mich aber doch als verheiratet betrachten.
Hedda: Natürlich können Sie das – im gewissen Sinne – sogar in mehrfacher Beziehung. –
Brack: In mehrfacher? Wie meinen Sie das?
Hedda: Nein, das sage ich nicht.

Als Frau Elfstad sagt, daß der erste Teil von Løvborgs Buch von der historischen Entwicklung der »Gesellschaftslehre« handelt und daß später ein weiterer Band erscheint, wirft Tesman ihr einen leicht verdutzten Blick zu.

Wirkliche Eltern gibt es nur wenige in der Welt. Die meisten [Kinder] werden von Onkel und Tanten erzogen – entweder unbeachtet und unverstanden oder auch verzogen.

Hedda wirft ihm vor, daß er jeder Versuchung ausweicht. Er antwortet, sie tue dasselbe auf ihrem Gebiet. Die Wette! – Er verliert! – Frau Elvsted ist zur Stelle. Hedda: Keine Gefahr! – Er verliert. Die weibliche Phantasie ist nicht so aktiv und eigenschöpferisch wie die männliche. Sie braucht zu ihrer Unterstützung etwas Wirklichkeit.

Løvborg führt das Leben eines »Bohemiens«. Hedda fühlt sich ebenfalls dorthingezogen, wagt aber nicht den Sprung.

Hedda ist im Grunde tief poetisch veranlagt. Aber die Umgebung verängstigt sie. Schlimm, wenn man sich lächerlich machte!

Es wird Hedda klar, daß sie sich weit mehr als Thea von ihrem Mann entfernt hat.

Das jungverheiratete Paar kehrt im September zurück, wenn der Sommer schwindet. Im zweiten Akt sitzen sie im Garten, aber schon mit Mänteln.

Die Angst, die eigene Stimme zu hören. Etwas Fremdes, nicht Dahingehörendes.

Neuester Plan
Schon im ersten Akt wird das Fest in Tesmans Garten eingeleitet – und Løvborgs Untergang. Im zweiten Akt das Fest.

Hedda weigert sich energisch, die Gastgeberin zu sein. Will nicht ihre Ehe feiern, weil sie (nach ihrer Meinung) keine – Ehe ist.

Holger [später Ejlert]: Du siehst es nicht. Ich bin schuld an deiner Ehe.

Hedda ist der Typ einer Dame in ihrer Stellung und mit ihrem Charakter. Sie heiratet [zwar] Tesman, beschäftigt sich aber in ihrer Phantasie mit Ejlert Løvborg. Sie lehnt sich in den Stuhl zurück, schließt die Augen und stellt sich Løvborgs Abenteuer vor. – Dies ist der ungeheure Unterschied. Frau Elfsted »arbeitet an seiner moralischen Besserung«. Für Hedda ist er das Objekt feiger, lockender Träumereien. In Wirklichkeit fehlt ihr [jedoch] der Mut, so etwas mitzumachen. Dann kommt die Entdeckung ihres [schwangeren] Zustandes. Gebunden! Begreift es nicht. Lächerlich! Lächerlich!

Der traditionelle Irrtum, nur *ein* Mann passe für *eine* Frau. Hedda steckt im Konventionellen. Sie heiratet Tesman, aber ihre Phantasie ist bei Ejlert Løvborg. Seine Flucht vor dem Leben widert sie an. Er seinerseits glaubte, in ihrer Achtung gestiegen zu sein. – Thea Elfsted ist eine konventionelle, sentimentale, hysterische Spießbürgerin.

[Løvborg]: Diese Spießbürger, Frau E. und Tesman, glauben, ich gehe aus und betrinke mich und bin dann unzurechnungsfähig. Es ist die Flucht vor der Wirklichkeit, eine Flucht, die für mich eine Notwendigkeit ist.

E. L[øvborg]: Gib mir etwas – zum Abschied – eine Blume oder so.
Hedda reicht ihm den Revolver.
Da kommt Tesman hinzu: Ist er gegangen?
[Hedda]: Ja.
[Tesman]: Glaubst du, daß er immer noch [mit mir um die Professur] konkurrieren will?
[Hedda]: O nein, jetzt kannst du ruhig sein.

Tesman erzählt, als sie in Graz waren, wollte sie nicht ihre Verwandten aufsuchen –
Er mißversteht ihre eigentlichen Motive.

Im letzten Akt beratschlagen Tesman, Frau Elfsted und Fräulein Rysing. Währenddessen spielt Hedda im Hinterzimmer [auf dem Piano]. Sie hält inne. Das Gespräch geht weiter. Da zeigt sie sich in der Tür: »Gute Nacht, jetzt gehe ich. Braucht ihr mich noch?« – Tesman: »Nein, durchaus nicht. Gute Nacht, meine Liebe!« – Der Schuß fällt. –

Schluß

Alle eilen in das Hinterzimmer. Brack sinkt wie gelähmt in einen Stuhl am Kamin: »Mein Gott, sowas *tut* man doch nicht!«

Als Hedda ihre Absichten gegenüber Brack andeutet, sagt er nur: »Ja ja, höchst amüsant – Hahaha!« Den Ernst im Unterton versteht er nicht.

Darin hat Hedda recht: Tesman bringt ihr keine Liebe entgegen. Die Tante auch nicht, so liebenswürdig sie auch ist.

Ejlert Løvborg ist eine Doppelnatur. Es ist eine Fiktion, daß man nur *einen* Menschen liebt. Er liebt zwei – oder mehrere – (frivol gesagt) abwechselnd. Aber wie seine eigene Situation erklären? Frau Elfsted, die ihn zur Korrektheit zwingt, verläßt ihren Mann. Hedda, die ihn aufs Blut reizt, weicht zurück bei dem Gedanken an einen Skandal.

Hier geht es um das, was weder er noch Hedda versteht.
Tesman liest in dem aufgefundenen Manuskript von »den beiden Idealen«. Frau Elfsted kann ihm nicht erklären, was E. L[øvborg] damit meint. Und nun kommt das Groteske: Tesman und Frau E. setzen ihr Leben dafür ein, das Rätsel zu lösen.

Tesman glaubt, Hedda hasse E. L[øvborg].
Das glaubt auch Frau Elfsted.
Hedda merkt deren Irrtum, aber [durchgestrichen: kann] wagt nicht, ihnen den Glauben zu nehmen.
Es ist schön, für ein Ziel zu streben. Sogar für einen Irrtum –
Sie kann es nicht. Kann sich nicht dazu entschließen.
Und erschießt sich.
Das zerstörte Manuskript heißt [durchgestrichen »Die Philosophie] »Die Sittenlehre der Zukunftskultur«.

Tesman verliert fast den Kopf. Alle seine Sammlungen bedeutungslos. Neue Gedanken! Neue Anschauungen! Eine neue Welt!
Und so sitzen die beiden da und versuchen, einen Ausweg zu finden. Können es nicht.

Der große Jammer dieser Welt ist, daß so viele [Menschen] nichts anderes tun als dem Glück nachzujagen, ohne es zu finden.

»Aus Jochum Tesman ist ein Jørgen Tesman geworden – aber es wird lange dauern, ehe dieser Jørgen einen Georg hervorbringt.«

Das Bild: Lebensreise = Eisenbahnfahrt.

H[edda]: Man springt nicht so leicht aus einem Coupé. – Während der Zug fährt. – Auch nicht, wenn er hält. Es könnte jemand auf dem Bahnsteig stehen, der zusieht.

Hedda: »Von dem Skandal zu träumen – ja, das verstehe ich sehr wohl. Aber ihn zu verursachen – nein, nein, nein!«

Løvborg: Jetzt sehe ich es. Mein Ideal war eine Illusion. Sie sind nicht um ein Haar besser als ich. Jetzt habe ich nichts mehr, wofür ich leben könnte. Außer dem Genuß – den Ausschweifungen, wie Sie es nennen.

[Hedda]: Moment, ein Geschenk. (Die Pistole)

Tesman ist kurzsichtig. Trägt eine Brille. Nein, die schöne Rose! Dabei steckt er die Nase in den Kaktus. Seit jener Zeit –!

NB

Der gegenseitige Frauenhaß. Die Frauen haben keinen Einfluß auf die äußeren Staatsangelegenheiten. Deshalb wollen sie die Seelen beeinflussen. Und viele haben kein Lebensziel (wie die vorige Generation).

Løvborg und Hedda am Tisch mit den Photographien. Er: »Wie ist das möglich?« – Sie: »Warum nicht?« – L.: »Tesman! Den sie nicht genug zum Narren halten konnten – – –« Dann kommt die Geschichte von dem verabschiedeten General, der in »Ungnade« gefallen war usw. – Das Schlimmste für eine Balldame, nicht um ihrer selbst willen gefeiert zu werden – L: »Und Tesman? Er nahm Sie nur als Person. Unerträglich, der Gedanke!«

[Sie:] Gerade durch die Ehe mit Tesman bin ich nach meiner Meinung so unendlich weit von ihm entfernt worden.

Er: »Seht nur! Seht sie an!« – Hedda (streicht ihr übers Haar): »Ist sie nicht hübsch?«

Männer und Frauen gehören nicht ins gleiche Jahrhundert. – Großes Vorurteil, daß man nur *einen* liebt!

Hedda und Brack unterhalten sich über das Reisen zwischen kleinen Universitätsstädten. Hedda: »Nun ja, die kurze Reise durch Tirol rechne ich ja nicht –«

Brack (zu Tesman): »Sind Sie denn blind und taub? Sehen Sie nicht? Hören Sie nicht –?«

Tesman: »Bringen Sie das Manuskript mit. Und lesen Sie es mir vor!«

Das Dämonische in Hedda: Sie will Einfluß ausüben auf einen anderen. Ist es gelungen, so verachtet sie den Betreffenden – Das Manuskript?

Im dritten Akt fragt Hedda Frau Elfsted: »Wenn er nun schon so ist, woran soll man sich dann halten – Ja, ja – – –«

Heddas Entdeckung im dritten Akt, daß ihr Verhältnis zu dem Dienstmädchen unmöglich richtig sein kann.

In Gesprächen mit Hedda sagt Løvborg: »Fräulein H – Fräulein – Ja – ich glaube nicht, daß Sie eine Frau sind.«

Hedda: »Und nun sitze ich hier und rede mit diesen Spießbürgern – – Und wie wir sprechen konnten – Nein, ich will es nicht sagen. – Sprechen? Was meinen Sie? Liederlich? Pfui, sagen wir unanständig.«

NB!!

Während des großen Dialogs zwischen Hedda und E. L[øvborg] tritt die Wendung im Stück ein.

Er: »Welch ein Jammer, sich nach der bestehenden Moral zu richten! Das Ideal wäre, wenn ein Mensch der Gegenwart das Leben der Zukunft leben könnte. Welch ein Elend, um eine Professur zu kämpfen!«

Hedda – das hübsche Mädchen!

H[edda]: »Nun?«

E. L.: »Ich sage es ja. Das hübsche, kalte – marmorkalte Mädchen! Im Grunde bin ich nicht ausschweifend. Aber die Wirklichkeit ist nicht zu ertragen –«

Im fünften Akt: Hedda – Das ungeheuer Komische daran ist, daß der brave Tesman und die gutherzige Frau E[lfsted] versuchen, die einzelnen Teile [des Manuskripts] zu einem Nachruf über E. L[øvborg] zusammenzufügen, wo er doch das Ganze so tief verachtet –

Das Leben geht für Hedda in einer Lächerlichkeit auf, die »es nicht wert ist, sie bis zu Ende mit anzusehen«.

Die schönste Aufgabe ist es, den Menschen der Gegenwart in die Verhältnisse der Zukunft zu versetzen.

L: Bringe keine Kinder zur Welt, H[edda]!

Wenn Brack von einem »Dreiecksverhältnis« spricht, denkt Hedda auch daran und äußert sich verblümt darüber. Brack versteht es nicht.

Brack erträgt es nicht, in Häuser zu kommen, wo kleine Kinder sind. »Kinder sollten erst mit 14–15 Jahren existieren, d. h. Mädchen. Und Jungen? Sollten gar nicht vorkommen – oder doch außerhalb des Hauses erzogen werden.

H[edda] erklärt, auch für sie seien Kinder immer ein Grauen gewesen. Hedda wehrt sich heftig, wenn auch unklar, gegen die Auffassung, man solle »familienweise« lieben. Die Tanten bedeuten ihr nichts.

E. L[øvborgs] Beichtvater zu spielen, war für H[edda] eine Befreiung, da ihre heimliche Sympathie ihm galt. – Aber daß alles so häßlich an die Öffentlichkeit drang! Da zog sie sich von allem zurück.

Hauptpunkte

1. Nicht alle sind zu Müttern geboren.
2. Der wahrscheinliche Zug steckt in ihnen, aber sie haben Angst vor einem Skandal.
3. Sie verspüren Lebensaufgaben ihrer Zeit, können sie aber nicht erfassen.

Tesman ist eigentlich kein Fachmann, nur Spezialist. Das Mittelalter ist tot. –

T[esman]: »Da siehst du auch einen großen Vorteil meines Studiums. Ich kann Manuskripte verlieren und sie noch einmal schreiben – ohne Inspiration –

Hedda ist ganz von dem Kind erfüllt, das sie erwartet. Wenn es aber gekommen ist, graut ihr vor den Folgen –

Im Stück muß Hedda sagen, daß sie auf der Reise nicht gern aus dem Coupé stieg. Warum nicht? »Ich mag nicht meine Beine zeigen.« – »Aber, Frau Hedda, die können sich doch wirklich sehen lassen.« – »Ja, aber trotzdem nicht.«

Sich erschossen! Sich erschossen.
Brack (taumelt in den Lehnstuhl): »Mein Gott – sowas *tut* man doch nicht!«

NB!!

Ejlert Løvborg trägt sich mit dem Gedanken, man müßte zwischen Mann und Frau ein Kameradschaftsverhältnis aufbauen, aus dem der wahrhaft geistige Mensch hervorgehen kann. Alles übrige, was zwei [Menschen] treiben, gehört nicht dazu und ist unwesentlich. Das eben versteht die Umgebung nicht. Er ist für andere eine ausschweifende Person. Im Inneren nicht.

Kann ein Mann mehrere Freunde haben, warum dann nicht auch mehrere Freundinnen?

Gerade die im Umgang mit weiblichen »Freunden« oder »Kameraden« gesammelten Erfahrungen sind es, die in seinen Ausschweifungen zum Ausdruck kommen.

[Løvborg]: »Jetzt gehe ich. Haben Sie mir nicht etwas mit auf den Weg zu geben? Sie haben doch Blumen – und so viele andere Dinge –« (Die Geschichte mit der Pistole von vorhin) – »Sie brauchen sie doch trotzdem nicht –«

Aber als Hedda im vierten Akt erfährt, daß er »sich erschossen« hat, jubelt sie auf – Er hatte [also doch] den Mut.

Und so geht es hier weiter im Manuskript.

Schluß

Das Leben ist nicht traurig – Es ist lächerlich – Und *das* ist unerträglich.

Haben Sie die Romane gelesen? Alle, die auf den Grund gehen – durch den Kopf – nicht durch den Magen – Das Lächerliche – das Barocke –

Im Gespräch mit Thea äußert Hedda im ersten Akt: »Ich verstehe nicht, wie man sich in einen unverheirateten Mann verlieben kann – oder in einen unverlobten – oder einen unverliebten –«
[Thea]: »Aber Tesman war doch unverheiratet.«
H: »Gewiß.«
Th: »Und du hast ihn [trotzdem] genommen.«
H: »Ja, das tat ich.«
Th: »Wie kannst du dann sagen, daß – Ich meine, nun *ist* er doch verheiratet!«
H: »Ja, aber nicht mit einer anderen.«

Brack versteht sehr wohl, daß Heddas Verschlossenheit, ihre Hysterie, das eigentliche Motiv ihrer ganzen Handlungsweise ist.
H. ihrerseits ahnt, daß Brack sie durchschaut, glaubt aber nicht zu verstehen.

H[edda]: Einem anderen etwas zu nehmen, muß wunderbar sein.

Wenn H. im fünften Akt mit B[rack] über die beiden spricht, die sich mit dem Zusammenflicken des Manuskripts befassen, ohne das nötige Verständnis aufzubringen, bricht sie in Lachen aus. – Dann das Pianospiel – dann – –

Die Männer – in den unbeschreiblichsten Situationen sind sie lächerlich.

NB!

Eigentlich will sie des ganzen *Mannes* Leben leben. Aber dann kommen ihr Bedenken. Die ererbten und die anerzogenen.

Die Tantenliebe. – Die meisten Menschen scheinen von männlichen und weiblichen Tanten geboren.

Es geht um die »unterirdischen Kräfte und Mächte«. Die Frau als Grubenarbeiterin. Nihilismus. Vater und Mutter verschiedenen Zeitaltern angehörend. Die weibliche unterirdische Revolution im Denken.

[Løvborg]: »Warum soll ich mich nach einer Gesellschaftsmoral richten, von der ich weiß, daß sie kein halbes Menschenalter mehr bestehen wird? Wenn ich ausarte, wie sie es nennen, dann ist das eine Flucht aus der Gegenwart. Nicht weil ich Freude am verruchten Leben hätte, dazu stecke ich zu tief im Bestehenden.« –
Thea, das kleine Dummerchen, versteht nichts davon. Trotzdem ist sie reizend. Sie trägt unbewußte Zukunft in sich.

Woran arbeitet Tesman?
Hedda: An einem Buch über brabantische Heimarbeit im Mittelalter.

[Løvborg]: Ich muß mich wie ein Idiot benehmen, um verstanden zu werden. Als ob ich mich in den Augen des Mobs, des heutigen Pöbels, rehabilitieren wollte.

Als ich das neue Buch hinter mich gebracht hatte, stand mir eine neue glänzende Arbeit bevor. Dabei müssen Sie [mir] helfen. Ich brauche Frauen, Hedda –! Im Mittelalter bekam eine Frau Gewissensbisse, wenn sie entdeckte, daß sie mit ihrem Neffen verheiratet war. –

Sollte sich da die Zukunft nicht auf das Große, das Gute, das Schöne ausrichten, wie Tesman sagt?
Doch! Aber das Große, das Gute, das Schöne wird in Zukunft nicht das sein, was wir uns denken –
H[edda]: Da war besonders eine Rothaarige, die ich auf der Straße gesehen habe.
Br[ack]: Ich weiß, wen Sie meinen.
H.: Sie nannten sie – Es war ein hübscher Name –
Br.: Den Namen kenne ich auch. Aber woher können Sie wissen, daß er so hübsch war? –
H.: Ach, Sie sind dumm, Herr Assessor.

Der Reisende mit seinem Koffer auf dem Bahnhof. Er entscheidet, wohin er will und löst ein dementsprechendes Billett. Der Koffer wird befördert.

Hedda: Schlanke, mittelgroße Figur. Edel geformtes, vornehmes Gesicht mit feiner wachsfarbener Haut. Verschleierter Blick. Das Haar dunkelblond, nicht besonders dicht. Leichter Morgenrock, weit mit blauem Besatz. Ruhige Umgangsformen. Die Augen stahlblau mit mattem Glanz.

Frau Elfsted von zartem Körperbau. Runde Augen, etwas vorstehend, fast wasserblau. Zartes Gesicht mit sanften Zügen. Nervöse Zuckungen, verängstigter Ausdruck – – –

Siehe oben. E. L[øvborgs] Ideen über Kameradschaftsehe – Der Rettungsgedanke.

Dürfen wir wegen der gesellschaftlichen Moral mit ihnen (den Frauen) nicht sittlich leben, dann leben wir unsittlich –

Tesman: Das Neue in E. L[øvborgs] Buch ist die Lehre von der Entwicklung auf Grund der Kameradschaft zwischen Mann und Frau.

Heddas Grundforderung ist: Ich will alles wissen, aber rein bleiben! Alles will ich wissen – alles – alles –
H: Wenn ich doch wie er gelebt haben könnte!

Geht es um Brabant? Was ist das?

Die Wette um die beiden Pistolen.

Frl. T[esman]: Ja, ja, dies ist das Haus der Gesundheit und des Lebens. Jetzt gehe ich heim in das Haus der Krankheit und des Todes. Gott segne euch beide. Von jetzt ab komme ich jeden Tag und frage Berte, wie es euch geht –

Im dritten Akt sagt H[edda] zu E. L[øvborg], sie lege keinen Wert auf die großen Verhältnisse, auch nicht auf große Gedanken – wohl aber auf die überragende menschliche Freiheit. – Mut hat sie aber nicht.

Die zwei Ideale! Tesman: »Was um Himmels willen meint er damit? Was? Was haben wir mit Idealen zu tun?«

Das neue Buch handelt von »den beiden Idealen«. Thea kann nichts darüber sagen.

NB!

Brack hatte immer geglaubt, Heddas Verlobung mit Tesman würde in die Brüche gehen.

Hedda erzählt, wie sehr sie sich Schritt für Schritt beiseite gesetzt fühlte, als ihr Vater in Ungnade gefallen war, seinen Abschied nahm und starb, ohne etwas zu hinterlassen. – Sie empfand es so bitter, als habe man sie [nur] wegen ihres Vaters gefeiert. – Dabei war sie schon zwischen 25 und 26 Jahre. Nahe daran, unverheiratet zu enden.

Sie meint, Tesman empfinde im Grunde nur einen eitlen Stolz, sie gewonnen zu haben. Seine Sorge um sie gleicht der, die man einem edlen Reitpferd oder einem kostbaren Jagdhund entgegenbringt. – Das regt sie eigentlich nicht auf. Für sie ist es eben nur eine Tatsache.

Hedda erklärt Brack, man könne Tesman nicht lächerlich nennen. Aber im Grunde findet sie es doch. Später erscheint er ihr auch noch bemitleidenswert.
Tesman: »Könntest du mich nicht beim Vornamen nennen?«
Hedda: »Nanu? Dann müßtest du dir erstmal einen anderen Namen anschaffen.«

Tesman nimmt Løvborgs Manuskript an sich, damit es nicht [endgültig] verlorengehe. Wie um ihn zu prüfen, bringt Hedda ihn mit losen Äußerungen dazu, es zu behalten.
Er liest es. Neue Gedanken tauchen in ihm auf. Aber die Situation wird gespannt. Hedda weckt seine Eifersucht.

Im dritten Akt kommt alles heraus über Løvborgs Nachtleben. Zuletzt erscheint er selbst in heller Verzweiflung. »Wo ist das Manuskript? – Habe ich es nicht hier liegenlassen?« Er *weiß*, daß er es nicht getan hat. Aber was nützt ihm überhaupt noch das Manuskript? Er schreibt [doch] über »Die Sittenlehre der Zukunft«! Er, der gerade eben aus dem Polizeiarrest entlassen worden ist!

Heddas Verzweiflung ist die Vorstellung, daß es sicher genug Möglichkeiten zum Glück auf Erden gibt, aber daß sie sie nicht zu erkennen vermag. Ihr fehlt ein Lebensziel – und das quält sie.

Wenn Hedda T[esman] dazu verleitet, E[jlert] ins Verderben zu stürzen, geschieht es, um T's Charakter zu erproben.

Es liegt an Heddas Nähe, daß der Hang zu Ausschweifungen immer wieder E. L[øvborg] überwältigt.

Tesman kann nicht verstehen, daß E. L. seine Zukunft auf der Übervorteilung eines anderen aufzubauen gedenkt.

Fräulein R. [später Juliane Tesman] (geht im Zimmer umher): »So – nun kann man doch die ganze Herrlichkeit überblicken. Macht wirklich Eindruck, Berte. Blumen hier und da.«
Berte: »Die sind alle gestern abend gekommen. Damit sie sich frisch halten natürlich. Aber diese hier hat eine Dame selbst gebracht – kurz, bevor Sie selbst kamen.«
Fräulein Rising: »Ja, so soll es auch sein, wenn ein junges Paar von der Hochzeitsreise kommt. Dann –«

E. L[øvborg]: Ich kann Sie unmöglich Frau T[esman] nennen. Für mich bleiben Sie H[edda] G[abler].
Sowohl Fräulein T. als auch B. haben gesehen, was H[edda] bevorsteht. – T[esman] dagegen ruft aus: »Mein Gott, davon hatte ich keine Ahnung!« Als Ejlert zu Hedda sagt, er könne Thea nicht eingestehen, wie das Buch verschwunden ist, meint H[edda]: »Ich glaube kein Wort davon.« – E. L[øvborg]: »Ich fühle, es wird entsetzlich für sie.« (HXI, 496 ff)

Plan-Skizze
Hedda
Schauspiel in vier Akten

Erster Akt
Jørgen Tesman und Hedda sind soeben von einer halbjährigen Hochzeitsreise aus dem Ausland zurückgekehrt. Man hatte ihm ein hohes Staatsstipendium gewährt, auf Grund dessen er im Ausland den Doktortitel erwerben konnte. Ist als Professor für Kunstgeschichte vorgeschlagen. Die Kindheit hat er im Haus seiner zwei unverheirateten Tanten Rysing zugebracht, von denen die eine nach einem Schlaganfall gelähmt und seitdem bettlägerig ist. Die Erziehung durch die beiden alten Damen hat seinen Charakter und

seine Persönlichkeit beeinflußt. Er ist gewandt, fleißig, [aber] durchschnittlich begabt, früher in der Schule eine »Leuchte«, doch unselbständig, ratlos, hat nie gelernt, sich selbst zu helfen. Während seiner Abwesenheit haben Tante Jane [Julle] und Assessor Brack seinem Wunsch gemäß eine Villa für ihn gekauft, von der er immer geträumt hat und von der er glaubt, daß auch Hedda für sie schwärmt. Bei seiner Rückkehr ist er 33–34 Jahre alt.

Hedda, seine Frau, Tochter des verstorbenen Generals Gabler, war ein gefeierter Ballgast. Sie ist jetzt 28–29 Jahre, eine wachsbleiche Schönheit mit verhaltenen Gesten.

Assessor Brack ist ein eleganter Gesellschafter, der viel im Haus Gabler kam und Heddas ausgemachter Ballkavalier war. Er ist ein Junggeselle von 42–43 Jahren. Konversiert gut mit frivolem Unterton.

Szenenablauf

Tante Jane wird von dem alten Dienstmädchen Berte in den Salon geführt. Sie findet alles prachtvoll eingerichtet, freut sich über ihr Werk. Gespräche informieren über die Verhältnisse.

Jørgen Tesman kommt aus den Schlafzimmern. Berte ab. Langes herzliches Gespräch mit der Tante.

Hedda tritt auf. Zieht die Jalousie hoch und bekommt fast einen Schreck bei dem Anblick der herbstlichen Landschaft. (Es ist Mitte September.) Unten im Süden war es noch warmer Sommer. Leicht angedeutete Unzufriedenheit mit verschiedenen Dingen. Auseinandersetzung mit Fräulein Rysing. Wird von ihr und Tesman als Müdigkeit nach der Reise aufgefaßt. Fräulein Rysing ab.

Gespräch zwischen Tesman und Hedda.

Er: »Könntest du sie nicht mit Rücksicht auf mich duzen und »Tante« nennen?«

Sie: »Warum nicht Tantchen Jane? Das klingt doch gar geschmackvoll?«

Er: »Wenn sie aber doch so großen Wert darauf legt.«

Sie: »Dann soll ich dich vielleicht auch noch Jørgen nennen? Das klingt dann wohl ebenso gut?«

Er: »Wenn du wüßtest, wieviel wir ihr zu verdanken haben!«

Sie: »Wieso wir? – Irgendwo gibt es da eine Grenze, wie sehr zwei Menschen miteinander verheiratet sind.« (Weiter nach Konzept.)

Frau Elfsted wird gemeldet und tritt ein. Szene zwischen ihr, Tesman und Hedda. Sie ist einige Jahre jünger als Hedda, schmächtig und verängstigt. Große runde Augen. Gespräch ungefähr laut Konzept. Frau E. erzählt, daß L[øvborg] hierher gereist ist mit seinem Manuskript, um mit Tesman zu sprechen. Hedda bringt Tesman dazu, an ihn zu schreiben. T. ab in sein Zimmer.

Hedda und Frau Elfsted in vertraulichem Gespräch. Hauptsächlich laut Konzept.

Tesman zurück mit dem Brief. Kurze Szene zwischen ihm und den Damen. Berte meldet den Assessor, soll den Brief befördern.

Assessor Brack kommt. Szene zwischen ihm, Tesman, Hedda und Frau Elfsted. Brack lädt T. zu einem Herrenabend am selben Tag ein. Jener lehnt ab, da er [schon] E. L[øvborg] zu sich gebeten hat. Brack: »Kann ich nicht rückgängig machen, alles ist verabredet.« Hedda: »Kommt L., dann empfange ich ihn. Und Frau E. kann ja auch kommen.«

So wird es beschlossen. Die Damen gehen.

Brack und Tesman in längerem Gespräch. Die Gerüchte von der Konkurrenz werden aufs Tapet gebracht. T. gerät in Angst und Unruhe. Hedda zurück.

Brack, Tesman und Hedda. Tesman: »E. L. will gegen mich opponieren.«

Sie: »Was meinst du damit?« – Erklärung. Sie beruhigt. B. ab.

Tesman und Hedda in kurzem Dialog. Hedda ab in ihr Zimmer. T. bleibt am Tisch.

Zweiter Akt

Hedda im Abendkleid am Ofen. Assessor Brack kommt. Längerer Dialog zwischen den beiden.

Tesman kommt aus der Stadt zurück, hat unterwegs das neue Buch von L[øvborg] und eine Zeitung gekauft. Gespräch anders als im Konzept. Tesman ab in sein Zimmer.

Hedda und Brack wieder allein. Sie klagt, daß sie kein Lebensziel hat, ist gleichzeitig empört, daß T. sich damit abgefunden hat. Sie könnte ja seine Interessen teilen.

Tesman zurück. Gespräch zwischen ihm, Hedda und Brack.

Ejlert Løvborg kommt. Szene zwischen ihm, Tesman, Hedda und Brack. Tesman und Brack ab ins Nebenzimmer.

Ejlert Løvborg und Hedda allein. Das Gespräch wird ihrerseits ausweichend geführt.

Frau Elfsted kommt. Zunehmend heftiger Auftritt zwischen Ejlert Løvborg und Hedda.

Tesman und Brack zurück. T. erstaunt. B. versteht. »Nehmen Sie ihn mit!« Frau E. entsetzt. H. beobachtet gespannt. Verhöhnt seine Feigheit. Sein Stolz regt sich. Ist in Verzweiflung: »Gut, ich gehe mit.« Frau E. wagt nicht zu widersprechen. Alle drei ab.

Hedda und Frau Elfsted allein. H.: »Bleibe hier! Du darfst nicht eher gehen, als bis T[esman] zurück ist. Und wenn es die ganze Nacht dauert.«　　　　　　　　　　　　　　　　　　(HI XI, 517 ff)

Ibsen an Emilie Bardach[2]　　　　　　　　München, 19. November 1889
Über meine dichterische Erlebnisse und »Erfolge« in der letzten Zeit hätte ich eigentlich recht Vieles zu erzählen. Aber das muss vorläufig aufgeschoben werden. Ich bin gegenwärtig mit Vorarbeiten zu der neuen Dichtung recht eifrig beschäftigt. Sitze fast den ganzen Tag an meinem Schreibtisch. Gehe nur Abends ein Bischen aus. Träume und erinnere und dichte weiter. Dichten ist schön; aber die Wirklichkeit kann doch dann und wann noch viel schöner sein.　　　　　　　　　　　　　　　　　　　　(HI XVIII, 231)

Ibsen an August Larsen　　　　　　　　München, 27. Juni 1890
Die Aufführung von *Gespenster* in Paris und alles, was damit zusammenhing, hat die Arbeit an meinem neuen Schauspiel beträchtlich gestört. Aber jetzt geht alles wieder seinen Gang. Doch bezweifle ich, das Stück vor Ende Oktober fertig zu haben.
[. . .]
Einen längeren Sommerausflug werde ich dieses Jahr nicht unternehmen. Ich arbeite nämlich im allgemeinen leichter und schneller in gewohnter Umgebung.　　　　　　　　　　　　　(HI XVIII, 247)

Ibsen an Carl Snoilsky　　　　　　　　München, 29. Juni 1890
Ich bin nämlich zur Zeit mit einer neuen dramatischen Arbeit beschäftigt, deren Vollendung leider aus verschiedenen Gründen be-

2 Im Original deutsch.

deutend verspätet ist. Und ohne das Konzept fertig zu haben, verlasse ich München nicht. Aber es besteht nur geringe oder keine Aussicht, daß ich im Juli so weit damit gekommen bin.   (KB)

Ibsen an Fredrika Limnell   München, 1. Juli 1890
Ich bin zur Zeit stark damit beschäftigt, ein neues Schauspiel zu schreiben, das im Herbst fertig sein soll. An eine Sommerreise wage ich dieses Jahr also nicht zu denken. Ich bin gezwungen, hier in der Stadt zu bleiben, wo die Temperatur und die Luft in den wärmsten Monaten nicht gerade besonders angenehm ist.
(HI XVIII, 250 f)

Ibsen an Nils Lund   München, 24. August 1890
Aufs Land komme ich kaum diesen Sommer. Ich sitze hier voll beschäftigt mit meiner neuen Arbeit, und das Wetter lädt dieses Jahr auch nicht zum Landaufenthalt ein. Hier ist es kalt und regnerisch, mit vereinzelten unerträglich heißen und schwülen Tagen.
(HI XVIII, 253)

Ibsen an Emilie Bardach[2]   München, 18. September 1890
Das neue umfangreiche Schauspiel, womit ich mich jetzt beschäftige, wird nämlich voraussichtlich erst im November fertig werden obschon ich täglich, und zwar fast den ganzen Tag, an meinem Schreibtisch sitze.   (HI XVIII, 254)

Ibsen an Julius Elias   München, 22. Oktober 1890
Solange ich nicht weiß, wer der eventuelle Übersetzer ist und ich ihn akzeptiert habe, kann ich Herrn [Samuel] Fischer keine bindende Zusage geben. Außerdem muß ich die Gewißheit haben, daß der Übersetzer betreffs der Theaterhonorare auf dieselben Bedingungen eingeht wie die zwischen Frau [Marie] v. Borch und mir vereinbarten.
Mit der Entscheidung hat es übrigens keine Eile, da das Stück von mir aus kaum vor Ende November fertig sein wird. (HI XVIII, 255)

Ibsen an August Larsen   München, 26. Oktober 1890
Hierdurch möchte ich Sie mit ein paar Worten davon unterrichten, wie es mit meiner neuen Arbeit geht.

Am 7. ds. habe ich das Konzept vollendet und bin seitdem ununterbrochen mit der Reinschrift beschäftigt, wovon jetzt ungefähr die Hälfte fertig ist. (HI XVIII, 256)

Ibsen an Karl Hals   München, 30. Oktober 1890
Nun sitze ich hier unten, ganz vertieft in ein neues Schauspiel. Nicht eine freie Stunde habe ich seit Monaten gehabt. Denn eine überwältigende Korrespondenz kommt hinzu, und die muß ja auch erledigt werden. (HI XVIII, 257)

Ibsen an August Larsen   München, 17. November 1890
Hiermit habe ich das Vergnügen, Ihnen mitzuteilen, daß ich mein neues Stück gestern vollendet habe und das Manuskript morgen abschicke, möglichst mit der Briefpost.
Nach alter Gewohnheit adressiere ich das Paket an Hegel. Aber ich setze natürlich voraus, daß es, falls er abwesend ist, von Ihnen geöffnet wird und daß Sie dann alles übrige in gewohnter Weise gütigst erledigen. Ein paar Worte, daß Sie das Manuskript erhalten haben, würden mir eine Beruhigung sein. (HI XVIII, 257)

Ibsen an Julius Elias   München, 19. November 1890
Mein neues Schauspiel ist nun fertig, und ich kann deshalb an das Geschäftliche denken.
Zu allererst möchte ich Sie bitten, Herrn [Samuel] Fischer gütigst mitzuteilen, daß ich sein Angebot von 300 Mark als Honorar für die Zusendung der Korrekturbogen direkt von Kopenhagen annehme, [sie gehen] entweder an ihn selbst oder an den eventuellen Übersetzer.
Die Übersetzung dieses Stückes enthält etliche Schwierigkeiten, die meine persönliche Kontrolle erfordern. Bitte, unterrichten Sie Herrn Fischer, es sei mein Wunsch, daß er die Arbeit Fräulein Emma Klingenfeld überträgt, mit der er sofort in Verhandlung treten möge.
Sollte die Erfüllung dieses meines Wunsches wider Erwarten auf praktische Schwierigkeiten stoßen, dann würde ich auch Frau M[arie] v. Borch als Übersetzerin gutheißen. Das jedoch nur unter der Bedingung, daß ihre deutschen Korrekturbogen mir zur Revision vorgelegt werden.

Auf eine dieser beiden muß Herrn Fischers Wahl fallen, einen dritten [Namen] kann ich nicht akzeptieren. Und so muß seine Entscheidung mir mitgeteilt werden, damit ich die nötigen Anweisungen in Kopenhagen geben kann. (HI XVIII, 258 f)

Ibsen an Moritz Prozor   München, 20. November 1890
Mein neues Schauspiel ist nun fertig, und das Manuskript habe ich vorgestern nach Kopenhagen geschickt. Gemäß der hier mündlich getroffenen Vereinbarung werden Ihnen die Korrekturbogen je nach Fertigstellung direkt von der Druckerei zugestellt.[3] Sollte das eine oder andere im Stück vorkommen, worüber Sie nähere Auskunft oder Erklärung wünschen, so stehe ich Ihnen natürlich gern und dankbar zur Verfügung.
Es ist für mich ein eigentümliches Gefühl der Leere, so plötzlich von einer Arbeit getrennt zu sein, die mehrere Monate lang meine Zeit und meine Gedanken ausschließlich in Anspruch genommen hat. Aber es war auch gut, daß es ein Ende nahm. Das unaufhörliche Zusammenleben mit diesen erdichteten Menschen ging mir nämlich langsam auf die Nerven. (HI XVIII, 260)

Ibsen an August Larsen   München, 25. November 1890
Ich danke Ihnen sehr für die freundliche Mitteilung, daß das Manuskript richtig in Ihre Hände gelangt ist. Die Korrekturbogen bitte ich an folgende Adressen zu senden:
Moritz Graf von Prozor, Sekretär der Kaiserlich Russischen Gesandtschaft, Dresden
Fräulein Emma Klingenfeld, Louisenstr. 42 A, München.
Ich halte es nicht für notwendig, jeden Bogen einzeln zu schicken. Zwei bis drei Bogen zur Zeit dürften vermutlich aus mehreren Gründen vorzuziehen sein. (HI XIX, 272)

Ibsen an Philipp Reclam[4]   München, 2. Dezember 1890
Eine wahre Freude und Befriedigung war es mir auch von Ihnen selbst zu erfahren, dass der Absatz der in Ihrer Universalbibliothek

3 Zwecks Übersetzung ins Französische.
4 Im Original deutsch.

erschienenen Übersetzungen meiner Arbeiten sich günstig gestaltet
hat. Diese grosse Verbreitung meiner Schriften, welche nur durch
ein Unternehmen wie das Ihrige zu erzielen sein dürfte, ist für mich
von sehr hoher Bedeutung, und selbstverständlich kann es mir deshalb nur angenehm sein wenn Sie auch mein neues Schauspiel in
einer sorgfältigen Übersetzung bringen. Die Originalausgabe erscheint gegen Weihnachten bei Hegel in Kopenhagen.
Jedenfalls ersuche ich Sie seiner Zeit[5] Ihren Übersetzer zu veran-
lassen mit mir in Korrespondenz zu treten anlässlich einiger Änderungen, welche ich dem deutschen Publikum gegenüber als wün-
schenswerth erachte.   (HI XVIII, 263 f)

Ibsen an Moritz Prozor   München, 4. Dezember 1890
Der Titel de Stückes ist: *Hedda Gabler*. Ich habe damit andeuten
wollen, daß sie als Persönlichkeit mehr die Tochter ihres Vaters ist
als die Frau ihres Mannes.
Es sind in diesem Stück eigentlich nicht sogenannte Probleme, die
ich habe behandeln wollen. Die Hauptsache war mir, auf der
Grundlage gewisser gültiger Gesellschaftsverhältnisse und Anschauungen Menschen zu schildern, Menschenstimmungen und
Menschenschicksale. Wenn Sie das Ganze gelesen haben, wird
Ihnen mein Grundgedanke klarer werden, als ich ihn hier aussprechen kann.
Bevor Sie diese Zeilen erhalten, werden Sie wahrscheinlich weitere
drei Bogen aus Kopenhagen bekommen haben. Wenige Tage danach werden Ihnen dann die letzten vier Bogen mitsamt dem Titelblatt und dem Personenverzeichnis zugesandt werden.
                                                    (HI XVIII, 265)

                                      München, 7. Dezember 1890
Ibsen an die Redaktion der »Berlingske Tidende«
Da bald ein neues Schauspiel von mir erscheinen wird, möchte ich
durch Ihr geschätztes Blatt die nordische Tagespresse höflichst ersuchen, kein Referat über Inhalt und Handlung zu bringen, solange
nicht eine wirklich literarische Rezension motiviert ist.
                                                    (HI XIX, 147)

5 Ibsen meint vermutlich: zu gegebener Zeit.

Ibsen im »Berliner Blatt«   [9.?] Dezember 1890
Ich habe versucht Menschen zu schildern, so exakt wie möglich, so
detailliert wie möglich, nichts anderes. Vielleicht mag es geschehen,
daß man in dem Drama etwas Revolutionäres finden will, aber das
steht im Hintergrund. Hier sprechen die Gestalten, nicht ich. –
Das Stück enthält sicher »einige neue Teufeleien«.   (HI XI, 283)

Ibsen an Julius Elias   München, 17. Dezember 1890
Gleichzeitig mit Ihrem Brief bekam ich gestern auch einen von
Herrn [Samuel] Fischer nebst einem Begleitschreiben von Dr.
[Otto] Brahm.
Ich hatte ursprünglich gedacht, Ihnen heute ausführlich zu schreiben, aber bei nochmaligem Durchlesen der Briefe überwältigt mich
ein so unangenehmes Gefühl, daß ich es vorziehe, mich kurzzufas-
sen und in dieser wenig ansprechenden Sache nicht auf Einzelheiten
einzugehen.
Aus meinem gestrigen Telegramm werden Sie ersehen haben, daß
ich unter gar keinen Umständen oder irgendeiner Bedingung jemals
eine aktweise Veröffentlichung meines neuen Schauspiels in einer
Wochenschrift zulassen werde.
Das Stück soll als Ganzes erscheinen, als Buch. Und es soll umgehend herausgegeben werden, ohne weiteren Aufschub. Es ist Herrn
Fischers Pflicht und Schuldigkeit, dafür Sorge zu tragen.
Wenn Herr Fischer wirklich glaubt, daß meine Arbeit so glückbrin-
gend für die Wochenschrift ist, dann braucht er ja nur das Buch in
um so höherer Auflage zu drucken und durch Zeitungsannoncen
jedem neuen Abonnenten ein Exemplar als Weihnachtsgeschenk zu
versprechen.
Meinerseits habe ich bereits mehr als genug für Herrn Fischers pekuniäre Interessen geopfert. Ich habe nämlich Fräulein [Emma]
Klingenfeld die Hälfte der eventuellen Theaterhonorare zugesichert,
so daß er ohne nennenswerte Ausgaben in den Besitz der Übersetz-
zung kommt. Diese für Herrn Fischer besonders bequeme Zahlungsweise hat er Fräulein Klingenfeld selbst vorgeschlagen, und danach
habe ich mich gerichtet. Aber damit ist Schluß.
Heute erscheint die Originalausgabe von *Hedda Gabler* in den nordischen Ländern – vielleicht auch schon gestern. Sie ist also von

jetzt ab zugänglich für jeden konkurrierenden deutschen Übersetzer.

Auf meinem Tisch liegen zahlreiche Anfragen von deutschen Theaterdirektoren, darunter auch aus Berlin, mit der Bitte, das Stück für eventuelle Aufführungen zugeschickt zu bekommen.

Meine bestimmte Forderung ist deshalb, daß Herr Fischer unverzüglich und ohne weitere Verzögerung Fräulein Klingenfeld die restlichen Korrekturbogen zustellt und außerdem ebenso unverzüglich dafür sorgt, daß das Buch im Handel erscheint.

Ich brauche hier unbedingt fünf geheftete, nicht eingebundene Exemplare, um deren baldmöglichste Zusendung ich bitte.

Felix Blochs Agentur wartet ebenfalls darauf, daß das Stück greifbar wird.

Ich bitte Sie, Herrn Fischer und auch unserem gemeinsamen Freund Dr. Brahm den Wortlaut dieses Schreibens mitzuteilen.

(HI XVIII, 266 ff)

Ibsen an Sigmund Lautenburg[6]   München, 18. Dezember 1890
Verzeihen Sie mir freundlichst, dass ich Ihre werthe Anfrage vom 8. d. Mts. bis jetzt nicht beantwortet habe.

Auch heute kann ich nur mittheilen, dass die deutsche Ausgabe meines neuen Schauspieles noch nicht erschienen ist, und dass der Vertrieb desselben den Theatern gegenüber der Agentur Herren Felix Bloch Erben übergegeben werden wird.   (HI XVIII, 269)

Ibsen an Samuel Fischer[6]   München, 25. Dezember 1890
Für die Postanweisung sowie für die freundlichst zugesandten Exemplare meines neuen Schauspieles bitte ich Sie hierdurch meinen verbindlichsten Dank empfangen zu wollen.

Wenn der billige Verkaufspreis des Buches berücksichtigt wird, finde ich dass die Ausstattung in jeder Hinsicht als eine wirklich hübsche zu bezeichnen sei. Druckfehler habe ich erfreulicher Weise gar nicht vorgefunden.   (HI XVIII, 269)

---

6 Im Original deutsch.

Ibsen an Hans Schrøder   München, 27. Dezember 1890

Ich hatte das Vergnügen, Ihre freundliche Nachricht zu erhalten, daß das Christiania Theater mein neues Schauspiel *Hedda Gabler* aufzuführen wünscht und sage Ihnen hiermit verbindlichsten Dank für die Anfrage. Meine vorläufige telegraphische Antwort haben Sie hoffentlich richtig erhalten.

Mit besonderer Befriedigung habe ich aus Ihrer Darstellung ersehen, daß Ihre Auffassung völlig mit dem übereinstimmt, was ich gewollt und angestrebt habe.

Infolgedessen schließe ich mich auch in jedem Punkt Ihrer Meinung über die richtige Besetzung mit den vorhandenen Kräften des Theaters an.

Hedda muß zweifellos von Fräulein [Constance] Bruun gespielt werden, die hoffentlich bestrebt sein wird, die dämonischen Züge des Charakters zum Ausdruck zu bringen. Frau Heiberg habe ich vor fünf Jahren am Theater in Bergen gesehen, und ich war sehr stark beeindruckt von ihrer Naturbegabung. Aber in ihrem eigenen und im Interesse des Stückes halte ich es doch für wünschenswert, daß ihr keine Aufgabe zugeteilt wird, in der sie sich in mehrfacher Beziehung augenblicklich kaum selbst gerecht werden kann.

Betreffs der übrigen Besetzung kann wohl kaum ein Zweifel bestehen. Ich stimme allem zu, was Sie in Ihrem Brief vorgeschlagen haben. Natürlich muß Fräulein Parelius und nicht Frau [Laura] Gundersen die Rolle der Juliane Tesman spielen.

Nur eines macht mir Kopfschmerzen. Und das ist, daß Herr [Arnoldus] Reimers mit seinem Äußeren so wenig dem Eindruck entspricht, den Ejlert Løvborg auf das Publikum machen soll. Doch mit Hilfe von Maske und Kostüm ist da wohl allerhand zu machen.

Ich möchte hinzufügen, daß das Stück bereits am Kgl. Theater in Kopenhagen angenommen ist. Aber Kammerherr [Edvard] Fallesen hat bisher nicht verlangt, daß das Stück – wie üblich – dort zuerst in Dänemark aufgeführt werden soll.

Daß Ihnen vom Verlag kein Exemplar vor Erscheinen des Buches zugegangen ist, bitte ich Sie, nicht falsch aufzufassen. Kammerherr Fallesen hat auch kein Exemplar ausgeliefert bekommen, überhaupt niemand. –

Was das Honorar betrifft, erlaube ich mir vorzuschlagen, daß das Christiania Theater eine Pauschale von 2500 Kronen gleich nach der Premiere an Buchhändler Nils Lund in Kristiania einzahlt.

(ED IV, 365)

Ibsen an Julius Elias   München, 29. Dezember 1890

Als Antwort auf Ihr, Dr. [Otto] Brahms und Dr. [Paul] Schlenthers freundliches Telegramm sende ich Ihnen heute ein paar Worte, die erklären sollen, wie es zuging, daß gerade das Lessing-Theater das Aufführungsrecht an *Hedda Gabler* in Berlin erhalten hat.

Vor einiger Zeit wandten sich Dir. [Anton] Anno und Dr. [Oskar] Blumenthal schriftlich an mich mit dem Ersuchen, ihnen mein neues Schauspiel für ihr Theater zuzuschicken. In einem Brief an Herrn Anno antwortete ich, ich habe das Stück der Agentur Felix Bloch übergeben, und man möge sich deshalb dorthin wenden. Ich fügte hinzu, wenn Herr Anno nach der Lektüre des Stückes fände, das Lessing-Theater verfüge über eine für die Titelrolle besonders geeignete Schauspielerin, so wäre es mir nur lieb, meine Arbeit seiner kundigen Einstudierung anzuvertrauen.

Da nun also das Lessing-Theater das Stück auf dieser Basis und unter dieser Voraussetzung angenommen hat, ist höchstwahrscheinlich wegen der Einstudierung nichts zu befürchten. Vor allem verlasse ich mich in dieser Beziehung auf Direktor Anno, der schon bei früheren Gelegenheiten bewiesen hat, daß er meine Arbeiten versteht und ihnen Gewissenhaftigkeit und freundliches Interesse entgegenbringt.

Auch kann ich mir nicht gut denken, daß Dr. Blumenthal – wenn nicht im Interesse anderer, so doch im eigenen – dem Publikum ein Stück vorsetzen würde, das sein Theater nicht zufriedenstellend aufzuführen vermag. Das wäre ja nur zu seinem eigenen Nachteil und zum Schaden für den Ruf seines Theaters.   (HI XVIII, 271 f)

Ibsen an Emilie Bardach[7]   München, 30. Dezember 1890
Bald werde ich Ihnen mein neues Schauspiel *[Hedda Gabler]*
schicken. Empfangen Sie es in Freundlichkeit, – aber schwei-
gend![8]   (HI XVIII, 273)

Ibsen an die Redaktion der »Politiken«   München, 1. Januar 1891
Laut einer Notiz in Ihrem geschätzten Blatt vom 30. Dezember
scheint in Kopenhagen darüber Ungewißheit zu herrschen, ob mein
neues Schauspiel *Hedda Gabler* am Kgl. Theater oder am Dagmartheater zur Aufführung kommt.
Um jeden Zweifel zu beheben, bitte ich um Aufnahme der Erklärung, daß das Stück laut Telegramm von Kammerherr [Edvard]
Fallesen bereits am 18. Dezember zur Aufführung am Kgl. Theater
angenommen worden ist.   (HI XIX, 148)

Ibsen an August Larsen   München, 4. Januar 1891
Ich danke Ihnen verbindlichst für Ihren freundlichen Brief vom
21. Dezember und für alles, was Sie mir inzwischen gütigst zugeschickt haben. Ganz besonders für die prächtige und umfangreiche
Ausgabe der *Hedda Gabler,* die ich mit wahrer Freude entgegengenommen habe. Druckfehler habe ich keine gefunden. Nur einen
einzigen falschen Buchstaben ohne Bedeutung. Seite 189 steht
»Dem« [Sie] statt »dem« [sie]. Man versteht den Sinn jedoch
ohne weiteres.
Was die englische Ausgabe betrifft, so habe ich mich in einem Irrtum befunden, der jedoch leicht erklärlich ist. Ich wußte nämlich,
daß E[dmund] Gosse und Mr. Heinemann, als sie sich wegen der
Korrekturbogen an Sie wandten, vollständig darüber unterrichtet
waren, daß W[illiam] Archer laut Absprache mit mir das Stück
im 5. Band seiner großen Ausgabe unterbringen wollte. Ich war
deshalb der Auffassung, daß Mr. Heinemann das Vorrecht erwarb
und nicht das Alleinrecht. Und an eben dieses Vorrecht dachte Mr.
Archer, als er sich freiwillig bereit erklärte, von der zwischen ihm
und mir getroffenen Vereinbarung zurückzutreten. Ich habe jetzt

7 Im Original deutsch.
8 Gewisse Charakterzüge Emilie Bardachs finden sich in der Gestalt der
Hedda wieder.

jedoch allen Grund zu glauben, daß sich alles in Güte löst und bitte Sie, meinen herzlichsten Dank für die große Mühe entgegenzunehmen, die diese Angelegenheit Ihnen bereitet haben muß.

Das von Philipp Reclam bestellte Exemplar darf gern an Frau [Marie] v. Borch geschickt werden. Das Buch wird nämlich nicht so bald bei Reclam erscheinen. Und wenn sein Übersetzer nur nicht den Theatern gegenüber mit mir konkurriert, so sind seine Auflagen mir nicht unwillkommen. Sie schaffen meinen Arbeiten nämlich auch in solchen Kreisen ungeheure Verbreitung, die sie sonst nicht erreichen würden. Das hat er auch neulich in einem Brief ausgedrückt, worin er mir freiwillig ein ganz bedeutendes Honorar übersandte.   (HI XVIII, 275 f)

Ibsen an Moritz Prozor   München, 7. Januar 1891
Für Ihre feine und verständnisvolle Deutung der Hauptgedanken in meiner neuen Arbeit bin ich Ihnen außerordentlich dankbar.
                                                        (HI XVIII, 277)

Ibsen an Julius Elias   München, 11. Januar 1891
Erlauben Sie mir, Ihnen hiermit für Ihre freundliche Mitteilung zu danken, daß Direktor [Oskar] Blumenthal Fräulein Anna Haverland für die Hedda engagiert hat. Ich sehe darin eine Bestätigung meiner sicheren Annahme, daß das Lessing-Theater, falls es nicht selbst eine für diese schwierige Aufgabe wirklich geeignete Schauspielerin besäße, sich eine solche von woanders holen müsse. Fräulein Haverland ist eine hervorragende Künstlerin. Ich habe sie vor 15–16 Jahren in Dresden gesehen. Frau Anno wird vermutlich Thea Elvsted übernehmen, die ihr meiner Meinung nach vortrefflich liegt. Hier in München werden diese beiden Gestalten von Fräulein Heese und Frau [Maria] Ramlo dargestellt, und das Stück hat am 31. Januar Premiere.
[...]
Ihren Brief vom 3. Januar habe ich nicht beantwortet, weil ich Herrn [Samuel] Fischer ja schon vorher durch Sie mitgeteilt hatte, daß ich mich seinem Wunsch entsprechend an Herrn [Philipp] Reclam gewandt habe und überhaupt keine Überrumpelung von dessen Seite befürchtete. Ich habe wiederholte Beweise für die

Ehrenhaftigkeit des Herrn Reclam. Sogar das Gerücht, von dem Herr Fischer in seinem Brief an Sie spricht und das ihn so erschreckt hat, ist ein solcher Beweis. Denn das ist offenbar dadurch entstanden, daß ein gewisser berüchtigter literarischer Räuber[9] in Berlin schon im Dezember Herrn Reclam angeboten hatte, ihm im Laufe weniger Wochen gegen einige Hundert Freiexemplare als Honorar eine Übersetzung von *Hedda Gabler* zu liefern. (Die wollte er natürlich bei den Theatern unterbringen.) Herr Reclam hat das Angebot jedoch sofort mit Bestimmtheit abgelehnt. Das weiß ich aus erster Hand. Ich habe es daher als unnötig und unziemlich empfunden, bei Herrn Reclam aufs neue vorstellig zu werden. Im übrigen begreife ich nicht Herrn Fischers Todesangst vor der Eventualität, mit dem größeren Teil seiner 3000 Exemplare sitzenbleiben zu müssen. Die ersten beiden Auflagen seiner Ausgabe sind doch schon vergriffen, und ich glaube, er kann sich ruhig der Hoffnung hingeben, daß die 3. Auflage bald denselben Weg geht – wenn nicht eher, dann jedenfalls, wenn rundherum die Theateraufführungen beginnen. Grüßen Sie übrigens Herrn Fischer freundlichst von mir. Er ist ja »ein guter Kerl«. Womit ich mich nur nicht abfinden kann, das ist seine übertriebene und unnötige Ängstlichkeit.   HI XVIII, 277 f)

Ibsen an Kristine Steen   München, 14. Januar 1891
Sie hatten die Güte, meiner Frau einen Brief zu schreiben, der in einem wichtigen Punkt mich betrifft und den ich daher wünsche, persönlich zu beantworten.
Frau [Lucie] Wolf möchte das Dienstmädchen Berta in meinem neuen Schauspiel abgeben und meint, diese Partie könne von jeder anderen Schauspielerin ausgeführt werden.
Darin irrt die Dame. Es gibt keine andere da oben,[10] die die Berta so darstellen könnte, wie ich sie haben will. Nur Frau Wolf kann es. Aber sie hat sich offenbar nicht die Mühe gemacht, das Stück aufmerksam durchzulesen. Denn sonst, meine ich, müßte sie es selbst einsehen.

9 Vermutlich Emil Jonas. Siehe Ibsens Brief vom 18. 1. 1878 betr. *Stützen der Gesellschaft.*
10 Am Christiania Theater in Kristiania.

Jørgen Tesman, seine alten Tanten und die treue Hausgehilfin Berta bilden zusammen eine Ganzheit und ein Einheitsbild. Sie haben die gleichen Gedankengänge, gemeinsame Erinnerungen und dieselbe Weltanschauung. Für Hedda bilden sie eine gegen ihr Grundwesen gerichtete feindliche und fremde Macht. Darum müssen sie in der Darstellung gegenseitig harmonieren. Und das kann der Fall sein, wenn Frau Wolf dabei ist, aber auch nur dann.

Mit Rücksicht auf Frau Wolfs gesundes Urteil möchte ich nicht im Ernst glauben, daß sie es für unter ihrer künstlerischen Würde hält, ein Dienstmädchen zu spielen. Ich habe es jedenfalls nicht für unter meiner Würde gehalten, diese ältere, geschickte und einfache Frau zu erdichten.[11]

Hier in München wird diese anspruchslose Person von einer führenden Schauspielerin des Hoftheaters dargestellt, und das mit Liebe und Interesse. Sie ist nämlich nicht nur Schauspielerin, sie ist zugleich Künstlerin. Ich meine [damit], sie setzt nicht ihre Ehre darein, »Rollen zu spielen«, sondern erdichtete Menschen zu gestalten.[12]   (HI XVIII, 279 f)

Otto Brahm über Ibsen   Berlin, 18. Februar 1891
Ich lege das entscheidende Gewicht nicht darauf, daß Ibsen ausdrücklich erklärte, er habe die »Kindeshoffnung« Heddas in der Tat darstellen wollen, und daß er mich autorisiert hat, seine Meinung hier mitzuteilen[13] – wesentlicher ist, daß das Kunstwerk selber mit völliger Sicherheit dies erkennen läßt [...]   (OB 214)

Ibsen an Gabriele v. Bibra[14]   München, 1. März 1891
Ich glaube jedoch, dass Ihre Ansichten über *Hedda Gabler* nicht in jeder Beziehung ganz zutreffend sind. Da ich aber grundsätzlich jede briefliche Besprechung meiner literarischen Arbeiten vermeide, kann ich hier auf dieses Thema nicht näher eingehen.   (UO)

11 Tatsächlich spielte sie die Berta nicht, und ihre Kollegin versagte.
12 Ibsen an anderer Stelle: »Ich schreibe keine Rollen, ich schildere Menschen!« Siehe S. 252; vgl. auch S. 256.
13 In der Zeitschrift »Freie Bühne«.
14 Im Original deutsch.

Ibsen an Suzannah Ibsen   Wien, 10. April 1891
Gestern Kostümprobe [von *Hedda Gabler*]. Die Aufführung wird
meisterhaft. Werde entsetzlich überlaufen von Presseleuten und
anderen Besuchern. Morgen nach der Vorstellung Fest im Kaiser-
hof. Sonntag Galamittag bei Direktor [Max] Burckhard. Montag
bei Richard Voß. Montag oder Dienstag Premiere der *Wildente*
am Deutschen Volkstheater mit [Friedrich] Mitterwurzer als
Hjalmar. Mittwoch *Ein Volksfeind* im Burgtheater und Donners-
tag hoffentlich Heimreise.   (HI XIX, 357)

Ibsen an William Archer   München, 29. April 1891
Soeben von einer Reise nach Wien und Budapest zurückgekehrt,
hatte ich die große Freude, Ihren freundlichen Brief vorzufinden, in
dem Sie mir mitteilen, daß *Hedda Gabler* bei der Aufführung in
London eine gute und unbestrittene Aufnahme gefunden hat.
Daß dieser große Sieg zu einem sehr wesentlichen Teil Ihrem wohlwollenden und einsichtsvollen Beistand und Ihrer Anleitung sowohl
hinsichtlich des Textes als auch der Einstudierung im übrigen zu
verdanken ist, davon bin ich überzeugt.
Es ist mir eine große Freude, durch Sie den beiden ausgezeichneten
Künstlerinnen meine Photographie übersenden zu dürfen.[15] Die
Widmung habe ich, wie Sie sehen, auf norwegisch geschrieben und
bitte Sie, gütigst eine englische Übersetzung darunterzuschreiben.
                                             (HI XVIII, 292)

Ibsen im Gespräch mit Jules Clarette   [Kristiania,] Sommer 1897
Dann gab er die auffallende, aber nicht überraschende Erklärung,
daß er für *Hedda Gabler* kein norwegisches, sondern ein deutsches
Modell benutzt hatte,[16] eine dieser häufig vorkommenden Frauen,
die einen unwiderstehlichen Hang spüren, anderen den Mann oder
den Liebhaber zu rauben.   (HI XIX, 210)

15 Die Titelrolle in *Hedda Gabler* wurde vom 20.–24. April 1891 in
London alternierend dargestellt von den amerikanischen Schauspielerinnen Elizabeth Robins und Marion Lea.
16 Emilie Bardach, die Ibsen im Herbst 1889 in Gossensaß kennen und
schätzen gelernt hatte.

Baumeister Solness
(Bygmester Solness)
Schauspiel in drei Akten

Abgeschlossen: 20. September 1892 in Kristiania
Erstdruck: 1892 in Kopenhagen
Uraufführung: 7. Dezember 1892 in London

Ibsen an Jacob Hegel   Kristiania, 5. September 1891
Im Winter bleiben wir jedoch hier. Ich habe eine neue große dramatische Arbeit entworfen, die ich auf alle Fälle hier oben auszuführen gedenke.   (HI XVIII, 301)

Ibsen an Jacob Hegel   Kristiania, 5. Oktober 1891
Sobald ich hier einigermaßen in Ordnung gekommen bin[1], habe ich die Absicht, ernsthaft an mein neues Schauspiel zu gehen, und wenn nichts Unvorhergesehenes eintrifft, können Sie mit dem fertigen Manuskript rechtzeitig zum Herbst rechnen. (HI XVIII, 303)

Ibsen an Eric Zachrison   Kristiania, 13. März 1892
In Beantwortung Ihrer geehrten Anfrage teile ich [Ihnen] hierdurch mit, daß ich nicht im voraus auf irgendeine Verpflichtung einzugehen gedenke, die mein neues Schauspiel betrifft, das ich hoffe, im Laufe des kommenden Sommers vollenden zu können.
                                                             (UO)

Ibsen an Jacob Hegel   Kristiania, 4. Mai 1892
Diese Arbeit [an *Baumeister Solness*] beschäftigt mich jetzt ganz und gar und nimmt, wie üblich, meine ganze Zeit und all meine Gedanken in Anspruch. Gern hätte ich dieses Jahr den Sommer irgendwo in Jütland verbracht. Aber daran darf ich leider nicht denken, denn ich arbeite ja doch am besten hier in meiner eigenen Wohnung und an meinem eigenen Schreibtisch. Ich habe mir ein nach meinem Geschmack recht hübsches, bequemes und zweckmä-

1 Mit der Einrichtung einer neuen Wohnung.

ßiges Arbeitszimmer eingerichtet, wo ich ganz ungestört sitzen kann. Das konnte ich nicht in München, und deshalb fühlte ich mich da unten oft in meiner Tätigkeit gehemmt.   (HI XVIII, 310 f)

Ibsen an August Larsen   Kristiania, 25. Juni 1892
Von Mr. Heinemann, London, habe ich auch briefliche Anfragen wegen meines neuen Stückes bekommen, aber ihm noch nicht geantwortet. Ich muß nämlich erst über einige Einzelheiten mit Mr. [William] Archer verhandeln. Doch hoffe ich, daß alles sich zu gegenseitiger Zufriedenheit ordnet.
[. . .] Unmöglich wäre es allerdings nicht, daß ich im Herbst nach Kopenhagen komme und mein neues Schauspiel persönlich abliefere.   (HI XVIII, 313)

Ibsen an Jacob Hegel   Kristiania, 5. Juli 1892
In völliger Gemütsruhe kann ich daher an meinem neuen Schauspiel arbeiten, und das tue ich jeden Tag. Deshalb komme ich diesen Sommer auch kaum aus der Stadt.   (HI XVIII, 314)

Ibsen an Jacob Hegel   Kristiania, 13. Juli 1892
Die Arbeit an meinem neuen Schauspiel geht mir leicht und gut vonstatten, schneller als in München zur Sommerzeit. Ich setze auch all meine Kraft und Zeit dafür ein und begnüge mich deshalb heute mit diesen wenigen Zeilen.   (HI XVIII, 315)

                                    Berlin, 11. August 1892
Pressenotiz über Ibsens *Baumeister Solness*[2]
Aus Kristiania schreibt man uns:
Über *Ibsens neues Schauspiel* geht vielleicht zur Zeit auch durch deutsche Zeitungen eine in einem nordischen Blatt erschienene Notiz, wonach der Dichter nicht nur den ersten Akt des noch nicht vollendeten Stückes an seine verschiedenen Verleger in den europäischen Hauptstädten verschickt, sondern auch erklärt haben soll, das Stück werde eine reiche Galerie von Figuren aus der hiesigen

2 Deutsch; gezeichnet »H.H.«

Gesellschaft enthalten. Ich bin vom Dichter beauftragt, dieser Wildente den Hals umzudrehen. Für Kenner der Arbeitsmethode Ibsens und der Sorgfalt, mit welcher er Stoff und Titel seiner Werke geheimhält, ist übrigens ein Dementi überflüssig. Wir wissen nur, daß das Stück Ende September fertig sein wird, um – wie immer – im Dezember zu erscheinen. Ibsens Londoner Verleger, Mr. Heinemann, ist [um] der englisch-amerikanischen Ausgabe willen in Christiania eingetroffen. (HI XIX, 189 f)

Ibsen an Jacob Hegel   Kristiania, 22. August 1892
Ich arbeite täglich ununterbrochen und mit lebhaftem Interesse an meinem neuen Schauspiel. Das Manuskript werden Sie hoffentlich Ende September erhalten haben. [Die dänische Zeitung] »Politiken« brachte vor einigen Wochen eine Notiz über das Stück, die von Anfang bis zu Ende unwahr ist und die ich auch in norwegischen und ausländischen Blättern habe dementieren lassen.[3] Das Stück hat nicht im geringsten mit politischen oder sozialen Fragen zu tun. Zahlreiche Anfragen von deutschen, französischen und englischen Zeitungen habe ich entschieden abgelehnt zu beantworten.
(HI XVIII, 316)

Ibsen an Jacob Hegel   Kristiania, 4. Oktober 1892
Ich will nicht versäumen, Ihnen mit ein paar Worten mitzuteilen, daß mein neues Stück am 20. September fertig wurde und daß ich seitdem mit der Reinschrift beschäftigt bin. Das Manuskript werden Sie sobald wie möglich erhalten, wahrscheinlich etwas nach Mitte dieses Monats. Es ist meine Hoffnung, daß wir beide an dieser Arbeit Freude haben werden. (HI XVIII, 317)

Ibsen an August Larsen   Kristiania, 30. Oktober 1892
Wenn Sie diese Zeilen erhalten, ist mein Manuskript des neuen Stückes hoffentlich wohlbehalten in Ihre Hände gelangt. Ich hatte gehofft, es etwas früher abliefern zu können, aber das war unmöglich. Korrekturbogen bitte ich gütigst zu senden an Mr. Heinemann oder Ed[mund] Gosse in London, Mr. le Comte M[oritz] Pro-

3 Siehe oben die Berliner Pressenotiz vom 11. 8. 1892.

zor, Ministère des Affaires Etrangères, Petersburg, und an meinen Sohn, der die deutsche Ausgabe besorgen wird, unter der Adresse: Lillehammer, Norwegen. Der Druck kann von mir aus jederzeit beginnen und bitte ich um dasselbe Verfahren wie sonst. Ich denke da vor allem an die Geheimhaltung des Titels und des Inhalts.

Ich bin froh, diese Arbeit endlich glücklich und wohl aus der Hand gelegt zu haben. Es ist wie eine Befreiung, aber ich empfinde trotzdem einen Verlust und eine Leere. (HI XVIII, 318 f)

Ibsen an Julius Elias   Kristiania, 1. November 1892
Nun, da das Manuskript meines neuen Schauspiels gerade an die Gyldendalsche Buchhandlung⁴ abgegangen ist, kann ich Ihren freundlichen Brief vom 19. September, für den ich Ihnen herzlichst danke, beantworten.

Die deutsche Übersetzung des Stückes wird hier unter meiner Aufsicht vorgenommen und nach und nach Herrn [Samuel] Fischer zugeschickt werden, sofern er bereit ist, gleich nach Erscheinen des Buches ein Honorar von 600 Mark an mich zu zahlen.

Das Aufführungsrecht soll ausschließlich *mir* gehören. Und Herr Fischer möge gleich nach Erscheinen des Buches 25 Exemplare kostenfrei Felix Bloch Erben, Berlin, zur Verfügung stellen. Ebenso bedinge ich mir 20 Freiexemplare hierher aus.

Daneben gibt Herr Fischer sein Einverständnis, daß ich die von mir autorisierte Übersetzung ebenfalls bei Philipp Reclam, Leipzig, in dessen Universalbibliothek erscheinen lasse.

Mit Frau [Marie] v. Borch und ihrer Mutter als Übersetzerin wünsche ich mich aus verschiedenen Gründen nicht einzulassen. [. . .]

Lieber Freund, darf ich Sie bitten, in all diesen Angelegenheiten mein Repräsentant zu sein und meine Interessen in bester Weise zu vertreten? (HI XVIII, 319 f)

Ibsen an Julius Elias   Kristiania, 7. November 1892
Ich danke Ihnen herzlichst für Ihren freundlichen Brief, den ich das Vergnügen hatte, gestern zu erhalten. Ich sehe daraus, daß

---

4 Jacob Hegels Verlag in Kopenhagen.

Herr [Samuel] Fischer und ich noch nicht einig geworden sind in dem für mich wichtigen Punkt betreffs Herrn [Philipp] Reclams Recht, die von mir autorisierte Übersetzung zu drucken, sobald dieselbe von Herrn Fischer an den Buchhandel ausgeliefert worden ist. Auf andere Weise kann ich mich nämlich nicht gegen die Konkurrenz gegenüber den Theatern schützen, und ich muß deshalb auf dieser Forderung bestehen, da ich andernfalls riskieren könnte, viel mehr als die 600 Mark zu verlieren, die ich von Herrn Fischer erhalte. Literarisch gesehen liegt mir außerdem sehr daran zu verhindern, daß Herr Reclam auf eigene Faust eine übereilte und von mir nicht kontrollierte Übersetzung herausbringt. Herrn Fischers Ausgabe erscheint ja ohnehin *zuerst* im Buchhandel. Aber eine bestimmte Frist kann ich ihm nicht zusichern.

Diese Sache muß baldmöglichst zwischen Herrn Fischer und mir ins reine gebracht werden. Solange das nicht geschehen ist, wird er kein Manuskript zugeschickt bekommen.

Für Ihr gütiges Angebot, eventuell die Korrektur zu lesen, bin ich Ihnen besonders dankbar und verbunden.

Felix Bloch Erben kommt es zu, wegen meines neuen Stückes mit den Theatern zu verhandeln, und ich zweifle nicht, daß man dankbar sein wird für gute Ratschläge meiner Freunde. (HI XVIII, 321 f)

Ibsen an Jacob Hegel   Kristiania, 10. November 1892
Ich hoffe, Sie haben beim Durchlesen des Manuskripts den Eindruck gewonnen, daß Kristiania sich als gute Arbeitsstätte für mich erwiesen hat. Am Kgl. Theater [in Kopenhagen] wird das Stück glänzend zu besetzen sein. Und zum Glück endet es ja im Gedanken an gewisse aktuelle Ereignisse in Kopenhagen nicht mit Selbstmord. Wegen des Privatgeschäftlichen, wie Übersendung der Korrekturbogen an meine ausländischen Übersetzer und ähnliches, habe ich wie sonst Herrn [August] Larsen geschrieben und höre heute aus London, daß diese für mich so wichtige Sache läuft. Für die Schnelligkeit, mit der also der Druck in Kopenhagen vor sich geht, bitte ich Sie, meinen besten Dank entgegenzunehmen.   (HI XVIII, 323)

Ibsen an Jacob Hegel   Kristiania, 18. November 1892
Es freut mich ganz besonders, aus Ihrem freundlichen Brief zu erfahren, daß mein neues Schauspiel Sie interessiert und Ihnen gefallen hat. Ich hoffe auch, es wird beim Publikum gut einschlagen und
einen großen Leserkreis finden.   (HI XVIII, 324)

Ibsen an Julius Elias   Kristiania, 18. November 1892
Aus meinem gestrigen Telegramm werden Sie erfahren haben, daß
die erste Manuskriptsendung, direkt an Herrn [Samuel] Fischer,
in wenigen Tagen in Berlin eintreffen wird. Es ist eine größere Sendung, sie enthält mehr als die Hälfte des ersten langen Aktes. Die
beiden nächsten Akte werden vereinzelt in kurzen Abständen nach-
geschickt. Da es Sie möglicher Weise interessieren könnte, beim
Korrekturlesen den Originaltext zur Hand zu haben, gebe ich heute
der Gyldendalschen Buchhandlung [in Kopenhagen] den Auftrag, Ihnen die ersten fertigen Bogen zu schicken. Die übrigen folgen dann nach und nach. Ich bitte Sie, gütigst darauf zu achten,
daß der Setzer nicht die Namen über den Repliken verwechselt
und nichts im Text überspringt.
Ganz unter uns will ich Ihnen anvertrauten, daß das Stück nach
der Hauptperson *Baumeister Solness* heißt und drei Akte hat. Aber
weder das Titelblatt noch das Personenverzeichnis dürfen gedruckt
werden, solange nicht mein Wortlaut dazu eingetroffen ist. Ich
werde ihn gleichzeitig mit der *letzten* Manuskriptsendung schicken.
Es freut mich sehr, daß die Sache mit Herrn [Philipp] Reclam bereits in Ordnung ist, hoffentlich zur Zufriedenheit aller Partner.
                                                   (HI XVIII, 325)

Ibsen an Julius Elias   Kristiania, 3. Dezember 1892
Im Besitz Ihrer freundlichen Briefe vom 22. und 30. v. M. möchte
ich hiermit bemerken, daß nichts mehr im Wege steht, Herrn [Sa-
muel] Fischer den Titel meines neuen Stückes mitzuteilen: Das Titelblatt und das Personenverzeichnis dürfen jedoch nicht eher gedruckt werden, als bis das Konzept dazu in Ihre Hände gelangt
ist.
[. . .]
Besonders gern höre ich, daß auch Sie meiner Ansicht sind, daß das

Lessing-Theater sich am besten zur Aufführung meines neuen Schauspiels in Berlin eignet. (HI XVIII, 326)

Ibsen an Julius Elias Kristiania, 15. Dezember 1892
Gestern erhielt ich ein hübsch eingebundenes Exemplar von *Baumeister Solness* und heute das Honorar von Herrn [Samuel] Fischer. Ich schreibe ihm morgen und bitte Sie, hiermit meinen herzlichsten Dank für allen guten und unermüdlichen Beistand entgegenzunehmen.
Darf ich Sie nun um einen weiteren Freundschaftsdienst bitten? Wollen Sie in meinem Namen *ein* Exemplar der mir zustehenden »An die Generalintendanz des Kgl. Hoftheaters, München« und *eins* »An Herrn Dr. Burckhard, Direktor des K. K. Burgtheaters« [in Wien] schicken? Diese beiden Theater sind nämlich vom Vertrag mit Felix Bloch ausgenommen. (HI XVIII, 328)

Ibsen an Edvard Fallesen Kristiania, 19. Dezember 1892
Indem ich verbindlichst für die Mitteilung danke, daß das Kgl. Theater [in Kopenhagen] bereit ist, mein neues Schauspiel *Baumeister Solness* aufzuführen, möchte ich nur hinzufügen, daß ich mich selbstverständlich den im Regulativ vorgeschriebenen Bedingungen unterwerfe. (HI XVIII, 328 f)

Ibsen an August Lindberg Kristiania, 6. Januar 1893
Es tut mir leid, Ihre erneute Anfrage mit einer Ablehnung beantworten zu müssen. Ich kann Ihnen *Baumeister Solness* nicht zu anderen Bedingungen als den in meinem vorigen Brief genannten überlassen. Außerdem müssen Sie sich sofort entscheiden, sonst sehe ich mich ungebunden, mit anderen schwedischen Bühnenleitern und Direktoren abzuschließen.
[...]
Meine Geschäftsverbindungen haben allmählich einen derartigen Umfang angenommen, daß ich mich jetzt entschließen mußte, unweigerlich das Honorar im voraus zu verlangen, ehe ich überhaupt einem Theaterdirektor das Aufführungsrecht an meinen dramatischen Arbeiten erteile. (HI XVIII, 331)

Ibsen an Jacob Hegel   Kristiania, 31. Januar 1893
Baumeister Solness wird hier gerade einstudiert. Aber ich glaube,
das Kgl. Theater [in Kopenhagen] wird das Stück noch vorher
zur Aufführung bringen.   (HI XVIII, 332)

Ibsen an August Lindberg   Kristiania, 4. Februar 1893
Eine Abschrift der zwischen mir und der Dorsch-Tournee [mit
Baumeister Solness] getroffenen Vereinbarung besitze ich nicht.
Die Bedingungen waren 1000 Kronen Honorar, wovon 500 nach
der Premiere und der Rest nach der fünften Vorstellung.
Da die Tournee also nunmehr aufgelöst ist, muß ja meine Vereinba-
rung in jeder Beziehung als verfallen und ungültig anzusehen sein.
         (HI XVIII, 333)

Ibsen an August Lindberg   Kristiania, 13. Februar 1893
Es tut mir aufrichtig leid, daß ich Ihrer Bitte um Aufschub für den
Restbetrag meines Honorars nicht stattgeben kann. Ich habe mich
ganz sicher darauf verlassen, daß der Vertrag in jeder Beziehung
eingehalten wird. In der vorigen Woche habe ich daher einen größeren Betrag zum Einkauf von Obligationen nach Kopenhagen
geschickt, und nun stehe ich hier fast ohne Bargeld. Ein Aufschub
ist also unmöglich.
Da die Dorsch-Tournee aufgelöst ist, sehe ich nicht, wer da Schwierigkeiten machen sollte.
Eine in jeder Hinsicht ausgezeichnete Hilde [Wangel in *Baumeister Solness*] ist absolut notwendig!   (HI XVIII, 333 f)

Ibsen an Jacob Hegel   Kristiania, 26. Februar 1893
Ich bitte, Regisseur [William] Bloch [am Kgl. Theater in Ko-
penhagen] gütigst darüber aufzuklären, daß der Name Solness mit
dem Ton auf der ersten Silbe ausgesprochen wird – also Sool-ness.
         (HI XVIII, 334)

Ibsen an Jacob Hegel   Kristiania, 5. März 1893
Sowohl das Christiania Theater als auch Direktor [August] Lindberg werden später mit *Baumeister Solness* fertig als berechnet, und
das bereitet mir [finanzielle] Schwierigkeiten.   (HI XVIII, 335)

Ibsen an Hans Schrøder   Kristiania, 14. März 1893
Ihrem Wunsche entsprechend fasse ich hiermit die zwischen Ihnen
und mir getroffene Vereinbarung folgendermaßen zusammen:
Das Christiania Theater erwirbt das Recht, *Baumeister Solness*
gegen ein Honorar von 3000 (dreitausend) Kronen aufzuführen,
welcher Betrag gleich nach der Premiere an Buchhändler Nils Lund
einzuzahlen ist.   (A 65 f)

Ibsen an Edvard Fallesen   Kristiania, 3. April 1893
[Telegramm]
Bitte um Verbot gegen Direktor Lindbergs geplante Aufführung
Baumeister Solness in Kopenhagen.   (HI XVIII, 335)

Ibsen an August Lindberg   Kristiania, 3. April 1893
[Telegramm]
Verbiete Aufführung *[Baumeister Solness]* in Stockholm wegen
Vertragsbruchs erbitte notfalls Beistand des dortigen norwegischen
Staatsministers.   (HI XVIII, 335)

Ibsen an August Lindberg   Kristiania, 4. April 1893
Von Herrn Polizeiinspektor Mossin habe ich heute im Auftrag von
Herrn Direktor August Lindberg 1000 (eintausend) Kronen erhal-
ten, welchen Betrag ich hiermit pflichtschuldigst quittiere.[5]
    (HI XVIII, 336)

Ibsen an August Lindberg   Kristiania, 6. April 1893
Ich nehme an, Sie werden bei näherer Erwägung selbst einsehen,
daß ich zur Zeit unmöglich mit einer Aufführung von *Baumeister
Solness* Ihrerseits in Kopenhagen einverstanden sein kann. Das
Stück steht doch dort auf dem Spielplan des Kgl. Theaters und
wird dauernd gespielt. Die Genehmigung des Intendanten müßten
Sie ja vor allem einholen, aber es ist höchst unwahrscheinlich, daß
Sie die jetzt mitten in der Saison erhalten werden.   (HI XVIII, 336)

5 Laut Vertrag vom 11. 1. 1893 erhielt August Lindberg das schwedische
Aufführungsrecht an *Baumeister Solness* für ein Jahr gegen 2000 Kronen,
wovon 1000 Kronen bei Vertragsabschluß gezahlt wurden und 1000 Kronen am 12. 2. 1893 fällig waren.

Ibsen an Edvard Fallesen   Kristiania, 19. Mai 1893
Durch Herrn [Jacob] Hegel ist mir vom Kgl. Theater die Abrechnung über die mir zustehenden Tantiemen für die ersten fünf
Vorstellungen meines Schauspiels *Baumeister Solness* zugestellt
worden. Aus dieser Abrechnung geht hervor, daß das Kgl. Theater von dem Gesamtbetrag 1000 Kronen abzuziehen gedenkt, davon 600 Kronen, »weil das Stück vorher an anderen Bühnen gespielt« worden sei.
Diese früheren Vorstellungen beschränken sich in Wirklichkeit darauf, daß Direktor William Petersen das Stück einige Male mit seiner Truppe in Trondhjem gegeben hat.
Zur Zeit der Aufführung in Berlin stand es nicht in meiner Macht,
irgendeinen Einfluß auszuüben, da bekanntlich keine literarische
Konvention zwischen den nordischen Ländern und Deutschland besteht.
Hier in Kristiania wurde das Stück am *selben Abend* erstaufgeführt
wie in Kopenhagen. Also nicht *früher* als am Kgl. Theater.
Ich möchte daher Ew. Hochwohlgeboren ehrerbietig anheimstellen
zu erwägen, ob nicht Wohlwollen – und womöglich auch andere
Rücksichten – dafür sprechen, daß in diesem Fall eine weniger ri-
gorose Deutung des § 7, Absatz 3, des Regulativs am Platze wäre,
so daß die 600 Kronen nicht von den mir zustehenden Tantiemen
abgezogen werden.   (HI XVIII, 337 f)

Ibsen im Gespräch mit Jules Clarette   [Kristiania] Sommer 1897
Mehr noch glaubte Claretie einen empfindlichen Punkt berührt zu
haben, als er äußerte, von Ibsens sämtlichen Arbeiten schätzte er
Baumeister Solness am höchsten. Ibsen antwortete durch den Dol-
metscher, dies sei gerade das seiner Werke, in das er am meisten von
sich selbst gelegt hatte.   (HI XIX, 209)

Klein Eyolf
(Lille Eyolf)
Schauspiel in drei Akten

Abgeschlossen: 13. Oktober 1894 in Kristiania
*Erstdruck erschienen: 11. Dezember 1894 in Kopenhagen, Berlin
und London*
Uraufführung: 3. Dezember 1894 in London

Ibsen an Jacob Hegel Kristiania, 18. September 1893
Ich habe nun mit dem Entwurf zu einer neuen dramatischen Arbeit
begonnen, die ich im Laufe des nächsten Sommers zu beendigen die
Absicht habe. Hier fällt mir die Arbeit leicht, und es ist ja eine
große Annehmlichkeit, sein eigenes unabhängiges Heim zu haben.
(HI XVIII, 339)

Ibsen an Jacob Hegel Kristiania, 19. April 1894
Mit den Vorbereitungen zu meinem neuen Schauspiel geht es ständig und gleichmäßig voran, und ich hoffe es zu der üblichen Zeit
fertig zu haben. An Sommerferien wage ich dieses Jahr also nicht
zu denken. (HI XVIII, 347)

Ibsen an Bergliot Ibsen Kristiania, 15. Juni 1894
Morgen ist ja Dein Geburtstag, aber persönlich kann ich nicht kommen und Dich aus diesem Anlaß besuchen. Gestern habe ich nämlich
ernsthaft mit dem Dialog in meinem neuen Stück begonnen. Und
dadurch bin ich an den Schreibtisch und an meine Grübeleien gebunden und finde, daß ich keine Zeit für andere Dinge erübrigen
kann und tauge überhaupt zu nichts – nur *dazu*, die Arbeit abzuschließen. (HI XVIII, 348 f)

Ibsen an Jacob Hegel Kristiania, 25. Juli 1894
Gestern habe ich den zweiten Akt meines neuen Schauspiels voll-
endet und beginne bereits heute mit dem dritten und letzten. Das
Ganze wird also hoffentlich rechtzeitig fertig. (HI XVIII, 332 f)

Ibsen an Josef Calasanz Poestion   Kristiania, 2. August 1894
Ich sitze jetzt tief in der Arbeit mit einem neuen Schauspiel und
muß mich daher äußerst kurz fassen.   (HI XVIII, 353)

Ibsen an Jacob Hegel   Kristiania, 11. September 1894
Mein neues Schauspiel ist nun soweit vorgeschritten, daß es sich
wahrscheinlich Mitte nächsten Monats in Ihren Händen befinden
kann.   (HI XVIII, 354)

Ibsen an Jacob Hegel   Kristiania, 1. Oktober 1894
Nun ist mein neues Stück ungefähr fertig, nur die Reinschrift der
letzten Blätter fehlt noch. Binnen vierzehn Tagen wird es hoffentlich bei Ihnen sein.   (HI XVIII, 354)

Ibsen an August Larsen   Kristiania, 14. Oktober 1894
Wie telegraphisch angekündigt, habe ich gestern das Manuskript
meines neuen Stückes *[Klein Eyolf]* abgeschickt, das hoffentlich unbeschädigt ankommt.
Mein Sohn [Sigurd] besorgt auch diesmal die deutsche Übersetzung[1], [Moritz] Graf Prozor, Petersburg, die französische und
wahrscheinlich Mr. William Archer, London, die englische. Darüber gebe ich näheren Bescheid, wenn alles entschieden ist.
     (HI XVIII, 355)

Ibsen an August Larsen   Kristiania, 27. Oktober 1894
Ich danke Ihnen verbindlichst für Ihre freundliche Mitteilung, daß
das Manuskript richtig angekommen ist und erlaube mir heute die
Anfrage, ob es sich nicht machen läßt, den Satz sofort zu beginnen?
Es wäre mir nämlich sehr lieb, wenn die Übersetzer für ihre nicht
ganz leichte Arbeit genügend Zeit bekämen.
Ich habe überhaupt nichts darüber verlauten lassen, daß das Manuskript abgeschickt ist und tue es auch nicht. Was die Zeitungen darüber berichtet haben, muß ganz einfach eine Vermutung sein, die
diesmal ausnahmsweise stimmt.   (HI XVIII, 355)

1 Wie vorher die von *Baumeister Solness,* siehe S. 209.

Ibsen an Julius Elias   Kristiania, 2. November 1894
Ich kann auf Herrn [Samuel] Fischers Honorarbedingungen eingehen,[2] falls er Reclam nach einer längeren Frist, z. B. einem Jahr,
gestattet, die von mir gelieferte Übersetzung zu benutzen. Sowie
dieser Punkt geklärt ist, kann die sukzessive Übersendung des Manuskripts beginnen.   (HI XVIII, 357)

Ibsen an Julius Elias   Kristiania, 7. November 1894
Ich kann auf Herrn [Samuel] Fischers Vorschlag einer zweijährigen Frist eingehen, sofern er dafür einsteht, daß Herr [Philipp]
Reclam das Stück nicht in der Zwischenzeit in einer anderen Übersetzung veröffentlicht, die vielleicht schlecht und fehlerhaft ist und
von der ich um meiner literarischen Ehre willen keinen Nutzen
habe. Das ist jedoch eine Geringfügigkeit, die leicht zu gegenseitiger
Zufriedenheit zu regeln sein müßte.
Die Zusendung des Manuskripts und der Korrekturbogen wird nun
in den nächsten Tagen beginnen. Ich hoffe, Sie sind mit jeweils
einem Akt zufrieden. Titelblatt und Personenverzeichnis kommen
zuletzt. Ich setze voraus, daß man in der Druckerei in jeder Beziehung Diskretion bewahrt.   (HI XVIII, 358)

Ibsen an Jacob Hegel   Kristiania, 8. November 1894
Für Ihr gutes Angebot betr. der Herausgabe meines neuen Schauspiels bitte ich Sie, meinen besten Dank entgegenzunehmen.
                                        (HI XVIII, 358)

                               Kristiania, 15. November 1894
Ibsen in einem Interview mit »Politiken«
Unser Mitarbeiter fragte Dr. Ibsen, inwiefern die Behauptung im
Artikel der »Politiken« stimme, daß er sich gegenüber Herrn
[Aurélien] Lugné-Poë über Klein Eyolf geäußert habe. Daran
war kein wahres Wort. Dr. Ibsen hatte kein einziges Wort mit
Herrn Poë über das neue Stück gewechselt. Auf unsere Frage erklärte der Dichter es auch für unrichtig, was der Mitarbeiter der
»Politiken« berichtet hatte, [nämlich] daß ein französischer

2 betr. Klein Eyolf.

Theaterverlag einen Agenten zu ihm hinauf geschickt habe. Er hatte zwar einen Brief erhalten, aber keinen Agenten gesehen.

(HI XIX, 200)

Ibsen an August Larsen   Kristiania, 16. November 1894
[Telegramm]
Diebstahlursache in Kristiania undenkbar bestreite bestimmt erwarte unmittelbare Anzeige gegen Cavling durch Gyldendalsche Buchhandlung und Untersuchung in Druckerei.³   (HI XVIII, 359)

Ibsen an Jacob Hegel   Kristiania, 20. November 1894
Ich danke Ihnen recht sehr für Ihre klare und ausgiebige Darstellung der Verhandlungen mit Herrn Krag in Ihrem Büro. Ebenso bitte ich Sie, Herrn Graebe meinen Dank für seinen Brief zu sagen. Ich hege keinen Zweifel, daß in der Druckrei jede denkbare Kontrolle geübt wird.⁴
Aber aus einem Telegramm an [die Zeitung] »Verdens Gang« sehe ich jetzt, daß Herr Krag wiederum seine bei Ihnen abgegebene Erklärung geändert hat. Das wird ihm aber kaum etwas nützen. Ich möchte mich jedoch vorläufig zurückhalten und keine gerichtlichen Schritte gegen ihn unternehmen. – Nur soviel für heute. Ich sehe der weiteren Entwicklung der Dinge mit Interesse entgegen.

(HI XVIII, 360)

Ibsen an Julius Elias   Kristiania, 26. November 1894
In Beantwortung Ihres vorigen Briefes teile ich kurz mit, daß ich die Verhandlungen wegen meines neuen Stückes Felix Bloch Erben überlassen habe und somit Dr. [Otto] Brahm keine bindende Zusage geben kann.
Auch möchte ich nicht, daß Dr. Brahm etwas über das Stück mitgeteilt wird, solange er es nicht im Zusammenhang lesen kann.

(HI XVIII, 360)

---

3 Es handelt sich hier um einen Raubdruck der Korrektur von *Klein Eyolf*.
4 Bezieht sich auf den Raubdruck von *Klein Eyolf*.

Ibsen an August Larsen   Kristiania, 26. November 1894
Leider muß ich Sie wieder bemühen. Ich muß Sie nämlich bitten,
meinen deutschen Stellvertreter, Dr. Julius Elias, davon zu unterrichten, an welchem Tage mein Stück wahrscheinlich in Kopenhagen erscheint. Eine ähnliche Nachricht bitte ich rechtzeitig an
W[illiam] Archer zu senden. Daneben wird es nötig sein, sobald wie möglich 12 ungeheftete Exemplare an W. Heinemann,
London, zu schicken. Das früher erbetene ungeheftete Exemplar für
mich persönlich haben Sie hoffentlich nicht vergessen. Am liebsten
hätte ich zwei solche Exemplare.   (HI XVIII, 361)

Ibsen an Suzannah Ibsen   Kristiania, 11. Dezember 1894
Heute kommt das neue Stück[5] hier und in Berlin und in London
heraus.   (HI XIX, 359)

Ibsen an Peter Hansen   Kristiania, 15. Dezember 1894
Hiermit sage ich meinen verbindlichen Dank für die Mitteilung,
daß das Kgl. Theater [in Kopenhagen] mein Schauspiel *Klein
Eyolf* aufzuführen gedenkt.
Ich nehme das Angebot besonders gern zu den vom Kgl. Theater
gestellten Bedingungen an.   (HI XVIII, 362)

Ibsen an Peter Hansen   [Kristiania] 15. Dezember 1894
Achte bei der Einstudierung [von *Klein Eyolf*] darauf, daß Eyolf
nicht an Krücken schlurft wie ein leidender Patient, der gerade
vom Krankenbett aufgestanden ist. Er hat sich an diesen Sport ge-
wöhnt, ist sein ganzes Leben lang an Krücken gegangen und findet
sich ganz gut damit zurecht.   (UO)

Ibsen in einem Interview   [Kristiania] 18. Dezember 1894
Wir fragten den Dichter, ob die »Rattenjungfer«[6] wirklich eine Re-
miniszenz an seine Goethe-Lektüre sei?
»Nein, das ist sie nicht«, antwortete der Dichter. »Ich kenne Goe-
thes Gedicht nicht.[7] Gewiß kenne ich die Hameln-Sage, aber mein

5 Die Buchausgabe von *Klein Eyolf*.
6 Figur in *Klein Eyolf*.
7 »Der Rattenfänger«.

Vorbild sind die Erinnerungen von Skien[8] an eine Person, die man ›Rattenjungfer‹ nannte, mitunter auch ›Tante‹. Derartige Figuren gab es auch in anderen Orten.«

»In Bergen gab es ebenfalls eine derartige ›Rattenjungfer‹, hinter der die Straßenjungen herriefen, gerade in jener Zeit, als Sie Regisseur am dortigen Theater waren.«

»Ja, es ist gut möglich, daß ich auch von dort etwas von dieser Idee habe. – Aber, wie gesagt, von Skien erinnere ich die Gestalt bestimmt.«   (HI XIX, 203 f)

Ibsen an Suzannah Ibsen   Kristiania, 20. Dezember 1894
Welch eine bewegte Zeit seit dem 11., da mein neues Stück erschien! Es hat einen Sturm einstimmiger Begeisterung hervorgerufen wie nie zuvor. Die 1. Auflage ist vergriffen, die 2. kommt schon übermorgen heraus. Direktor [Albert] Ranft hat die Aufführungsrechte für Schweden erworben und mit 3000 Kronen bezahlt. Christiania Theater ebenso. Mein englisches Honorar ist bezahlt. [. . .] Am Kgl. Theater in Kopenhagen ist das Stück angenommen. Am Burgtheater [in Wien] und am Deutschen Theater [in Berlin] ebenfalls. Und sicher auch an vielen anderen deutschen Bühnen, worüber ich noch nicht Bescheid weiß.   (HI XIX, 360)

Ibsen an Suzannah Ibsen   Kristiania, 28. Dezember 1894
29. 12. Hier wurde ich gestern beim Schreiben unterbrochen. Zuerst vom Theatermaler und dann vom Regisseur. Es werden neue Dekorationen für das Stück angefertigt,[9] und die Einstudierung ist im Gange.   (HI XIX, 362)

Ibsen an August Rasmussen   Kristiania, Dezember 1894?]
Hiermit erkläre ich durch Unterschrift, daß ich Herrn Theaterdirektor A[ugust] R[asmussen] das ausschließliche Recht übertragen habe, für die Dauer von zehn Jahren überall in Schweden inklusive Stockholm und Göteborg mein Schauspiel *Klein Eyolf* aufzuführen. Anschließend hat Herr Direktor Rasmussen das all-

8 Ibsens Geburtsort.
9 Für die Aufführung von *Klein Eyolf* am Christiania Theater.

gemeine Aufführungsrecht an dem Stück. Das Honorar ist bezahlt, was ich hiermit quittiere. (HI XIX, 282)

Ibsen an Suzannah Ibsen [Kristiania] 5. Januar 1895
Von Berlin bombardiert man mich mit Aufforderungen, am 10. zur Premiere zu kommen, aber das ist mir natürlich ganz unmöglich. Hier ist die Aufführung vorläufig auf den 15. angesetzt, aber ob alles so früh fertig wird, weiß ich noch nicht. (HI XIX, 363)

Ibsen an August Arppe Kristiania, 6. Januar 1895
Ich danke Ihnen verbindlichst für Ihr freundliches Schreiben, aus dem ich mit Freuden erfahre, daß sowohl das Schwedische als auch das Finnische Theater in Helsingfors [Helsinki] mein neues Schauspiel *Klein Eyolf* aufführen wird.
Es wird mir eine Ehre sein, das mir freiwillig angebotene Honorar von 500 finnischen Mark für beide Theater zusammen entgegenzunehmen. (KB)

Ibsen an Suzannah Ibsen Kristiania, 13. Januar 1895
Kann nur ganz kurz schreiben, da ich wegen der Theaterproben völlig besetzt bin. Übermorgen soll das Stück stehen.[10] Es macht sich sehr gut, alle Darsteller strengen sich aufs äußerste an.
[...]
Gestern Premiere am Deutschen Theater [in Berlin]. Großer Erfolg. Telegramme laufen ein. (HI XIX, 364)

Ibsen an Suzannah Ibsen Kristiania, 12. März 1895
Und dann kann ich Dir berichten, daß die 3. Auflage von *Klein Eyolf* sich im Druck befindet und wahrscheinlich nächste Woche erscheint. Morgen abend wird das Stück zum ersten Mal in Kopenhagen aufgeführt. (HI XIX, 369)

Ibsen an Olaus Olsen Kristiania, 10. August 1895
In Beantwortung Ihres Briefes muß ich Sie darüber aufklären, daß die Schauspieler des Christiania Theaters nicht um meine Erlaubnis

10 *Klein Eyolf* am Christiania Theater.

gebeten haben, *Klein Eyolf* auf einer neuen Tournee zu spielen und daß ich eine solche auch nicht geben würde.   (HI XVIII, 376)

Ibsen an Ragna Wettergren   Kristiania, 13. August 1895
Man hat mir berichtet, die Mitglieder der jetzt aufgelösten *Klein Eyolf*-Tournee dächten daran, wieder loszuziehen und das Stück in der Provinz zu spielen, besonders in Kristiansand. Sollte das der Fall sein, müßte die Gesellschaft sich vorher an Theaterdirektor Olaus Olsen wenden, um sich mit ihm zu einigen und seine Erlaubnis zu erhalten. Nach Auflösung der Tournee hat er nämlich das Alleinrecht und kann gegen die Aufführung des Stückes ein polizeiliches Verbot erlassen. Zur Zeit spielt er vermutlich in Stavanger.
(HI XVIII, 376)

John Gabriel Borkman
Schauspiel in vier Akten

Abgeschlossen: Mitte Oktober 1895 in Kristiania
Erstdruck erschienen: 15. Dezember 1896 in Kopenhagen
Uraufführung: 14. Dezember 1896 in London

Ibsen an William Archer   Kristiania, 27. Juni 1895
Ich hoffe, ich werde nächstes Jahr dazu kommen, ein neues Schauspiel zu schreiben, aber bestimmt weiß ich es ja noch nicht. Es gibt so viel anderes, das mich in Anspruch nimmt und meine Zeit verlangt.   (HI XVIII, 373)

Ibsen an Georg Brandes   Kristiania, 24. April 1896
Außerdem bin ich mit Vorbereitungen zu einer neuen großen Arbeit beschäftigt, und die will ich nicht länger liegen lassen als notwendig. Mir könnte nämlich leicht ein Dachziegel auf den Kopf fallen, ehe ich auf dem letzten Loch pfeife. Und was dann?
(HI XVIII, 382)

Ibsen an August Larsen   Kristiania, 7. Juli 1896
Ich arbeite nun mit voller Kraft[1] und wünsche Ihnen und Ihrer
Familie angenehme Ferien an dem herrlichen Öresund. Wie gern
würde ich dort unten sein!   (HI XVIII, 383)

Ibsen an Jacob Hegel   Kristiania, 27. Juli 1896
Mit meinem neuen Schauspiel geht es außerordentlich leicht und
rasch vorwärts. Die mehr als südländische Hitze, die diesen Sommer hier oben herrscht, hindert mich nicht, ununterbrochen zu arbeiten, und es ist durchaus möglich, daß ich Ihnen diesmal das Manuskript etwas früher zum Druck schicken kann als sonst.
                                                    (HI XVIII, 383)

Ibsen an Jacob Hegel   Kristiania, 6. September 1896
Hiermit habe ich das Vergnügen, Ihnen mitzuteilen, daß ich Ende
vorigen Monats das Manuskript zu meinem neuen Schauspiel vollendet habe und nun mit der Reinschrift beschäftigt bin, die Ihnen
im Oktober zugestellt werden wird. Das Stück besteht aus vier
ziemlich langen Akten, und ich glaube, man kann die Arbeit als
gut und geglückt bezeichnen.   (HI XVIII, 384)

Ibsen an Georg Brandes   Kristiania, 3. Oktober 1896
Ich arbeite nämlich jetzt an einem neuen umfangreichen Schauspiel,
das sobald wie möglich fertig sein soll.   (HI XVIII, 385)

Ibsen an Jacob Hegel   Kristiania, 20. Oktober 1896
Hiermit schicke ich Ihnen das Manuskript zu meinem neuen Schauspiel. Ich denke, wir beide werden Freude daran haben. Überlassen Sie keinesfalls einem literarischen Langfinger die Korrekturbogen und beginnen Sie wegen der Theater und der Übersetzer
sogleich mit dem Druck.   (HI XVIII, 386)

Ibsen an August Larsen   Kristiania, 11. November 1896
Direktor Emanuel Hansen in St. Petersburg, den Sie vielleicht kennen, wird die russische Übersetzung meines neuen Stückes besorgen,

1 An *John Gabriel Borkman*.

und ich erlaube mir daher, um jeweilige Übersendung der Korrekturbogen an ihn zu bitten. (HI XVIII, 388)

Ibsen an Jacob Hegel   Kristiania, 29. November 1896
Nehmen Sie hiermit meinen wärmsten Dank für Ihre freundliche Mitteilung über die besonders hohe Auflage, in der Sie mein neues Schauspiel drucken lassen. Ich will hoffen, daß Sie einen dementsprechenden Absatz findet. (HI XVIII, 389)

Ibsen an Peter Hansen   Kristiania, 17. Dezember 1896
Dank für den Brief! – Was Herr Hennings in Bezug auf sein hiesiges Gespräch mit mir vorbringt, ist Unsinn. Ich habe ihm in Gegenwart von Theaterdirektor [Hans] Schrøder ausdrücklich erklärt, daß in meinem neuen Stück *keine* Hauptrolle für Frau [Betty] Hennings enthalten ist, dagegen vielleicht eine kleinere. Ich dachte nämlich an die Frida. Für die Ella wollte ich Frau Oda Nielsen vorschlagen. Wer die Rita [in *Klein Eyolf*] spielen kann, muß auch die Ella spielen können. Noch dazu würde sie eine glaubwürdige Zwillingsschwester von Frau Eckardt abgeben, die natürlich die Gunhild spielen muß.
Der Dekorationsmaler ist mir willkommen. Ich werde ihm in allem zur Verfügung stehen, soweit ich kann. Hier am Theater hat man einen sehr tüchtigen Maler, er stellt sich ebenfalls Herrn Petersen während dessen hiesigem Aufenthalt zur Verfügung.
(HI XVIII, 390)

Ibsen an August Lindberg   Kristiania, 28. Dezember 1896
Hiermit bestätige ich, von Herrn Direktor August Lindberg als Honorar für mein Schauspiel *John Gabriel Borkman* 1000 Kronen erhalten zu haben, womit Herr Lindberg für zwei Jahre das alleinige Recht erworben hat, in der norwegischen Provinz oben genanntes Stück aufzuführen. (HI XVIII, 390)

Ibsen an Olaf Hansson   Kristiania, 2. Januar 1897
Wie in meinem Antworttelegramm erwähnt, mußte ich aus Ihrem völligen Schweigen schließen, daß das Theater in Bergen sich nicht imstande sah, mein neues Stück aufzuführen, eine Annahme, die um

so berechtigter war, als sowohl die Besetzung als auch die Dekoration und die Technik ganz ungewöhnlich große Schwierigkeiten bereiten. – Nun bleibt also für Sie nichts anderes übrig, als sich mit Herrn [August] Lindberg hierorts in Verbindung zu setzen und mit ihm zu einer gütlichen Einigung zu kommen. Das müßte nach meiner Ansicht sehr leicht sein, da er ja seinerseits Ihr Theater braucht, um das Stück in Bergen spielen zu können. Ich will auch gern vermitteln, soweit ich kann, aber ich hoffe, daß zuletzt alles in Ordnung geht.[2]   (HI XVIII, 391)

Ibsen an August Larsen   Kristiania, 10. Januar 1897
Die außerordentlich hübsche Ausstattung meines neuen Buches hat mich ganz besonders erfreut, und ich danke Ihnen herzlich, auch für die Übersendung der vielen Exemplare.   (HI XVIII, 392f)

Ibsen an Julius Elias   Kristiania, 16. Januar 1897
Ich kann also zur Zeit meinen Aufenthaltsort nicht ändern, um so weniger als die Aufführung des Stückes nahe bevorsteht und meine Gegenwart auf den Proben absolut notwendig ist. Diese Beschäftigung ist mir höchst peinlich und unangenehm, aber ich kann mich ihr leider nicht entziehen.   (HI XVIII, 393)

Eine Presse-Erklärung Ibsens   Kopenhagen, 28. Januar 1897
Ibsen bevollmächtigt uns zu der Erklärung, daß er auf das bestimmteste und ernsteste bestreitet, [mit John Gabriel Borkman] Bjørnson gemeint zu haben.
Er erklärt, daß er niemals in seinen Schauspielen auf bestimmte Personen gezielt hat.   (Politiken 28. 1. 1897)

Ibsen an August Lindberg   Kristiania, 28. Februar 1897
Betreffs *John Gabriel Borkman* kann ich Ihnen heute keine bestimmte Antwort geben. Der Theaterdirektor, bei dem Sie in der dänischen Provinz auftreten wollen, muß erst von Herrn August

2 Olaf Hansson, damals Direktor des Nationaltheaters in Bergen, glaubte auf Grund des Vertrages vom 28. 10. 1876 das Vorrecht zu haben (s. I, S. 76 ff.). August Lindberg gab nach, und die Premiere in Bergen fand am 19. 2. 1897 statt.

Larsen, dem Geschäftsführer der Gyldendalschen Buchhandlung, das Aufführungsrecht erwerben. Ich weiß, daß mehrere Anfragen bei ihm eingegangen sind, aber ob er schon mit einem Direktor abgeschlossen hat, weiß ich im Augenblick nicht. (HI XVIII, 395)

[Kristiania 1897]
Ibsen im Gespräch mit einem Korrespondenten des »Kjøbenhavns Aftenblad« (Kopenhagener Abendblatt):
Frau Borckman[3] ist mißverstanden worden. Die Hauptsache ist, sie liebt ihren Mann. Sie war nicht von Anfang an ein hartes und böses Weib, sondern eine liebende Ehefrau, die erst durch Enttäuschungen hart und böse geworden ist. Zunächst wurde sie von ihrem Mann in der Liebe enttäuscht, dann von seiner Genialität. Darauf muß die [betreffende] Schauspielerin vor allem Gewicht legen. Wenn Frau Borckman ihren Mann nicht geliebt hätte, würde sie ihm längst verziehen haben. Jetzt wartet sie – trotz ihrer zweifachen Enttäuschung, deren Opfer sie wurde – auf den kranken Wolf, dessen Schritte sie jeden Tag hört. So wie er auf das Weltereignis wartet, so wartet *sie* auf *ihn*. Das geht deutlich aus dem Dialog hervor, und diesen Charakterzug muß die Darstellerin vor allem beachten. (HI XIII, 26)

3 In dem Schauspiel *John Gabriel Borkman*.

Wenn wir Toten erwachen
(Når vi døde vågner)
Ein dramatischer Epilog in drei Akten
Ursprünglicher Titel:
Opstandelsens dag (Tag der Auferstehung)

Abgeschlossen: 20. November 1899 in Kristiania
Erstdruck erschienen: 19. Dezember 1899 in Kopenhagen
Uraufführung: 16. Dezember 1899 in London

Ibsen an Georg Brandes [Kristiania] 3. Juni 1897
Übrigens plane ich hier in der Einsamkeit irgend etwas neues Dramatisches. Aber ich kann noch nicht klar sehen, was daraus wird.

(HI XVIII, 397)

Ibsen an Suzannah Ibsen Kristiania, 13. Juni 1897
Mir geht es daher außerordentlich gut – und in der Einsamkeit habe ich begonnen, Pläne für ein neues Stück[1] auszubrüten. Die Grundstimmung habe ich bereits im Gefühl, aber von den Personen sehe ich vorläufig nur eine. Nun, die übrigen kommen wohl auch noch. (HI XIX, 392)

Ibsen an Suzannah Ibsen Kristiania, 2. Juli 1897
Auch denke ich nun näher über ein neues Schauspiel nach. Aus dem Grunde habe ich meine Spaziergänge ausgedehnt. (HI XIX, 393)

Ibsen an Julius Elias Kristiania, 29. Mai 1898
Wie Sie wissen, war ich dieses Jahr so sehr mit vielen ungewöhnlichen Dingen beschäftigt, daß es äußerst zweifelhaft ist, ob ich diesmal mein geplantes neues Schauspiel zu üblicher Zeit fertig haben kann. Auf alle Fälle werde ich es nicht so rechtzeitig abliefern können, daß noch dieses Jahr an eine deutsche Ausgabe zu denken ist. (HI XVIII, 413)

1 *Wenn wir Toten erwachen?*

Ibsen an Julius Elias   Kristiania, 29. August 1898
Die Druckerei hat mir die ersten Korrekturabzüge zur *Nordischen Heerfahrt* geschickt, die ich hiermit an Sie weiterleite mit dem Ersuchen, weitere Sendungen an mich zu unterbinden. Ich kann nämlich keine Überprüfung meiner früheren Arbeiten übernehmen, da mich das allzu sehr in meiner gegenwärtigen Beschäftigung[2] stören würde und außerdem ganz überflüssig zu sein scheint.
(HI XVIII, 416)

Ibsen an Jacob Hegel   Kristiania, 13. Februar 1899
Ich habe nun ernsthaft begonnen, an meinem neuen Stück zu arbeiten und hoffe bestimmt, es zu gewohnter Zeit im Herbst fertig zu haben.   (HI XVIII, 425)

Ibsen an Jacob Hegel   Kristiania, 24. Februar 1899
Ich arbeite jeden Tag an meinem neuen Schauspiel und hoffe das Manuskript bedeutend früher fertig zu haben als gewöhnlich, so daß der Druck diesmal ruhiger vonstatten gehen kann als sonst.
(HI XVIII, 426)

Ibsen an Julius Elias[3]   [Kristiania, 1. Mai 1899]
Ich hege den lebhaften Wunsch dass Herr Christian Morgenstern seinerzeit die Übersetzung meines neuen Stückes besorgen möge. Er ist ein höchst begabter, wirklicher Dichter. [...] Ausserdem ist er vollständig vertraut mit der norwegischen Sprache, ein Vorzug, den zu finden ich früher nicht bei vielen meiner deutschen Übersetzer das Glück hatte.   (HI XVIII, 428 f)

Ibsen an Jacob Hegel   Kristiania, 23. Juli 1899
In zwei drei Monaten sende ich Ihnen das Manuskript zu meinem neuen Buch.   (HI XVIII, 432)

Ibsen an O. und Helga Thommessen   Kristiania, 25. August 1899
Ich selbst sitze mitten drin in einer neuen literarischen Arbeit und wage nicht, die Gedankengänge zu unterbrechen. Nur ein Mal habe

2 Arbeit an *Wenn wir Toten erwachen.*
3 Im Original deutsch.

ich diesen Sommer an einer größeren Festlichkeit teilgenommen, mußte aber dafür hinterher mit mehreren Tagen Arbeitsuntauglichkeit büßen. Außerdem habe ich versprechen müssen, bei der Eröffnung des Nationaltheater [am 1. September] anwesend zu sein.

(HI XVIII, 433 f)

Ibsen an Edith Brandes   Kristiania, 10. Oktober 1899
Ich sitze hier in Einsamkeit wie gewöhnlich und brüte über einer neuen Arbeit, die hoffentlich nun bald fertig sein wird.

(HI XVIII, 435)

Ibsen an Julius Elias[4]   Kristiania, 8. November 1899
Wenn Stück fertig werden Zeitpunkt erfahren bis dahin bitte höflichst um Arbeitsruhe Übersetzung wird hier besorgt.

(HI XVIII, 437)

Ibsen an Julius Elias[4]   Kristiania, 18. November 1899
Habe selbstverständlich keinen Vertrag mit Langen abgeschlossen wann Übersetzung fertig werden Sie dieselbe erhalten.

(HI XVIII, 437)

Ibsen an Jacob Hegel   Kristiania, 20. November 1899
Das neue Stück ist fertig. Das Manuskript zum Druck geht übermorgen von hier ab.   (HI XVIII, 437)

Ibsen an Jacob Hegel   Kristiania, 22. November 1899
Nun befindet sich also das Manuskript in Ihren Händen, und das Buch kann dann hoffentlich vor Weihnachten erscheinen. Über alles Geschäftliche schreibe ich heute an Herrn [August] Larsen. Eine Geheimhaltung des Stücktitels *[Wenn wir Toten erwachen]* ist diesmal nicht notwendig.   (HI XVIII, 437 f)

Ibsen an Jacob Hegel   Kristiania, 27. November 1899
Für Ihr günstiges Angebot betreffs der Auflage und des Honorares für mein neues Schauspiel sage ich Ihnen meinen besten Dank. Das von Herrn [Samuel] Fischer vorgeschlagene Arrangement

4 Originaltelegramm.

akzeptiere ich gern. Auch ich glaube, daß mir dadurch alle Autorenrechte in Deutschland und Österreich gesichert sind.

(HI XVIII, 438)

Ibsen an August Larsen   Kristiania, 3. Dezember 1899
Ich danke Ihnen herzlichst für die überraschende Schnelligkeit, mit der der Druck meines neuen Stückes vorangeht. Von Graf Prozor habe ich heute selbst einen Brief erhalten und werde ihm antworten. Die letzte Sendung an die Übersetzer kann wohl so abgeschickt werden, daß es für sie unmöglich ist, vor dem Original fertig zu werden. Den Text der Übersetzungen würde ich gern ebenso gedruckt sehen wie bei früheren Gelegenheiten, und das Buch möchte ich in meinem Namen an dieselben Personen geschickt haben wie sonst. Ich selbst hätte gern *zwei* Exemplare, mindestens *einen* Tag vor Erscheinen.   (HI XVIII, 438 f)

Kristiania, 11. Dezember 1899
Ibsen über eine Pressenotiz in »Politiken«
Ob ich dazu komme, noch mehr zu schreiben, ist eine Sache für sich. Was ich in dieser Beziehung mit der Bezeichnung »[Ein dramatischer] Epilog« gemeint habe, bedeutet nur, daß das Stück den Epilog zu einer Reihe meiner Dramen bildet, die mit *Ein Puppenheim* beginnt und nun mit *Wenn wir Toten erwachen* abgeschlossen ist. Diese jüngste Arbeit gehört zu den Erlebnissen, die ich in der ganzen Reihe schildern wollte. Sie bildet eine Ganzheit, eine Einheit, und damit bin ich nun fertig. Sollte ich danach etwas schreiben, wird es in ganz anderer Verbindung sein, vielleicht auch in anderer Form.   (HI XIX, 226)

Ibsen an August Larsen   Kristiania, 13. Dezember 1899
Darf ich Sie, nun da der Erscheinungstermin naht, bitten, Herrn Einar Christiansen gütigst zwei geheftete Exemplare meines neuen Stückes mit der Bemerkung zu schicken, daß ich damit das Stück als offiziell am Kgl. Theater [in Kopenhagen] eingereicht betrachte. Falls Herr Christiansen die Korrekturbogen gelesen hat und aus irgend einem Grunde meint, das Stück solle nicht gespielt werden, ist die Zusendung natürlich überflüssig. (HI XVIII, 439 f)

Kristiania, 24. Dezember 1899

Ibsen an C. C. S. Danneskjold-Samsøe

Für die gestern erhaltene, für mich erfreuliche und ehrenvolle Nachricht, daß mein eingereichtes neues Schauspiel *Wenn wir Toten erwachen* vom Königlichen Theater [in Kopenhagen] zur Aufführung angenommen worden ist, sei es mir gestattet, meinen ergebensten Dank auszusprechen. (HI XVIII, 440 f)

Ibsen an Julius Elias   Kristiania, 3. Januar 1900

Im Personenverzeichnis [zu *Wenn wir Toten erwachen*] steht bei mir »Eine reisende Dame«, in der deutschen Ausgabe ist das »verbessert« in »Irene«. Es ist unmöglich, daß mein vortrefflicher, feinfühliger und verständnisvoller Übersetzer daran schuld sein kann. Es muß an dem Buchdrucker oder einem seiner Angestellten liegen. Ich hoffe, man hält ihn in Zukunft besser unter Aufsicht.

(HI XVIII, 442)

Kristiania [Frühjahr 1900]

Ibsen im Gespräch mit Gunnar Heiberg

[Heiberg traf Ibsen auf der Straße und fragte ihn, wie alt Irene in *Wenn wir Toten erwachen* sei.]

Ibsen antwortete: »Irene soll 28 Jahre alt sein.«

»Das ist unmöglich«, meinte ich.

Er sah mich durchdringend an und knirschte: »Tja, Sie wissen es wohl besser, wie?«

»Ja, das tue ich«, erwiderte ich und erklärte, daß Irene mindestens 40 Jahre sein muß. Es müssen *viele* Jahre vergangen sein, seit sie und Rubek sich das vorige Mal getroffen haben. Gerade die *vielen* Jahre machten es, daß der Bruch jetzt, jetzt wieder so entscheidend und bedeutungsvoll vor ihnen stand. Die kleinen Dinge waren vergessen. Daß sie einander geliebt hatten, das allein blieb in ihrer Erinnerung. Die vielen dazwischenliegenden Jahre hatten sich wie eine Nebelwand zwischen damals und jetzt geschoben, und aus diesem Nebel waren sie ans Licht gekommen und konnten voller Ruhe zurückblicken, so daß ihre Worte klar und deutlich wurden . . .«

»Irene soll 28 sein«, unterbrach Ibsen, »aber warum fragen Sie, wenn Sie es so gut wissen?« Dabei machte er kehrt und verschwand.

Am nächsten Tag bekam ich einen Brief von ihm. Da stand: »Sie haben recht. Ich habe unrecht. Ich habe in meinen Notizen nachgesehen. Irene ist ca. 40 Jahre alt.« (AP 1911, Nr. 50)

Ibsen an August Larsen   Kristiania, 30. April 1900
Vor allem danke ich Ihnen für den Ankauf von Obligationen, was für mich ja sehr vorteilhaft war, und dann für Ihren Hinweis, daß mein jüngstes Schauspiel *[Wenn wir Toten erwachen]* nicht mit im Kontrakt über die gesammelten Werke steht. Dieses Stück kann also später kommen, entweder separat oder nach näherer Vereinbarung in irgendeiner anderen Verbindung. Am liebsten möchte ich ja, daß *Wenn wir Toten erwachen* als Abschluß der gesammelten Werke aufgenommen würde, wohin es als Finale dieser Reihe organisch gehört. (HI XVIII, 449)

Ibsen an August Lindberg   Kristiania, 5. Mai 1900
Wie Sie vielleicht in den Zeitungen gelesen haben, geht es mir seit März schlecht, und die Ärzte haben mir verboten zu schreiben. Das ist der Grund meines Schweigens. –
Ich finde nicht, daß mein neues Stück für eine Tournee geeignet ist, da es so ungewöhnliche Dekorationen erfordert. Aber die kann man vielleicht bei [Albert] Ranft[5] bekommen. (HI XVIII, 450)

5 Mehrfacher Theaterbesitzer in Stockholm.

Pläne und Beiträge

Ibsen an das Akademische Kollegium   Christiania, 6. März 1863

Indem ich hiermit dem hohen Kollegium ergebenst mitteile, daß das mir im vorigen Jahre bewilligte Stipendium in Übereinstimmung mit dem seinerzeit von mir eingereichten Gesuch verwendet worden ist, erlaube ich mir zu bemerken, daß die mir obliegende Berichterstattung nicht früher eingereicht worden ist, weil ich gleich nach meiner Rückkehr mit einem hiesigen Verleger einen Vertrag über die Herausgabe einer Sammlung norwegischer Volkssagen abgeschlossen habe, die schon im Laufe des Winters herauskommen sollte. Aus ihr würde die Ausbeute meiner Reise am deutlichsten hervorgehen. Auf Grund gewisser Umstände ist die Ausgabe jedoch nicht zustandegekommen, und ich erlaube mir deshalb – bis zu ihrem Erscheinen – ergebenst mitzuteilen, daß es mir besonders in Nordfjord und Søndmør gelungen ist, 70–80 bisher ungedruckte Volkssagen aufzuzeichnen, von denen einige Proben im »Illustrierten Nachrichtenblatt« (Illustr. Nyhedsblad) gedruckt worden sind. Auch an Volksliedern und Abenteuern habe ich einen Teil vorgefunden, doch meistens nur Varianten jener, die man aus den Sammlungen Landstads oder Moes und Asbjørnsens kennt. Meine sich in Arbeit befindliche Sagensammlung wird gleich nach Erscheinen dem hohen Kollegium zugestellt werden.[1] (HI XVI, 88 f)

[1] Obwohl Ibsen bereits am 17. November 1862 mit Johan Dahl in Christiania einen Verlagsvertrag abgeschlossen hatte, ist das geplante Buch nicht erschienen.

Ibsen an Rudolf Schmidt   Dresden, 31. Oktober 1868
PS: Sollten Sie später einige kleine Sachen von Italien wünschen,
Charakteristika, Reiseerlebnisse – alles kurz aufgezeichnet und
ohne künstlerischen Wert –, so habe ich genug Stoff und würde
wohl auch eine Form dafür zu finden wissen. Aber davon kann ja
erst zu einem späteren Zeitpunkt die Rede sein.[2]   (HI XVI, 221 f)

Ibsen an Frederik Hegel   Dresden, 22. Januar 1869
Herr Rudolf Schmidt hat mich um Beiträge für eine neue Zeitschrift[3] gebeten, aber darauf lasse ich mich nicht ein. Ich glaubte
erst, sie würde in Ihrem Verlag erscheinen und gab ihm daher eine
unbestimmte Antwort. Aber nun werde ich ganz sicher ablehnen.
                                                    (HI XVI, 227)

Ibsen an Rudolf Schmidt   Dresden, 26. Januar 1869
Als Antwort auf Ihren sehr geehrten Brief vom 16. ds. muß ich
[Ihnen] mitteilen, daß ich nicht als künftiger Beitragsspender der
geplanten Zeitschrift genannt zu werden wünsche, da ich mir von
Ihrem verehrten Angebot nichts Gutes verspreche.
Der Grund zu diesem meinem Entschluß ist der, daß ich mich nicht
dazu bequemen kann, mit Männern zusammen zu arbeiten, von
denen ich erfahrungsgemäß vermute, daß sie bei der ersten besten
Gelegenheit ihre respektiven Zeitungen und Federn gegen mich
richten werden. In einer Kopenhagener Korrespondenzmitteilung
an das norwegische Morgenblatt sehe ich, daß Herr B[jörn-
stjerne] Bjørnson[4] als vermutlicher Mitherausgeber von »Für
Idee und Wirklichkeit« genannt wird. Schon dieser Umstand wäre
an und für sich für mich entscheidend, selbst wenn nicht andere
Motive reichlich vorlägen.
Ich bin überzeugt, Sie werden verstehen, daß nach meiner Ansicht
Klarheit die erste Bedingung in allen Beziehungen sein sollte, und

2 Der dänische Schriftsteller Rudolf Schmidt und Professor Rasmus Nielsen gründeten im Februar 1869 die Zeitschrift »For Ide og Virkelighed«
(Für Idee und Wirklichkeit).
3 »Für Idee und Wirklichkeit« (For Ide og Virkelighed).
4 Zu jener Zeit war Ibsens Verhältnis zu Bjørnson sehr gespannt.

ich hoffe deshalb zuversichtlich, daß Sie es mir nicht verübeln, wenn ich [Ihre Bitte] abschlage. (HI XVI, 228 f)

Ibsen an Georg Brandes Berchtesgaden, 23. Juli 1872
Es ist so lange her, da ich bei dem Gedanken erschrak, für Ihre Zeitschrift[5] Beiträge leisten zu sollen, daß ich jetzt einen Plan über Etliches angefertigt habe, was ich sagen möchte und was Sie vielleicht gebrauchen könnten – alles in Form von poetischen Episteln über gegenwärtige Verhältnisse in der Politik, Literatur und ähnlichem. Es würde in einer Weise mein Glaubensbekenntnis werden, aber keine direkte Hilfe für Sie und Ihre Sache. Doch anders kann ich nicht mitmachen, lieber Brandes. Ich muß mich innerhalb dessen begrenzen, was mein eigen ist. Um diese [Begrenzung] kreisen all meine Gedanken. Das Gebiet erstreckt sich nicht weit, aber ich bearbeite es nach bestem Können. Sehen Sie nun bloß nichts Egoistisches darin! (HI XVII, 51)

Ibsen an Frederik Hegel Dresden, 15. September 1872
Dr. [Georg] Brandes ist hier. Wenn *Sie* die Herausgabe der [von ihm] geplanten Zeitschrift übernehmen wollten, glaube ich, ja bin fast gewiß, daß sie sich Bahn brechen würde und mit Vorteil längere Zeit bestehen könnte. Nach meiner Erfahrung hängt ein solches Unternehmen fast ganz davon ab, wer der Herausgeber ist. Daß ich mit diesem Glauben an die Sache mich mit Freuden – so lose oder so fest, wie Sie es für zweckmäßig halten mögen – daran binden würde, ist eine Selbstverständlichkeit. Ich sehne mich nach einer ständigen Nebenbeschäftigung und hatte gerade daran gedacht, mich mit dem einen oder anderen unserer öffentlichen Organe in Verbindung zu setzen, als Dr. Brandes und später Sie diesen Plan berührten, den ich allen anderen vorziehe. (HI XVII, 56)

Ibsen an Christian Tønsberg Dresden, 30. September 1872
Als Antwort auf Ihr sehr geehrtes Schreiben vom 26. ds. muß ich Ihnen leider mitteilen, daß ich mich nicht imstande sehe, Ihrer Bitte

5 Georg und Edvard Brandes gaben ab Oktober 1874 die Zeitschrift »Det nittende Aarhundrede« (Das 19. Jahrhundert) heraus. Ibsen lieferte seinen Beitrag im Juli 1875.

um einen Beitrag für das geplante »Künstler-Album« zu entsprechen. Eine größere literarische Arbeit[6] nimmt meine ganze Zeit und all meine Gedanken in Anspruch, aber, möchte ich hinzufügen, selbst wenn dies nicht der Fall wäre, so habe ich es mir ein für allemal zur Regel gemacht, niemals etwas in Gemeinschaft mit anderen zu publizieren. Was ich schreibe, will ich für mich allein herausgeben. Aus diesem Grunde habe ich bereits unzählige ähnliche Anfragen abschlagen müssen. Einem in allen literarischen Dingen so erfahrenen Manne wie Ihnen brauche ich vermutlich nicht überflüssiger Weise meine Motive näher zu erklären, und es erübrigt sich wohl, die Hoffnung auszusprechen, daß Sie in meiner notgedrungenen Weigerung nichts anderes oder mehr sehen wollen, als ich oben angedeutet habe. (HI XVII, 59)

Ibsen an Paul Lindau[7]   Rom, 23. Mai 1885
Ihr sehr werthes Schreiben vom 5. Mai, nach München adressirt, ist mir hier in die Hände gekommen grade in dem Augenblick als ich im Begriffe stehe eine Sommerreise nach dem Norden anzutreten.
Unter solchen Umständen ist es mir leider unmöglich einen würdigen Beitrag zum 100. Heft Ihrer Zeitschrift[8] zu liefern, was ich sehr bedauere. (IÄ 1955/56, 209)

Ibsen an einen deutschen Redakteur[7]   [Kristiania, Juli 1892]
In Beantwortung Ihres sehr werthen Schreibens vom 10. 7. 92 thut es mir leid Ihnen mittheilen zu müssen, dass ich dramatischer – und zwar ausschliesslich dramatischer Schriftsteller bin und dass ich mich bis jetzt zu wenig mit der Friedensfrage beschäftigt habe, um in dieser schwierigen und verwickelten Frage mitzusprechen. Ausserdem sitze ich gegenwärtig in voller Arbeit mit einem neuen Schauspiele[9], wodurch meine ganze Zeit in Anspruch genommen ist. Bedauere also, für die geplante Revue-Nummer nichts leisten zu können. (HI XIX, 280)

6 *Kaiser und Galiläer*
7 Im Original deutsch.
8 Die Monatsschrift »Nord und Süd«.
9 *Baumeister Solness.*

Ibsen an Michael Lybeck   Kristiania, 7. August 1895
Besonders peinlich ist es mir daher, Ihnen sagen zu müssen, daß
ich mich absolut nicht imstande sehe, einen Beitrag für das geplante
Werk[10] zu Gunsten der finnischen Volkshochschulen zu leisten.
Nichts wäre mir lieber gewesen, als zwischen den guten Namen
zu stehen, die Sie aufzählen – und womit Sie mich locken. Aber
ich muß fest bleiben und mich nicht auf ein Gebiet verlocken lassen, wohin ich nicht gehöre. Als Literat bin ich ausschließlich Dramatiker, das wissen Sie ja sehr gut.   (HI XVIII, 375)

Ibsen an Ludwig Bergh   Kristiania, 27. Juli 1899
Mit Bedauern muß ich Ihnen mitteilen, daß ich mich auf Grund
ununterbrochener Beschäftigung mit einer neuen literarischen Arbeit[11] nicht imstande sehe, eine brauchbare Äußerung aus Anlaß
der Eröffnung des Nationaltheaters zu liefern und Ihrer freundlichen Aufforderung somit nicht nachkommen kann.[12]

             (HI XVIII, 432)

10 Vermutlich eine Anthologie.
11 *Wenn wir Toten erwachen.*
12 Das norwegische Nationaltheater in Kristiania wurde am 1. 9. 1899
unter der Intendanz von Bjørn Bjørnson, dem Sohne des großen Dichters,
eingeweiht.

Der Dichter und sein Werk

Ibsen an C. Hagemann   Bergen, 15. Juni 1858
Ich hoffe, Sie werden entschuldigen, daß ich auf Grund gegebener
Umstände erst heute in der Lage bin, Ihr Schreiben vom 11. ds. zu
beantworten. – Ich muß gestehen, daß eine derartige Mahnung
des Theaters in Bergen mich frappiert hat. Meine Schulden an das
Theater betragen 45 Speziestaler, davon 20 Speziestaler Vorschuß.
Den Rest von 25 Speziestalern habe ich als Schuld auf mich genommen durch ein *freiwilliges* Anerbieten, die Gage des letzten
Monats zurückzuzahlen, als ich im vorigen Sommer aus dem Ver-
band des Theaters ausschied. Bei meiner Abreise aus Bergen war
überhaupt nur die Rede von einer gütlichen Vereinbarung, wonach
ich dem Theater meine zukünftigen dramatischen Arbeiten anbieten sollte. Hierüber ist der neue Aufsichtsrat womöglich nicht informiert, aber er sollte und müßte wissen, daß ich für das Theater
in Bergen folgende Stücke geschrieben habe: *Johannisnacht,* Schauspiel in 3 Akten, *Das Hünengrab,* Drama in 1 Akt, *Frau Inger auf
Östrot,* Drama in 5 Akten, *Das Fest auf Solhaug,* Schauspiel in
3 Akten, und *Olaf Liljekrans,* Schauspiel in 3 Akten. Außerdem
habe ich auf Anforderung Prologe geliefert usw., ohne für alles
eine andere Vergütung bekommen zu haben als eine Gratifikation
von 100 Speziestalern.   (HI XVI, 76 f)

Ibsen an Bjørnstjerne Bjørnson   Rom, 16. September 1864
Ich weiß, mir fehlt die Fähigkeit, jenen Menschen wirklich innerlich nahezukommen, die von einem offene und völlige Hingabe
verlangen. [...] Dazu kann ich mich nie überwinden, ich habe
das Gefühl, in Bezug auf meine persönlichen Verhältnisse nur einen

falschen Ausdruck für das zu finden, was ich zutiefst in mir trage und was eigentlich mein Ich ist. Darum ziehe ich vor, es einzuschließen, und darum haben wir einander manchmal sozusagen auf Abstand beobachtet. [. . .]

Du irrst, wenn Du meinst, aus meinen Briefen aus Kopenhagen lesen zu können, ich wolle keine Korrespondenz. Ich bin ein schlechter Briefschreiber, darum habe ich stets ein Grauen davor, aber ich sehne mich nach der geringsten und dürftigsten Nachricht von zu Hause. (HI XVI, 99 ff)

Ibsen an Magdalena Thoresen   Rom, 3. Dezember 1865
Oben [in Norwegen] konnte ich kein zusammenhängendes Innenleben führen. Ich war in meinem Schaffen ein ganz anderer als im Alltag. Darum war mein Werk auch nicht einheitlich. Ich weiß sehr wohl, daß ich bisher nichts anderes als einen Durchschnitt erreicht habe, aber ich fühle doch festen Boden unter den Füßen.
(HI XVI, 120)

Ibsen an Hedvig Stousland   Stockholm, 26. September 1869
Ich kann keine Briefe schreiben, ich muß persönlich nahe sein und mich ganz und gar selbst geben. (HI XVI, 259)

Ibsen an Magdalena Thoresen   Dresden, 29. Mai 1870
Die meisten kritischen Tadel verringern sich im allgemeinen in ihrem innersten Wesen zu einem Vorwurf gegen den Verfasser, weil er sich selbst [treu] ist, [weil er] denkt, fühlt, sieht und dichtet als sich selbst, statt so zu sehen und zu dichten, wie der Kritiker es haben will – wenn er gekonnt hätte. Die wesentliche Aufgabe ist deshalb, sein eigenes [Ich] zu schützen, es frei und rein zu halten gegen alles Unbefugte von draußen und dabei klar zu unterscheiden zwischen dem Erlebten und dem Durchlebten, denn nur das letztere kann Gegenstand einer Dichtung sein. Ist man streng in diesem Punkt, dann wird kein Stoff aus dem Alltag so prosagebunden sein, daß er nicht doch zur Poesie sublimiert werden kann. (HI XVI, 297)

Ibsen an Laura Kieler   Dresden, 11. Juni 1870
Hauptsache, man bleibt sich selbst gegenüber treu und wahr. Es
kommt nicht darauf an, das eine oder andere zu wollen, sondern
das zu wollen, was man absolut muß, weil man von sich aus nicht
anders kann. Der Rest führt nur zur Lüge.   (HI XVI, 303)

Ibsen an Peter Hansen   Dresden, 28. Oktober 1870
Alles was ich dichterisch hervorgebracht habe, hat seinen Ursprung
in einer Stimmung und einer Lebenssituation. Ich habe nie etwas
gedichtet, weil ich – wie man sagt – »ein gutes Sujet« gefunden
hatte.   (HI XVI, 316)

Ibsen an Ludvig Lund   Dresden, 11. April 1872
Daß ich mit großem Interesse einem Unternehmen wie dem von
Ihnen angekündigten entgegensehe, brauche ich Ihnen nicht zu versichern.[1] Aber ich fühle mich absolut ungeeignet, journalistisch
mitzuarbeiten. Aus früheren Erfahrungen weiß ich, daß ich für diesen Literaturzweig nicht tauge, der ja, wie jeder andere, eine besondere Veranlagung erfordert, die mir ganz und gar fehlt. Was
ich denke und in Bildern sehe, gestaltet sich auf andere Weise. Es
sammelt sich alles gleich Einzelheiten um ein größeres Ganzes, und
ich brauche daher eine umfangreichere Form oder einen weiteren
Rahmen, um mich gründlich aussprechen zu können. Ich würde
Ihnen und mir selbst also einen schlechten Dienst erweisen, wollte
ich bei dieser Gelegenheit Ihrer Bitte um Beiträge für das neue Blatt
nachkommen.   (MT 1891, Nr. 228)

                               Christiania, 10. September 1874
Ibsen in einer Ansprache an Studenten
Und was heißt nun Dichten? Erst spät wurde mir klar, daß Dichten
vor allem Sehen bedeutet, doch – wohl gemerkt – so, daß der Emp-
fangende sich das Gesehene [in dem Sinne] aneignet, wie der
Dichter es gesehen hat. Somit sieht und empfängt man nur das
Durchlebte. Und das ist eben das Geheimnis der Dichtung unserer

1 Ludvig Lund war ein junger dänischer Zoologe, der sich ab 1871 mit
Literatur befaßte und 1872 eine Zeitschrift herausgeben wollte. Seine
Pläne kamen jedoch nicht zur Ausführung (HI XIX, 502).

Zeit. Alles, was ich in den vergangenen zehn Jahren gedichtet habe, habe ich geistig durchlebt. Aber kein Dichter durchlebt etwas isoliert. Was er durchlebt, das durchleben seine Landsleute gemeinsam mit ihm. Denn wenn es *nicht so* wäre, was schlüge dann die Brücke des Verstehens zwischen dem Darbietenden und den Empfangenden?

Und was habe ich nun durchlebt? Was waren die Motive meiner Dichtungen? Das Gebiet ist groß. Teils waren es Dinge, die mich in meinen besten Augenblicken innerlich als etwas Großes und Schönes bewegten. Ich habe Motive gefunden in dem, was sozusagen höher stand als mein tägliches Ich und das ich im Verhältnis zu mir und in mir selbst zu festigen suchte.

Aber ich habe auch das Gegenteil für meine Dichtungen verwertet, das was sich für die innere Betrachtung als Schlacke und Bodensatz des eigenen Wesens erwies. Bei solchen Gelegenheiten war das Dichten für mich wie ein Bad, dem ich reiner, gesünder und freier entstieg. Niemand kann dichterisch gestalten, wozu er nicht bis zu einem gewissen Grad – jedenfalls in bestimmten Zeiten – das Modell in sich trägt. Und wo ist der Mann unter uns, der nicht jetzt oder früher in sich einen Widerspruch zwischen Wort und Handlung, zwischen Wille und Aufgabe, zwischen Leben und Lehre überhaupt, gespürt und in sich erkannt hat? Oder wo ist jener unter uns, der nicht – jedenfalls bei einzelnen Gelegenheiten – egoistisch sich selbst genügte und halb ahnend, halb gutgläubig diese Tatsache gegenüber anderen und sich selbst beschönigte?

Indem ich so zu Ihnen, den Studenten, spreche, glaube ich, es kommt genau an die richtige Adresse. Es wird so verstanden, wie es verstanden werden soll. Denn Studenten haben im wesentlichen die Aufgabe des Dichters: sich selbst und anderen die zeitlichen und ewigen Fragen klarzumachen, die jene Zeit und jene Gesellschaft bewegen, der er angehört.

In diesem Sinne darf ich von mir selbst sagen, daß ich mich während meiner Auslandszeit bemüht habe, ein Student zu sein. Ein Dichter gehört von Natur aus zu den Weitsichtigen. Niemals habe ich die Heimat und ihr lebendiges Leben so stark gesehen, so klar und aus solcher Nähe, wie gerade aus der Ferne und während meiner Abwesenheit.   (MB 1874, Nr. 252 A)

Ibsen an Valfrid Vasenius   München, 30. März 1880
Erlauben Sie mir zu sagen, daß ich Ihr Buch[2] und die beiliegende
Broschüre mit wirklich großer Freude entgegengenommen habe
und daß die Freude ständig wuchs, je mehr ich mich mit dem Inhalt
vertraut machte. Es ist natürlich für mich schwer, um nicht zu
sagen unmöglich, meine eigenen Schriften zu beurteilen, aber soviel kann ich doch sagen, daß ich mir niemals einen besseren An-
walt dafür denken könnte als Sie. Alles was Sie über meine Intentionen äußern, über den leitenden Grundgedanken in den verschiedenen Arbeiten, über die Charaktere und deren Relation, alles das
und vieles andere ist gerade das, was ich am liebsten öffentlich hervorheben und beweisen möchte. Darum meinen herzlichsten Dank!
Sie haben mir wahrlich einen unschätzbaren Dienst erwiesen.
Seien Sie gewiß, daß ich nicht weniger warm die Liebe zu dem Stoff
empfinde, die sich überall in Ihrer umfangreichen Arbeit offenbart
und nicht verfehlen wird, dieselbe Stimmung vielen Lesern Ihres
Buches zu übermitteln. Was Ihre Kenntnis aller Nebenumstände
in meinem literarischen Schaffen betrifft, so glaube ich, daß niemand all das so gründlich, ja so erschöpfend kennt wie Sie. Viele
kritische Äußerungen anderer, die Sie zitieren, waren mir selbst
ganz unbekannt, aber es freute mich sehr, all die Mißdeutungen
widerlegt und enthüllt zu sehen durch eine wohlwollendere und
wahrhaftigere Interpretation. Überhaupt habe ich die Hoffnung
und den Wunsch, daß Ihre Abhandlung die Hauptquelle für jeden
werden möge, der sich von jetzt ab mit meiner Dichtung in ihrem
inneren und äußeren Zusammenhang vertraut zu machen wünscht.
(HI XVII, 395 f)

Ibsen über sein letztes Werk   Berchtesgaden, Sommer 1880
»Ich habe nichts dagegen, etwas länger zu leben. Man ist ja immer
neugierig zu sehen, wie die Welt sich entwickelt, und ich fürchte
auch nicht den Tod. Aber ich muß gestehen, wenn ich mich mitten
in einer neuen Dichtung befinde, ängstigt mich der Gedanke, ab-
gerufen zu werden, ehe die Arbeit abgeschlossen ist. Man will ja

2 Valfrid Vasenius, *Ibsens dramatiska diktning i dess första stadium*
(Ibsens dramatische Dichtung in ihrem ersten Stadium), Helsingfors 1879.

nicht gern sterben, ohne gesagt zu haben, was man auf dem Herzen hat.« (JPE I, 159)

Ibsen in Sacher-Masochs Album   Rom, 12. Dezember 1882
»In unserer Zeit hat jede Dichtung die Aufgabe, Grenzpfähle zu versetzen.« (HI XV, 371)

Ibsen an Lucie Wolf   Rom, 25. Mai 1883
Die Versform hat der Schauspielkunst ungemein geschadet. [...]
Sie wird im künftigen Drama kaum noch zur Anwendung kommen, denn die dichterischen Intentionen der Zukunft werden damit nicht mehr vereinbar sein. Sie wird deshalb zugrundegehen. Die Kunstformen sterben ja aus, ebenso wie die Tierarten der Urzeit ausstarben, als die Zeit gekommen war.
Eine Tragödie in jambischen Fünffüßlern ist ja schon heute eine ebenso seltene Erscheinung wie der Vogel Dodo, von dem nur noch ganz wenige Exemplare auf einer afrikanischen Insel leben.
Ich selbst habe in den vergangenen sieben acht Jahren kaum einen Vers geschrieben, sondern mich ausschließlich der ungleich schwierigeren Kunst befleißigt, in der schlichten und echten Umgangssprache zu dichten. (HI XVII, 510 ff)

Ibsen an Frederik Hegel   München, 17. November 1887
Ein paar beschriebene Bogen aus einer vor einigen Jahren begonnenen Autobiographie habe ich nach langem Suchen jetzt endlich gefunden. Ich erzählte Henrik Jaeger von diesem Bruchstück im [vergangenen] Sommer, und er wünscht dringend, es zu besitzen.[3] In ein paar Tagen werde ich es ihm schicken. (HI XVIII, 148)

Ibsen an Christian Hostrup   München, 2. April 1888
Ins Theater gehe ich hier nur selten. Aber ich lese gern zwischendurch einmal abends ein Schauspiel, und da ich eine starke Einbildungskraft für das Dramatische besitze, kann ich alles wirklich Wahre, Glaubwürdige und Zuverlässige leibhaftig vor mir sehen. Die Lektüre wirkt fast wie eine Aufführung. (HI XVIII, 162)

3 Als Material für Jaegers Buch über »Henrik Ibsen 1828–1888«, das 1888 in Kopenhagen erschien. Von Ibsens Hand ist keine Autobiographie erschienen.

Ibsen an Emilie Bardach   München, 29. Oktober 1889
Im Grunde dichte ich doch immer und immer, oder ich träume
jedenfalls über Etwas, welches, wenn es einmal reif geworden ist,
sich als eine Dichtung entpuppen wird.[4]   (HI XVIII, 229)

                                          München, Mai 1891
Ibsens Photo-Dedikation für Gerda Lundequist
»Wo noch mein Schaffen Herzen steckt in Brand,
da geht die Grenze für mein Vaterland.«[5]   (A 68)

Ibsen in einer Dankesrede[6]   Kristiania, 14. September 1891
Ich habe keine Rollen für Schauspieler und Schauspielerinnen geschrieben. Ich habe geschrieben, um menschliche Schicksale zu
schildern, nicht um Rollen zu schreiben!   (BI 148)

                                    München, Anfang Juni 1891
Ibsen an Didrik Grønvold [Briefentwurf]
»Niemand, am allerwenigsten ein Dichter, sollte anders wirken, als
sei er sein eigener Vorfahr. Es ist des Dichters Aufgabe, die Philosophie volkstümlich zu machen. Die meisten werden geboren, sie
leben und sterben, ohne zu wissen, was mit ihnen geschehen ist.«
                                          (ED XLVII, 75)

Helene Raff zitiert Ibsen   Berlin 1891
»Meine Produktion ist den Leuten sehr unbequem, weil sie zum
Nachdenken anregt. Die meisten wollen aber, daß man sie mühelos
unterhält und ihnen keine unangenehmen Wahrheiten sagt. Dazu
sind diese schrecklichen Sachen nicht geeignet.«
Und wieder bei einem anderen Anlaß: »Alle, die das Alleinsein mit
dem eigenen Ich und das Nachdenken darüber scheuen, gehen ins
Theater wie ins Bad oder in Gesellschaft: sie wollen sich amüsie-
ren. Ich meinesteils finde jedoch, daß von der Bühne herab ebenso

4 Im Original deutsch. Im Konzept stand zusätzlich: »Ob ich für ein
Publikum oder für mich dichte ist eine Nebensache« (HI XIX, 531).
5 Saa langt min Digtning tænder Sind i Brand, saa langt gaar Grændsen
for mit Fædreland.
6 Auf der Premierenfeier des Christiania Theaters nach der Aufführung
vom Bund der Jugend.

gut erhebende Worte gesprochen werden können wie von Kanzel oder Katheder, zumal ja eine Menge Menschen nicht mehr in die Kirche gehen.«

[...] »Übrigens ist es oft sehr schwierig, ein Stück von mir gut zu besetzen, da viele Schauspieler die Gewohnheit haben zu deklamieren, anstatt einfach zu sprechen. Und weil ich mich bestrebe, meine Personen die Sprache der Wirklichkeit reden zu lassen, ruiniert eine solche Sprechweise mir den ganzen Eindruck auf das Publikum.«[7]   (HI XIX, 179 f)

Otto Brahm über Ibsen   Berlin, Mai 1892
Ich erinnere mich eines Gesprächs mit Ibsen, wo er sich gegen den Begriff der »Rolle« mit scharfer Rede auflehnte. »Da spricht man noch immer von Rollen am Theater«, sagte er, »und die Schauspielerinnen fragen mich nach einer schönen Rolle. Das Wort kann nur Unheil anstiften. Fort damit! Ich schreibe keine Rollen, ich schildere Menschen!«   (OB 198)

Ibsen an Georg Brandes   Kristiania, 11. Oktober 1896
In aller Kürze hier meine Antwort auf Ihre Fragen:
1. Ich erkläre hiermit auf Ehre und Gewissen, daß ich nie in meinem Leben, weder in meiner Jugend noch später, ein einziges Buch von George Sand gelesen habe. Ich nahm einmal eine Übersetzung von *Consuelo* [1842] vor, legte aber das Buch gleich wieder beiseite, weil es mir wie das Produkt eines dilettantischen Philosophen vorkam und nicht wie das eines Dichters.[8] Aber ich habe ja nur wenige Seiten gelesen und kann mich möglicher Weise irren.
2. Die Antwort auf diesen Punkt entfällt also.
3. Alexandre Dumas [d. Ä.] schulde ich absolut nichts in Bezug auf die dramatische Form – mit Ausnahme dessen, daß ich von seinen Schauspielen gelernt habe, etliche recht schwerwiegende Fehler und Mißgriffe zu vermeiden, deren er sich nicht selten schuldig gemacht hat.   (HI XVIII, 385 f)

7 Zitiert nach Helene Raffs »Ibsen-Tagebuch 1889–1891«, in Auszügen publiziert in der »Täglichen Rundschau« (1891).
8 Jules Lemaître hatte behauptet, daß Ibsens Gedankengänge schon bei George Sand zu erkennen waren.

Ibsen an Julius Elias   Kristiania, 1. November 1896

Ich bin leider nicht reich genug, um mir Herrn [Samuel] Fischer weiterhin als Verleger leisten zu können, was ungefähr dasselbe wäre wie, ihm meine Bücher gratis zu überlassen. Bei Herrn Fischer habe ich nämlich die hauptsächlichsten Übersetzerhonorare selbst bezahlt, indem ich auf die Hälfte von allen Tantiemen verzichten mußte, während Herr Fischer selbst nur eine Bagatelle für die Übersetzungen bezahlt hat. Mein eigenes Autorenhonorar betrug das vorige Mal 1000 Mark, und in einem Brief, den ich [gestern] gleichzeitig mit Ihrem Telegramm erhielt, bietet er mir großzügig an, ganze 200 Mark mehr zu bezahlen! Jetzt, da das Werk[9] durch die Berner Konvention geschützt ist! In Ihrem Telegramm werden [mir] 3000 Mark angeboten. Aber das wird als das größte Opfer bezeichnet – und ein solches möchte ich Herrn Fischer nicht zumuten. – Zum Vergleich will ich Ihnen nur mitteilen, wie Herr Albert Langen in München mein neues Buch zu honorieren imstande ist, ohne daß es ihm einfiele, von einem Opfer zu sprechen. Herr Langen zahlt mir als Autorenhonorar 5000 Mark, und die Tantiemen gehören ausschließlich mir, da die Übersetzungskosten von Herrn Langen getragen werden. – Nach obigem werden Sie es hoffentlich verständlich finden, daß ich mir nicht länger das pekuniäre Opfer leisten kann, Herrn Fischer als Verleger zu behalten. – Als weiteren Vergleich mit Herrn Fischers Angebot möchte ich erwähnen, daß mein englischer Verleger, Mr. W. Heinemann, London, mir für jedes meiner beiden vorigen Schauspiele das gleiche Honorar gezahlt hat wie Herr Langen jetzt, und er wird mir nun, da ich durch die Konvention geschützt bin, ein noch höheres zahlen.

Was die geplante neue Ausgabe bei Herrn Fischer betrifft, so muß sie vorher unter meiner Mitwirkung gründlich revidiert werden. Einige Übersetzer haben unglücklicher Weise in vieler Hinsicht nicht den ganzen und erschöpfenden Sinn des Originaltextes wiedergegeben. Die Übersetzung der *Komödie der Liebe* z. B. ist durch und durch unbrauchbar und muß durch eine neue ersetzt werden. – Kommt eine solche verbesserte Ausgabe gesammelter Werke mit

9 *John Gabriel Borkman*.

Ihrer und Dr. [Paul] Schlenthers gütiger und kundiger Hilfe zustande, was mich außerordentlich freuen würde, so zweifle ich nicht, daß es mir gelingen wird, zu billigen Bedingungen Herrn Langes Einverständnis zu erhalten, daß die ihm gehörende Übersetzung meines neuen Buches in die Sammlung aufgenommen werden kann, so daß diese, ergänzt mit einer Arbeit, die ich in zwei Jahren vollendet zu haben hoffe[10], komplett vorliegen könnte.

(HI XVIII, 387 f)

Julius Elias erzählt: Berlin, Ende 1896
Anknüpfend an ein vorangegangenes Gespräch schlug ich vor, den ganzen Ibsen zu »retten«. Ihn zu retten vor der Ausnutzung durch allerlei dubiose Verlagskapitäne, ihn zu retten vor dem papiernen Deutsch der [Wilhelm] Lange und [Ernst] Brausewetter durch eine wirkliche Gesamtausgabe. [Paul] Schlenther meinte, man werde uns für zwei Verrückte halten. Immerhin könne man mit unserem [Samuel] Fischer darüber reden. Und Fischer hielt den Sammlungsgedanken gar nicht für so verrückt. [...] Er glaubte und zweifelte zu gleicher Zeit, legte die berühmte Maske der Unentschlossenheit vor, um hinter ihr Atem zu holen. Aber innerlich war er gestärkt und machte wirklich unser Credo zu seinem Credo ...
Ibsen hat frei bekannt, daß er sich über die Verwegenheit der Herausgeber, über die Kühnheit des Verlegers sehr gewundert habe...[11]

(PM 236)

Ibsen an Julius Elias   Kristiania, 20. Juni 1897
An Prosaschriften habe ich nichts geschrieben, das sich zur Übersetzung ins Deutsche eignet.   (HI XVIII, 399)

Ibsen an Jacob Hegel   Kristiania, 16. Januar 1898
Mit großer Freude habe ich Ihren Vorschlag erhalten, eine billige Volksausgabe meiner Arbeiten herauszugeben. Schon seit längerer Zeit habe ich eine solche gewünscht, um meinen gesammelten Wer-

10 *Wenn wir Toten erwachen?*
11 Am 31. Oktober 1897 kam der Vertrag zwischen Ibsen und dem Fischer Verlag zustande, und Ibsen konnte notieren: »Vom S. Fischer Verlag Berlin für Sämtliche Werke 9000.– Mark.«

ken auch in solchen Kreisen Verbreitung zu verschaffen, zu denen sie sonst nur schwer Zugang finden. Und der jetzige Zeitpunkt ist zweifellos der glücklichste, den man wählen könnte. Darum nehme ich Ihr günstiges Angebot mit Dank und großer Zufriedenheit an und betrachte also die Angelegenheit in dieser Beziehung als abgemacht. (HI XVIII, 405)

Kristiania, März 1898
Ibsens Geleitwort zu seinen »Gesammelten Werken«
Als mein Verleger mir den liebenswürdigen Vorschlag machte, eine chronologisch gesammelte Ausgabe meiner literarischen Arbeiten zu veranstalten, erkannte ich sogleich die großen Vorteile dieses Unternehmens für ein besseres Verständnis meiner Bücher.
Gleichzeitig mit meiner fortschreitenden Produktion sind jüngere Generationen aufgewachsen, und ich habe oft mit Bedauern feststellen müssen, daß deren Kenntnis von meinen Büchern bedeutend eingehender ist als die der älteren.
Aus dem Umstand, daß dem Leser die Zusammenhänge der gegenseitigen Werke nicht klar sein mögen, leite ich zum nicht geringen Teil die sonderbare, mangelhafte und irreführende Interpretation ab, die meinen späteren Arbeiten oft widerfahren ist.
Nur wenn man meine gesamte Produktion als eine zusammenhängende, kontinuierliche Ganzheit auffaßt und sich aneignet, wird man den beabsichtigten, treffenden Eindruck der einzelnen Teile bekommen.
Meine freundliche Bitte an die Leser ist deshalb kurz und gut, daß man nicht etwa ein Stück vorläufig beiseite lege, auch keines zunächst überspringe, sondern daß man sich die Werke aneignen möge – sie durchlesen und durchleben – in derselben Reihenfolge, in der ich sie gedichtet habe. (HI XV, 381 f)

Kristiania, 19. März 1898
Ibsen in einem Interview mit Hans Tostrup
T: Wann wird Ihr neues Buch erscheinen?
I: Das ist schwer zu sagen, ich habe ja jetzt so viel anderes zu tun.
– Diese großen deutschen und dänischen Ausgaben meiner Werke –

T: Die letzte Korrektur?

I: Bewahre! Ich lese keine Korrektur. Aber ich muß meine Bücher wieder durchsehen, falls sich ein Fehler eingeschlichen hat.

T: Sie haben Ihre eigenen Bücher nicht gelesen?

I: Nein. Wenn ich ein neues Buch abgeschlossen habe, sehe ich nicht mehr hinein. Ich fange sofort mit etwas Neuem an.

T: Wovon wird Ihr neues Buch handeln? (Henrik Ibsen war augenscheinlich nicht erbaut von dieser Frage. Aber er antwortete doch, und ich glaube sagen zu können, daß sein nächstes Buch[12] wahrscheinlich *ein Resümee über seine gesammelten Arbeiten* und eine Lebensschilderung enthalten wird – eine Darstellung dessen, was er durchgemacht und erlebt hat. Ein Buch, in dem er nachweisen will, wie seine Dramen zusammenhängen und daß sie alle nach einem bestimmten Plan entstanden sind.) Wenn Sie nun zurückblicken auf Ihre vielen und großen Arbeiten, was halten Sie dann von der Kritik?

I: Die Kritiker? Die haben sicher den besten Willen. Das glaube ich bemerkt zu haben. Aber ich bin nicht immer verstanden worden, auch im Ausland nicht. (HI XIX, 211 ff)

Ibsen in einer Rede   Kristiania, 26. Mai 1898

Was ich gedichtet habe, entstand nicht aus bewußter Tendenz. Ich war mehr Dichter, weniger Sozialphilosoph, als man im allgemeinen zu glauben scheint. Ich danke für den Toast, muß aber die Ehre, für die Frauenfrage eingetreten zu sein, abweisen. Ich bin mir nicht einmal darüber klar, was die Frauenfrage eigentlich ist. Für mich ist sie eine menschliche Angelegenheit. Und liest man meine Bücher aufmerksam, wird man es verstehen. Es ist schon wünschenswert, die Frauenfrage zu lösen, so nebenher, doch ist das nicht meine ganze Absicht gewesen. Meine Aufgabe war die *Menschenschilderung*. Aber so ist es wohl: Wenn *die* einigermaßen zutrifft, dann verbindet der Leser sie mit eigenen Gefühlen und Stimmungen. Man gibt dem Dichter die Schuld, doch so verhält es sich nicht. Man dichtet hübsch und fein, jeder im Sinne seiner Persönlichkeit. Nicht nur die, die schreiben, auch die, die Gedichte

12 *Wenn wir Toten erwachen?*

lesen; sie dichten mit, und sie sind oft poetischer als der Dichter selbst.

Ich habe es immer als eine Aufgabe empfunden, das Land zu erheben und dem Volk einen höheren Stand zu verschaffen. Dabei machen sich zwei Faktoren geltend: Es steht den *Müttern* an, bei anstrengender und eintöniger Arbeit ein bewußtes Gefühl für *Kultur* und *Disziplin* zu wecken. Das eben muß im Menschen vorhanden sein, ehe man das Volk zum Höheren erheben kann. Die Frauen sind es, die menschliche Fragen lösen müssen. Als Mütter, denn nur als solche können sie es. Darin liegt die große Aufgabe der Mütter.　　　　　　　　　　　　　　　　　　　(MB 1898, Nr. 338)

Ibsen an Ossip-Lourié　　　　　　　　Kristiania, 19. Februar 1899
Ich bin Ihnen sehr verbunden für Ihr liebenswürdiges Angebot, einige Gedanken aus meinen Arbeiten veröffentlichen zu wollen und erteile Ihnen hierdurch mit Vergnügen die erbetene Approbation.
Nur bitte ich Sie zu bedenken, daß die in meinen Schauspielen aufgeworfenen Gedanken von meinen dramatischen Personen stammen, die sie aussprechen, und nicht der Form oder dem Inhalt nach direkt von mir selbst.　　　　　　　　　　　　(HI XVIII, 425)

Ibsen an Edvard Brandes　　　　　　　Kristiania, 1. März 1899
Und so möchte ich die Gelegenheit benutzen, Ihnen herzlichst zu danken als dem, der zuerst den Gedanken einer gesammelten Ausgabe meiner Bücher aufwarf. Er erweist sich als ein für mich besonders zufriedenstellendes Unternehmen.　　　　(HI XVIII, 427)

Ibsen an Moritz Prozor　　　　　　　Kristiania, 5. März 1900
Ob ich dazu komme, ein neues Drama zu schreiben, weiß ich noch nicht. Wenn ich aber meine geistige und körperliche Kraft, der ich mich noch erfreuen kann, beibehalte, werde ich mich wohl auf die Dauer nicht von den alten Schlachtfeldern fernhalten können. Dann aber finde ich mich mit neuen Waffen und in neuer Rüstung ein.　　　　　　　　　　　　　　　　　　(HI XVIII, 447)

Ibsens Arbeitsmethode

Ibsen an Frederik Hegel   Stockholm, 2. August 1869
Ich hätte Ihnen schon lange schreiben sollen, habe es aber von Tag
zu Tag verschoben. Pläne für neue Arbeiten habe ich genug. Um
aber daranzugehen, muß ich in meine Einsamkeit zurück. Hier
kann ich nicht schreiben.   (HI XVI, 256)

Henrik Jaeger über Ibsen   [Bergen, 1887]
Er ist in allem, was er unternimmt, die personifizierte Regelmäßigkeit. [...]
Im Sommer steht er gegen sieben Uhr auf, im Winter etwas später.
Mit dem Ankleiden läßt er sich viel Zeit. Es ist ihm nämlich zur
Gewohnheit geworden, seine dichterischen Pläne im Gehen auszu-
arbeiten, deshalb dauert es anderthalb Stunden, bis er fertig ist.
Danach nimmt er ein leichtes Frühstück ein, und Schlag neun sitzt
er am Schreibtisch. Vier Stunden später macht er vor dem Mittag
einen Spaziergang. Nachmittags liest er. Er ißt früh zu Abend und
geht zeitig zur Ruhe. So verläuft sein Tag jahraus, jahrein. Selbst
auf Reisen versucht er, so weit wie möglich auf die gewohnte Weise
zu leben.
[...]
Seine Arbeitsmethode ist sehr interessant und charakteristisch.
Wenn er einen Stoff gewählt hat, durchdenkt er ihn lange und sorgfältig, ohne die Feder aufs Papier zu setzen. Diese Denkarbeit geht
meistens auf langen, einsamen Spaziergängen vor sich.
Wenn das Ganze in großen Umrissen durchdacht ist, schreibt er
einen Entwurf. Dann beginnt die Ausführung, die rasch von der
Hand geht. Schließlich liegt das Manuskript fertig vor, aber das

ist für Ibsen nur eine Vorarbeit. Erst wenn er damit fertig ist, glaubt er mit seinen Personen endlich so vertraut zu sein, daß er ihr Wesen und ihre Ausdrucksweise bis ins kleinste kennt. Dann kommt die Überarbeitung im zweiten Manuskript und die Reinschrift im dritten. [. . .]
Der Sommer ist seine beste Arbeitszeit. Im Winter ist er vornehmlich damit beschäftigt, seine Pläne zu überdenken. Im Sommer führt er sie aus. Fast alle seine Arbeiten sind im Sommer geschrieben. [. . .]
Als ich ihn einmal in München besuchte, war ich erstaunt, wie klein und eng sein Arbeitsraum war. Das ist jedoch damit zu erklären, daß er sich bei der Arbeit nicht einschließt. Er muß durch drei vier Zimmer auf und ab gehen können, wenn er an seinen Dramen schreibt. So bringt er vormittags vier Stunden spazierend und schreibend, schreibend und spazierend zu, wobei er hin und wieder einige Züge aus seiner kurzen Pfeife nimmt. [. . .]
Während dieser Arbeitsstunden will er am liebsten allein sein. Die einzige, die anwesend sein darf, ist seine Frau. Aber selbst sie zieht sich in der Regel zurück, um nicht zu stören.   (HJ 293 ff)

Paul Lindau über Ibsen   Kristiania, Juli 1894
Henrik Ibsen war aufgeräumter, aufgetauter möchte ich sagen, denn je. Ich mußte über sein Gedächtnis staunen, wie er sich jeder Einzelheit aus unseren früheren Begegnungen, darunter Kleinigkeiten, die mir längst entfallen waren, erinnerte und sie mit einem Worte haarscharf bezeichnete. Ibsen war sehr mitteilsam und gesprächig. [. . .] Gelegentlich hörte ich von ihm, daß er an einem neuen Schauspiel arbeite, von dem, wie er mit der ihm eigenen Gewissenhaftigkeit mir sagte, »drei Fünftel« fertig seien. Ich vermute also, die drei ersten Akte eines fünfaktigen Dramas. Wie gewöhnlich wollte er das Stück zu Beginn des Winters abschließen, so daß es etwa um die Weihnachtszeit im Buchhandel erscheinen konnte.
[. . .]
Er arbeitet ungemein bedächtig und gewissenhaft, eigentliche Ferien gönnt er sich nie. Er schreibt täglich fünf Stunden, nicht mehr und auch nur selten weniger, von acht Uhr vormittags bis ein Uhr

mittags. Er arbeitet in ziemlich gleichmäßigem Tempo und braucht zur Niederschrift eines jeden Stückes etwa fünf Monate. Die übrigen sieben Monate des Jahres füllt er mit den ungeschriebenen Vorarbeiten für das Stück aus. Jedes Stück schreibt er dreimal in drei völlig von einander verschiedenen Redaktionen, soweit es sich um das Formale handelt. Am Wesen des Stückes selbst wird nicht mehr gerüttelt, sobald er sich zum erstenmal an den Schreibtisch setzt.

Seine erste Niederschrift ist ganz unfertig, skizzenhaft, gewissermaßen nur die Untermalung. Da sagt er ohne Rücksicht auf die Gebote der praktischen Bühne alles, was er sagen will, und hält sich auch nicht dabei auf, wie er es gerade sagt.

Die stärkste Veränderung erfährt das Stück bei der zweiten Umgestaltung. Da entsteht aus der »*rudis indigestaque moles*«, der ersten Aufzeichnung, das festgegliederte szenische Gebilde. Da erhält auch der Dialog schon im großen und ganzen seine endgültige knappe Fassung. Die dritte Redaktion ist eigentlich nur Reinschrift in noch strafferer und präciserer Form.

Die Fertigstellung des Stückes in dieser Gestalt erfordert, wie gesagt, etwa ein halbes Jahr unausgesetzter Arbeit. Während dieser Zeit meidet Ibsen, um die Einheitlichkeit der Stimmung zu wahren, möglichst alle Zerstreuungen und jeden Ortswechsel. Er hält dann mehr als je seine regelmäßige Tagesordnung aufrecht, steht zu festgesetzter Stunde auf, arbeitet das vorgeschriebene Pensum, nimmt seine Mahlzeiten zur selben Stunde, macht seinen gewöhnlichen Spaziergang und trifft auf die Minute, gerade wie früher in München im Café Maximilian, so hier im Lesezimmer des Grand Hotel ein, wo die Zeitungen für ihn schon bereitgelegt sind.

Ibsen machte eine Bemerkung, die mich besonders frappierte, weil ich in meinem bescheidenen literarischen Schaffen ganz dieselbe Wahrnehmung gemacht habe. »Obgleich ich mehr sogenannte Stoffe zur Hand und auch geistig durchgearbeitet oder wenigstens durchdacht habe, als ich in allen meinen Stücken zusammengenommen bisher habe verwenden können,« sagte er mir, »überkommt mich doch jedesmal, wenn ich mit einem Schauspiel fertig bin, die Empfindung, das sei nun wirklich das Letzte, was ich geschrieben hätte; nun seien alle Quellen versiegt, nun hätte ich nichts mehr zu sagen. Aber ohne mein Zutun sammelt es sich ganz allmählich wie von selbst. Ich beschäftige mich wieder mit Vorliebe und bald ausschließlich mit einem ganz bestimmten Vorwurf, und daraus entwickelt sich dann gewöhnlich das neue Stück.«

[. . .] Ibsen stand der dichterischen Arbeit [Bjørnstjerne] Bjørnsons, so hoch er die Gaben des kongenialen Landsmannes schätzte, doch kühl gegenüber. In vorsichtig diplomatischer Form sagte er mir gelegentlich: »Wenn man ein Stück schreibt, meine ich, so hat man sich ein bestimmtes Ziel gesetzt und sucht nun die Wege, auf denen man zum Ziel gelangt. Hat man sie gefunden und entsprechen sie dem, was man will, so macht man sich eben an die Arbeit, und erreicht man das Ziel, so ist das Stück fertig. Daß man wie Bjørnson von einem Stück, das seit Jahren abgeschlossen ist, ganze Akte vollständig umarbeitet und auf denselben Wegen, die man sich früher gebahnt, auf ein anderes, mitunter diametral entgegengesetztes Ziel lossteuert, das begreife ich nicht recht.«

(HI XIX, 195 ff)

Kristiania, 15. November 1894
Ibsen zu einem Mitarbeiter der dänischen Zeitung »Politiken«
Unser Mitarbeiter hatte den Artikel in »Politiken« mitgenommen, um ihn Dr. Ibsen zu überreichen. [. . .] Der wollte ihn jedoch nicht ganz lesen, meinte aber, er enthielte vermutlich einige Unrichtigkeiten. Man spräche so viel von der Geheimnistuerei, mit der er seine Manuskripte umgäbe. Er sei jedoch vertraglich an diese Geheimnistuerei gebunden. Seine deutschen und englischen Verleger verlangten einen derartigen Paragraphen und der bände den Dichter selbst wie auch [den Verleger] Gyldendal. Die Klausel schrieb vor, daß die dänische Ausgabe[1] nicht eher erscheinen durfte, als bis die ausländischen fertig waren, und daß nichts über den Inhalt verlautbart werden durfte, solange das Stück nicht im Buchhandel des betreffenden Landes erschienen war.

---

1 D. h. die Originalausgabe, die in Kopenhagen bei Frederik resp. Jacob Hegel in der Gyldendalschen Buchhandlung erschien.

Ibsen im Gespräch mit Peter Andreas Rosenberg
Ibsen erzählte von seiner Arbeitsweise, daß er am liebsten morgens
gleich nach dem Erwachen sein Tagesschema festlege, denn dann
sei seine Phantasie am frischesten. Andererseits sei die Kritik weniger scharf in der verträumten Morgendämmerung. Die Selbstkritik
erwache erst ganz, wenn er am Schreibtisch säße, und sie verwerfe
häufig alles, was er erfunden zu haben glaubte, als er noch im Bett
lag. Er erwähnte die kleinen Gummi-Teufel mit roten Zungen, die
er auf seinem Schreibtisch stehen habe. »In allem, was ich schreibe,
muß etwas Zauber sein«, erklärte er, und *in einem Ton* zwischen
Scherz und Ernst erzählte er dann von seinem Oberteufel. »Der
erscheint nur zuletzt, wenn es kneift. Dann verschließe ich meine
Tür und hole ihn hervor. Kein menschliches Auge außer meinem,
nicht einmal das meiner Frau, hat ihn gesehen.«
»Wie sieht er denn aus?« fragte ich.
»Wollen Sie das wissen? – Es ist ein Bär, der Geige spielt und den
Takt mit seinem Fuß schlägt.«
[...]
Über seinem Schreibtisch hatte Ibsen ein Bild von August Strind-
berg [angebracht]. »Er soll da hängen und aufpassen«, sagte
Ibsen, »denn er ist mein Todfeind.«   (HI XIX, 215 ff)

Bergliot Ibsen über Henrik Ibsen   [ca. 1946]
Wenn man nur weiß, wie intensiv Ibsen mit den Menschen zu-
sammenlebte, die seine Phantasie geschaffen hatte, dann versteht
man das erstaunliche Tempo, in dem er seine Stücke fertigstellte,
sobald er daranging, sie niederzuschreiben. Er brauchte oft ein oder
anderthalb Jahr für sein Zusammenleben mit den Figuren. Während der Zeit schrieb er alles Zug um Zug über sie nieder, bis er sie
auswendig beherrschte und wußte, was jede einzelne Person tun
konnte und mußte und in jeder Situation äußern sollte. Danach
schrieb das Stück sich in wenigen Monaten sozusagen von selbst.
                                                    (BI 186 f)

Sprache und Übersetzungen

Ibsen an Frederik Hegel[1]   Rom, 25. November 1865
Ich halte es für meine Pflicht, mich betreffs der Orthographie ganz
nach Ihren Wünschen zu richten, sofern die Änderungen nun ohne
Zeitverlust vorgenommen werden können. Doch bitte ich, sie in
solchem Fall auf die erwähnten Buchstaben l, k und p zu beschränken. Daß ich meine eigene Rechtschreibung für die richtigste
halte, ist natürlich. Sie wurde nämlich in unserer alten Gesamt-
sprache angewandt, und je mehr man in Dänemark und Norwegen
fortfährt, die doppelten Vokale als Bezeichnung für die *Länge* der
Silben abzulehnen, desto notwendiger scheint es mir, deren *Kürze*
durch doppelte *Konsonanten* zu kennzeichnen. Wo jedoch Miß-
verständnisse eintreten können, muß ich allerdings um Beibehaltung der Verdoppelung bitten. [...] z. B. ein *weiser* und ein
weisser Mann [...]   (HI XVI, 116 f)

Ibsen an Frederik Hegel   Dresden, 20. Februar 1869
Sowohl [Bjørnstjerne]Bjørnson als auch ich können Worte und
Wendungen der Alltagssprache anwenden, weil wir wissen und unterscheiden, was aus der alten Sprache hervorgegangen und darum
berechtigt oder was Entstellung und nachlässige Alltagssprache ist.
                                                  (HI XVI, 230)

1 Ibsens Verleger in Kopenhagen. Er druckte als erstes Stück *Brand,*
worauf sich dieser Brief bezieht.

Ibsen über die Sprachfehde[2]   Kristiania, 28. Oktober 1899
Mein Standpunkt in dieser Sache ist hinreichend bekannt, er
kommt in allen meinen Arbeiten zum Ausdruck. Ich habe mich
darüber deutlich genug in meinen Büchern ausgesprochen. So auch
in *Peer Gynt*. In dieser Frage bin ich voll und ganz einig mit
[Bjørnstjerne] Bjørnson. In der Tat.

Das ergibt sich ja von selbst. Wir haben beide die ganze Zeit in dieser Sprache gearbeitet und sie als unser künstlerisches Ausdrucks-
mittel benutzt. Gewiß, Bjørnson hat seinerzeit etwas auf neunorwegisch [landsmaal] geschrieben, aber das lag wohl an dem
Einfluß anderer.

Ich will nicht an der Hinrichtung jener Literatur beteiligt sein, der
ich selbst zur Weiterentwicklung verholfen habe. Ich will nicht
mein eigener Scharfrichter sein. Auf keinen Fall.

Eine derartige Literatur tötet man auch nicht so ohne weiteres.
Wollen die Vertreter der neunorwegischen Sprache das, dann mögen sie eine Literatur schaffen, die größer und mächtiger ist. Aber
das können sie eben nicht, diese Herren. Wir haben ja genug Beweise in der neunorwegisch geschriebenen Literatur. Deren Verfasser können wohl einen Ausdruck von unbestimmter, schwebender
Allgemeingültigkeit finden, aber für das mehr Entwickelte, das Feinere und sehr Nuancierte fehlen dieser Sprache die Ausdrücke. Das
kann nur die gebildete, durch unsere Literatur geformte Sprache
geben. Meine Stellung als ausschließlicher Dramatiker verweist mich
mit Notwendigkeit auf diese Sprache als die einzig natürliche.

Es ist doch ästhetisch verheerend, wenn [Arne] Garborg[3] gebil-

---

2 in einem Interview mit der norwegischen Zeitung »Verdens Gang«.
Der Kampf wogte damals zwischen den Anhängern der Reichssprache
(riksmaal) und denen der Volkssprache (landsmaal). Auf der Basis des
Søndmøre-Dialekts hatte der Philologe Ivar Aasen im Jahre 1853 die
eigenständige, von dänischen Einflüssen freie, neunorwegische Volkssprache (landsmaal) geschaffen, die 1892 im Unterricht der Reichssprache
gleichgestellt wurde. Diese hatte sich andererseits nach der Trennung von
Dänemark (1814) zu einer dänisch-norwegischen Sprache mit stark alt-
norwegischer Untermischung entwickelt, zur Reichssprache (riksmaal) oder
Buchsprache (bokmaal). Für diese trat Ibsen ein.
3 Der norwegische Schriftsteller Arne Garborg schrieb vorwiegend in
neunorwegischer Sprache (landsmaal), zu deren Vorkämpfern er gehörte.

dete Menschen auf der Bühne eine andere Sprache sprechen läßt als deren natürliche. Eine wesentlich stärkere ästhetische Wirkung würde er mit dem Gegenteil erreichen, wenn er in seinem [Roman] *Bauernstudenten* (Bondestudenter, 1883) nur die wirklichen Bauern den Heimatdialekt sprechen ließe. Ich selbst habe auch in meinen Arbeiten vereinzelte Wörter aus Heimatdialekten übernommen, Wörter, die geläufig waren und die ästhetische Wirkung erhöhen konnten. Auf diesem Wege bin ich für eine Bereicherung und Entwicklung unserer Sprache.   (VG 1899)

Ibsen an Frederik Hegel   Dresden, 21.März 1872
Gut [zu] übersetzen, ist eine schwierige Sache. Es geht ja nicht nur darum, den Sinn zu übersetzen, sondern auch bis zu einem gewissen Grad den Ausdruck und die Bilder umzudichten sowie schließlich die äußere Form der Struktur und den Erfordernissen der Sprache anzupassen, in die man übersetzt.   (HI XVII, 25)

Ibsen an Michael Birkeland   Dresden, 9. April 1872
Auf *englisch* wird eine größere Ausgabe meiner Arbeiten durch Mr. Edmund [W.] Gosse vorbereitet, der eine umfassende Kenntnis unserer Literatur besitzt.   (HI XVII, 35)

Ibsen an Michael Birkeland   Dresden, 11. April 1872
Ein gestern aus London eingetroffener Brief bringt mich dazu, Mr. Gosses Namen in Verbindung mit der Ausgabe meiner Arbeiten, die z. Zt. in England vorbereitet wird, zu streichen. Die Übersetzung wird nämlich auf mehrere Personen verteilt werden, und Mr. Gosse, obgleich Leiter des Unternehmens, wird kaum bei der eigentlichen Übersetzungsarbeit der aktivste sein, wohingegen er mit aller Kraft das Unternehmen durch orientierende Artikel in den englischen Blättern fördern wird. Als Mann vom Fach wirst Du also einsehen, daß es bis auf weiteres am besten ist, wenn er ungenannt bleibt.   (HI XVII, ff)

Ibsen an Edmund W. Gosse   Dresden, 30. April 1872
Ich bitte Sie zu entschuldigen, daß ich erst heute Ihren jüngsten, freundlichen Brief beantworte. Wenn Sie sich entschließen, eins

oder mehrere meiner Bücher zu übersetzen, würde ich mich sehr glücklich schätzen. Aber Sie verpflichten mich selbstverständlich zu ebenso großem Dank, wenn Sie durch weitere Artikel in den englischen Blättern die Aufmerksamkeit auf meine Arbeiten lenken. Ich nehme an, daß dies auch in hohem Maße dazu beitragen wird, die Schwierigkeiten bei der Suche nach einem Verleger aus dem Wege zu räumen. Eine Übersetzung zu beginnen ohne Zusicherung einer angemessenen Erstattung für Zeit und Mühe, davon kann natürlich nicht die Rede sein. Überhaupt lege ich die Angelegenheit vertrauensvoll in Ihre Hände, überzeugt, daß Sie den rechten Weg zu finden wissen, der am sichersten und vorteilhaftesten zum Ziel führt.

(HI XVII, 41)

Ibsen an Julie Ruhkopf   Dresden, 7. Juni 1873
Die sehr verehrte Übersetzerin hat gebeten, ich möge mich mit einigen Worten über ihre Arbeit äußern.

Es ist mir aus diesem Anlaß eine besondere Freude, erklären zu können, daß ich ihre Übersetzung[4] durchgehend vom Geist des Gedichtes geprägt finde, so wie dieser sich im Original offenbart, dazu mit vollem Verständnis für alle Einzelheiten, welche mir sämtlich mit größtmöglicher Treue wiedergegeben zu sein scheinen.

(HI XVII, 90 f)

Ibsen an Rasmus B. Anderson   Gossensaß, 14. September 1882
Ich lege großes Gewicht darauf, daß die Sprache in den Übersetzungen[5] der einfachen Alltagssprache so nahe wie möglich angepaßt wird. Ausdrücke und Wendungen, die nur in Bücher gehören, müssen in dramatischen Arbeiten sorgfältig vermieden werden, besonders in meinen, die darauf ausgehen, beim Leser oder Zuschauer das Gefühl zu erwecken, er erlebe bei der Lektüre oder Aufführung ein Stück Wirklichkeit.

(HI XVII, 482)

Ibsen an August Lindberg   Gossensaß, 2. August 1883
Es liegt mir ganz besonders daran, daß die Übersetzung [von *Gespenster*] mit größtmöglicher Sorgfalt ausgeführt wird. Wie ein

4 Übersetzung ins Deutsche eines im Kontext nicht identifizierten Gedichtes.
5 von Ibsens Dramen ins Englisch-Amerikanische.

kompetenter und hervorragender schwedischer Literat mir mitteilte, war das bei weitem nicht der Fall mit der Übersetzung von *Ein Volksfeind,* die das Kgl. Dramatische Theater [in Stockholm] benutzte. Viele Stellen im Originaltext waren mißverstanden, andere in steifer und forcierter Sprache wiedergegeben, dazu in Ausdrücken und Wendungen, wie sie in der üblichen schwedischen Umgangssprache nicht vorkommen.

Die Sprache muß natürlich klingen und für alle Personen im Stück charakteristisch sein. Jeder Mensch drückt sich ja auf seine Weise aus. Viel kann in dieser Beziehung während der Proben verbessert werden. Da hört man leicht, was unnatürlich und gezwungen klingt und was also geändert und wieder geändert werden muß, bis jeder Satz echt und glaubwürdig klingt. Die Wirkung des Stückes hängt zum großen Teil davon ab, daß der Zuschauer etwas zu sehen und zu hören meint, was sich im wirklichen Leben abspielt.

(HI XVII, 520)

Ibsen an Moritz Prozor   München, 25. Oktober 1889

Ihren sehr geehrten Brief vom 20. ds. habe ich mit großer Freude erhalten. Das beigefügte Schreiben an Mr. Roger[6] in Paris habe ich sofort unterschrieben abgeschickt.

Ich weiß nicht, wie sehr ich meiner Dankbarkeit Ihnen gegenüber Ausdruck verleihen soll.

Schon lange habe ich davon geträumt, meine dramatischen Arbeiten in Frankreich eingeführt zu sehen. Aber ich wagte nicht, im Ernst weiter daran zu denken, da der Traum mir als etwas Unerreichbares schien.

Verbindungen habe ich dort so gut wie keine. Außerdem war ich ohnehin so sehr mit meinen literarischen Angelegenheiten in den nordischen Ländern, in Deutschland, Österreich, England, Amerika und anderswo beschäftigt, daß gar nicht die Rede davon sein konnte, mit eigenen Kräften das Tätigkeitsfeld auf das große und schwer zugängliche Paris oder – was ja literarisch gesehen dasselbe ist – auf Frankreich auszudehnen zu suchen.

Und nun haben Sie, Herr Graf, schon so unendlich viel für mich

---

6 Vorsitzender der »Société des auteurs et compositeurs dramatiques«.

getan! Der Anfang, das Schwerste von allem, ist gemacht. In einflußreichen Kreisen sind Aufmerksamkeit und Interesse geweckt. Die Sache ist also in Gang gekommen.

All das verdanke ich in erster Linie Ihnen. Und meine Bitte an Sie ist, weiterhin meine französischen Angelegenheiten und alles, was damit zusammenhängt, in die Hand zu nehmen. Dann darf ich auf gute Resultate hoffen.

[. . .]

Eine Erklärung, daß ich nur Ihre Übersetzung und keine andere angenommen zu sehen wünsche, werde ich natürlich gern unterschreiben, wenn Sie mir nur gütigst einen Text in der von Ihnen gewünschten Formulierung schicken wollten.   (HI XVIII, 227 f)

Ibsen zu J. J. Skordalsvold (Interview)   München, 18. März 1890

S: Sind Sie mit den englischen und deutschen Übersetzungen Ihrer Werke zufrieden?

I: Es gibt viele Übersetzungen in diesen Sprachen, einige sind gut, einige schlecht, andere leidlich. Camelots englische Ausgabe ist gut. Reclams billige deutsche Ausgabe enthält die besten Übersetzungen in dieser Sprache. Reclam hat meine Werke in drei ansprechenden Bänden herausgebracht, der vierte erscheint in einigen Tagen. Er hat recht viel für die Verbreitung meiner Werke in Deutschland getan, und seine Ausgaben verkaufen sich recht gut. Fischer in Berlin bringt die besten und kostbarsten deutschen Ausgaben meiner Werke heraus.   (HI XIX, 185)

Ibsen an Fredrik Gjertsen   Kristiania, 26. Juli 1898

Herzlich danke ich Dir und Deiner Frau für die freundliche Einladung. Leider ist es mir auf Grund unaufschiebbarer literarischer Arbeiten nicht möglich, gerade jetzt die Stadt zu verlassen. Draußen auf Nordstrand ist nun mein poetischer deutscher Übersetzer Christian Morgenstern seit Monaten mit der *Komödie der Liebe, Brand* und *Peer Gynt* beschäftigt. Und lange »Fragebogen« schweben aus diesem Grunde täglich drohend über meinem Haupt. Dazu hat mein englischer Übersetzer, Mr. William Archer, seine Ankunft in diesen Tagen angekündigt.   (HI XVIII, 415)

Kampf um das Urheberrecht

Vergleiche die Bemerkungen im Nachwort über den damaligen
Stand des Urheberrechts in skandinavischen Ländern

Ibsen an Hans Jacob Jensen   Dresden, 17. September 1871
Mit dem größten Erstaunen erhielt ich Ihren frechen und unver-
schämten Brief, aus dem ich ersehe, daß Sie beabsichtigen, eine
neue Auflage meiner dramatischen Arbeit *Frau Inger auf Östrot*
und *Nordische Heerfahrt* herauszugeben. Selbstverständlich prote-
stiere ich ganz energisch gegen Ihr geplantes Attentat auf meinen
Geldbeutel. Sie haben nicht das geringste Eigentumsrecht an den
genannten Arbeiten, die ich seinerzeit nur zur Verwendung im
»Illustrierten Nachrichtenblatt« (Illustreret Nyhedsblad) verkaufte.
Außerdem teile ich Ihnen mit, daß beide Bücher in völlig umgear-
beiteter Fassung im Verlag Gyldendalsche Buchhandlung [in Ko-
penhagen] erscheinen und daß das Publikum unverzüglich davon
informiert werden wird, so daß Ihr geplanter Schwindel Ihnen
nichts als Schande und Schaden einbringen wird. Im übrigen habe
ich heute die Angelegenheit einem Juristen übergeben, und sollten
Sie es wagen, Ihren Vorsatz auszuführen, so werde ich Ihnen durch
die Presse und vor Gericht zeigen, was derartige Bubenstreiche
nach sich ziehen. Das übersandte Paket geht ungeöffnet zurück.

(HI XVI, 373)

Ibsen an alle dänischen Buchhändler   Dresden, 28. September 1871
In diesen Tagen habe ich die Nachricht erhalten, daß ein in Christiania wohnhafter Buchdrucker namens H[ans] J[acob] Jensen im Begriff steht, meine älteren dramatischen Arbeiten *Frau
Inger auf Östrot* und *Nordische Heerfahrt* ohne Erlaubnis nach-
zudrucken. Wegen dieses Attentats auf mein Eigentum wird er ge-
richtlich belangt werden. Für den Fall, daß dieser Raubdruck sich

ınzwischen nach Dänemark verirren sollte, schicke ich diese Warnung aus.

Mit dem Jensenschen Produkt habe ich natürlich nichts zu tun. Infolgedessen wird dieses literarische Diebesgut entweder mit den eigenen Änderungen des Nachdruckers erscheinen oder auch in der mehrfach unvollkommenen und unfertigen Form, in der diese beiden Jugendarbeiten zum ersten Mal abgedruckt wurden für die Leser des norwegischen »Illustrierten Nachrichtenblattes« (Illustreret Nyhedsblad).

Ich selbst bereite dagegen eine überarbeitete und zeitgemäße Ausgabe der beiden Schauspiele für die Gyldendalsche Buchhandlung[1] vor. Im Vergleich zu dieser Ausgabe wird das Machwerk von Christiania überhaupt keinen Wert besitzen, es sei denn als Makulatur. (HI XIX, 134 f)

Dresden, 15. Oktober 1871

Ibsen: Zum Attentat auf mein literarisches Eigentum

Anfang 1857 schickte ich von Bergen aus, wo ich mich damals aufhielt, dem damaligen Redakteur des »Illustrierten Nachrichtenblattes« (Illustreret Nyhetsblad), P[aul] Botten-Hansen, das Manuskript meines Schauspiels *Frau Inger auf Östrot,* um es durch seine Mitwirkung in Christiania gedruckt zu bekommen. In seiner Antwort schlug Botten-Hansen mir vor, das Stück gegen ein unbedeutendes Honorar im »Nachrichtenblatt« drucken zu lassen, worin die Arbeit auch erschien. Gleichzeitig ließ der Besitzer des Blattes, Buchdrucker H[ans] J[acob] Jensen, einige Hundert Sonderdrucke herstellen, die auf seine Rechnung im Buchhandel verkauft wurden. Bei meinem darauffolgenden Besuch in Christiania mußte ich mich mit etwas mehr als der Hälfte des Honorars begnügen, da der Besitzer des Blattes bei jeder fälligen Zahlung außerstande war, seinen Verpflichtungen nachzukommen.

Gleich nach Neujahr 1858 reichte ich beim Christiania Theater das gerade vollendete Schauspiel *Nordische Heerfahrt* ein, bekam es aber nach einiger Zeit zurück. Das Mansukript überließ ich danach dem »Illustrierten Nachrichtenblatt« als Prämie oder Neu-

1 Ibsens Verleger in Kopenhagen.

jahrsgabe für die Abonnenten des Blattes. Der Besitzer des Blattes hatte um mein Einverständnis gebeten und es erhalten gegen die Zusicherung eines Honorars für 2200 gedruckte Exemplare, darin eingerechnet alle Exemplare, die den Abonnenten zugeteilt werden sollten.

Das Obige ist die volle und reine Wahrheit in Bezug auf mein literarisches und juristisches Verhältnis zum »Illustrierten Nachrichtenblatt« und dessen Besitzer. Daß der Herausgeber einer Zeitung – wenn nicht anders bestimmt – kein Recht hat, über einen literarischen Beitrag außerhalb des Blattes oder der Begrenzung, unter der ihm der Beitrag überlassen worden ist, zu verfügen, wird jedem einleuchten und kann mit unzähligen Beispielen aus dem praktischen Leben belegt werden. [. . .]

Aber selbst für den ganz unmöglichen Fall, daß der Besitzer des »Nachrichtenblattes« bei unseren gegenseitigen Transaktionen ein so außergewöhnliches Recht erworben haben sollte, muß sein Vorgehen ein grobes Vergreifen an fremdem Gut darstellen.

Vor einigen Jahren ging Buchdrucker Jensen nämlich in Konkurs. Eins von beiden muß also der Fall sein. Entweder hat er, als er seinen Bestand dem Konkursverwalter überließ, das Verlagsrecht an meinen Werken zu den Aktiven gerechnet, und dann ist das Recht in andere Hände übergegangen – oder er hat dieses Objekt verhehlt. Sein totaler Mangel an Rechts[empfinden] ist in beiden Fällen offenbar.

Ich erlaube mir daher, meine frühere Aufforderung an sämtliche dänischen Buchhändler zu wiederholen – und besonders an den dänischen Buchhändlerverein –, diese einzigartige Spekulation nicht zu unterstützen, gegen die ich beim norwegischen Gericht Einspruch erheben werde.   (HI XIX, 135 ff)

Ibsen an Frederik Hegel   München, 25. November 1875

Im übrigen ergreife ich hier die Gelegenheit zu sagen, daß ich mit der Honorierungsweise des Justizrats Berner[2] durchaus nicht zufrieden bin. Stücke, die als Manuskript eingereicht und angenommen werden, sollen nämlich nach dem [norwegischen] Regula-

2 Intendant des Kgl. Theaters in Kopenhagen.

tiv mit einem prozentuellen Anteil an der Einnahme honoriert werden. Nun sind *Die Kronprätendenten* und *Nordische Heerfahrt*
seinerzeit als Manuskript eingereicht worden. [...] Befolgt man
konsequent das mir gegenüber angewandte Verfahren, so werden
die Reglementsbestimmungen illusorisch. Denn man könnte ja erst
alle eingesandten Manuskripte ablehnen, dadurch den Autor zwin-
gen, seine Stücke drucken zu lassen und sie hinterher gegen ein
weit geringeres Honorar spielen. Das ist nicht in Ordnung, und ich
bin sehr damit einverstanden, daß Justizrat Berner bei Gelegenheit
von dieser meiner Auffassung erfährt.   (HI XVII, 206 f)

Ibsen an Frederik Hegel   München, 10. Dezember 1875
Ich fürchte, daß ich in meinem vorigen Brief betr. *Nordische Heerfahrt* und *Die Kronprätendenten* meine Auffassung nicht ganz
deutlich zum Ausdruck gebracht habe. Denn Sie sagen, beide waren ältere Stücke, als sie am Kgl. Theater [in Kopenhagen] zur
Aufführung kamen. Ja, ganz gewiß! Aber die *Nordische Heerfahrt*
war völlig *neu*, als ich sie *1858* beim Theater einreichte, ebenso *Die
Kronprätendenten*, als ich sie 1863 einreichte – beide als Manuskript. Deshalb meine ich, man hätte beide so honorieren sollen,
wie man es hätte müssen, wenn man sie sofort angenommen hätte.
Ich schreibe darüber, weil ich überzeugt bin, daß Justizrat Berner
dieselbe Taktik gegenüber meinem neuen Stück verfolgen wird. Er
wird es zur Aufführung annehmen, aber eine so lange Frist setzen,
daß wir es unmöglich bis dahin dem Buchhandel vorenthalten können. Und wenn es dann erscheint, wird Herr Berner sagen, ja, nun
ist das Stück gedruckt und nun muß ich es so und so viel billiger
bekommen!   (HI XVII, 209)

Ibsen an Hartvig Lassen   München, 21. Februar 1876
Deine Auskunft darüber, wie [Bjørnstjerne Bjørnsons] *Ein
Fallissement* (En fallit) honoriert wurde, gibt keine erschöpfende
Antwort auf meine Frage, denn ich erfahre nicht, wie [seine ande-
ren Stücke] *Die Neuvermählten* (De nygifte) und *Maria Stuart in
Schottland* (Maria Stuart i Skotland) honoriert wurden. Auch be-
komme ich keine Antwort auf die Frage, ob eines meiner Stücke am
Christiania Theater die 20. Vorstellung erlebt hat. Über diese zwei

Punkte wird der Kassierer des Theaters leicht Auskunft geben können, und einer solchen erlaube ich mir entgegenzusehen. Ebenso
wäre es nicht uninteressant zu erfahren, was Bjørnsons Stücke
und was meine eingespielt haben. Wenn ich das nötige Material
[erst] in Händen habe, ist es nämlich meine Absicht, einen Vorschlag für ein zeitgemäßes Honorierungsregulativ zu unterbreiten.
Denn wie man es jetzt macht, entbehrt es seinesgleichen an jedem
gut geleiteten Theater. Die dramatischen *Arbeiten* müssen bezahlt
werden, nicht der möglicher Weise mit deren Annahme und häu-
figen Aufführungen verbundene kürzere oder längere Waffenstill-
stand von Seiten des Autors.
[...] Merkwürdiger Weise scheint man es in Norwegen als Gnade
zu betrachten, für dramatische Arbeiten zu bezahlen. Hoffentlich
wird das neue Gesetz über das literarische Urheberrecht dazu beitragen, den allgemeinen europäischen Begriffen auf diesem Gebiet
auch bei uns Eingang zu verschaffen. In Kopenhagen und Stockholm werden die Autoren jetzt sehr anständig bezahlt, ebenso hier
in Deutschland. (HI XVII, 219 ff)

Ibsen an Johan Sverdrup   München, 4.Februar 1877
Wie Sie wissen, fehlt uns Norwegern nämlich gegenüber dem Ausland eine Konvention betr. des literarischen Urheberrechts. Unsere
Bücher können deswegen jederzeit von jedermann unbehindert
übersetzt werden. Und das geschieht auch reichlich. In England ist
mein gesamtes Drama *Kaiser und Galiläer* übersetzt worden und im
vorigen Jahr erschienen. Ich selbst hatte nicht das nötige Geld zur
Verfügung, um den Druck auf eigene Kosten zu veranstalten. Nun
ziehen Übersetzer und Verleger mit dem Gewinn ab, und ich bekomme nichts. In Berlin hat A[dolf] Strodtmann mir meine Gedichte genommen, außerdem *Die Kronprätendenten* und den *Bund
der Jugend*. Wenn diese Stücke nun überall in Deutschland gelesen und gespielt werden, so geschieht das zum Vorteil des Übersetzers, nicht zu meinem. Ebenso ist es mir mit *Brand* ergangen,
wovon jetzt drei deutsche Übersetzungen existieren, ohne daß mir
ein Pfennig zugute kommt. Selbst in Schweden sieht es nicht anders
aus für uns. Wir haben kein Recht, Autorenhonorare zu fordern –
weder vom Theater noch von den Verlegern, die uns übersetzen.

Von der *Nordischen Heerfahrt* ist bereits eine schwedische Übersetzung erschienen, eine andere ist im Druck. Alles, was ich bisher
für mich zu retten vermochte, sind die von mir selbst veranstalteten deutschen Ausgaben von *Frau Inger auf Östrot* und der *Nordischen Heerfahrt*. Aber diese Ausgaben haben mich viel Geld gekostet, das ich erst im Laufe der Jahre zurückerwarten kann.

(HI XVII, 248 f)

Ibsen an Frederik Hegel   München, 2. Februar 1880
Was den Verkauf von deutschen Übersetzungen meiner Bücher in
den nordischen Ländern betrifft, so kann ich von hier aus überhaupt nichts dagegen unternehmen. Welche Vereinbarung ich auch
mit dem einen oder anderen deutschen Übersetzer oder Buchhändler treffen mag, so kann ich nämlich nicht das Erscheinen konkur-
rierender Übersetzungen verhindern. Dagegen meine ich, daß derartige Übersetzungen nach dem heutigen Gesetz in unseren Landen zu verbieten sein müßten. Ich bin jedenfalls sicher, daß es in
Norwegen auf Grund unseres neuen Gesetzes über das literairsche
Urheberrecht möglich sein müßte. Es wäre doch sonderbar, wenn
jemand, der z. B. in Kristiania oder Kopenhagen wohnhaft ist,
das Recht hätte, neue norwegische oder dänische Bücher zu übersetzen, herauszugeben und zu verkaufen zum Schaden der Originalausgaben in unseren Landen. Ebenso widersinnig ist es, daß in
Deutschland ansässige Personen dasselbe Recht haben sollen. Dies
ist kein internationales, sondern ein rein dänisches oder norwegisches Anliegen, und dort braucht man keine Konvention, um ge-
gebenenfalls diese Mißstände zu beseitigen. Ich werde mich jedenfalls bei einem meiner juristischen Freunde näher darüber erkundigen.   (HI XVII, 384)

Ibsen an Hagbard Emanuel Berner   Rom, 27. März 1881
Obwohl ich leider nicht die Ehre habe, Sie persönlich zu kennen,
wage ich, mich in Bjørnstjerne Bjørnsons und meinem Namen in
einer Angelegenheit an Sie zu wenden, die jedenfalls für mich und
wohl auch für Bjørnson von besonderer Bedeutung ist. Es handelt sich um eine Anfrage an das augenblicklich tagende Storting.[3]

3 Norwegische Volksvertretung.

Auf Grund Ihrer journalistischen Tätigkeit habe ich im Laufe vieler Jahre den bestimmten Eindruck gewonnen, daß Sie vermutlich mehr als die meisten bereit und berufen sind, sich einer Sache anzunehmen, die ich mir hiermit ergebenst erlaube in aller Kürze darzutun.

Als seinerzeit das Storting zuerst Bjørnson und dann mir einen jährlichen Staatsbeitrag von 400 Speziestalern bewilligte, wurde das von der Allgemeinheit als eine öffentliche Anerkennung und Belohnung für unser dichterisches Schaffen aufgefaßt, und als solche wurde er auch von uns mit Dankbarkeit angenommen.

Das literarische Urheberrecht war damals – und ist es zum Teil heute noch – in unseren Landen als Begriff nur höchst unvollständig entwickelt. Weder die Regierung noch das Storting hatte dafür gesorgt, die norwegischen Autoren – und besonders die Dramatiker – gegen willkürliche Eingriffe von draußen zu schützen. Mit anderen Worten, das Gesetz erlaubte uns nicht, wie andere Staatsbürger die Früchte unserer eigenen Arbeit zu genießen. Am Christiania Theater wurde in der Regel für unsere Schauspiele ein einmaliges kleines Honorar gezahlt. [...] Die übrigen Theater in Norwegen sowie die dortigen Wanderbühnen zahlten natürlich nichts. Dasselbe war selbstverständlich der Fall in ganz Schweden und in Dänemark, soweit es die kleineren Theater betraf. Ja selbst das Königliche Theater in Stockholm hat einmal, wie Sie vielleicht erinnern werden, ein Schauspiel von Bjørnson aufgeführt[4], ohne einen einzigen Schilling dafür zu zahlen, obgleich der Autor energisch ein Honorar forderte. Später hat uns dann, womöglich veranlaßt durch das Aufsehen, das diese Sache erregte, sowohl das Königliche Theater in Stockholm als auch das dänische mit einem Betrag nach [eigenem] Gutdünken abgefunden, ein Vorgehen, mit dem wir uns dankbar zufriedengeben müssen, weil weder Regierung noch Storting unsere Interessen durch literarische Konventionen mit Schweden und Dänemark wahrgenommen hatten.[5]

Somit hat man Bjørnson und mir eine ganze Reihe von dramati-

4 *Zwischen den Schlachten* (Mellem slagene, 1856) wurde Anfang 1867 ohne Genehmigung des Dichters aufgeführt.
5 1877 wurde ein erstes Schutzgesetz für Autorenrechte zwischen Norwegen und Schweden erlassen.

schen Arbeiten aus der Hand genommen, eine nach der anderen, ohne daß wir die pekuniären Früchte genießen konnten, die den Autoren in anderen Ländern unweigerlich zukommen. Erst jetzt, da endlich Konventionen betr. des literarischen Urheberrechts mit Schweden und Dänemark abgeschlossen worden sind, habe ich einen Überblick über die Höhe unserer Verluste gewonnen. Aber für Bjørnson und mich kommen diese Konventionen zu spät, weil man uns während des gesetzlosen Zustandes fast alles, was wir auf dem dramatischen Gebiet hervorgebracht haben, entweder genommen oder doch für geringe Beträge abgehandelt hat.

Aber das ist noch nicht alles, ja im Grunde der am wenigsten fühlbare Teil. Viel härter sind wir dadurch betroffen, daß Norwegen keine literarische Konvention mit Deutschland oder überhaupt einem Land außerhalb Skandinaviens abgeschlossen hat. Es wird Ihnen bekannt sein, daß die meisten Bücher von Bjørnson und mir ins Deutsche übersetzt sind und daß viele unserer Dramen an den dortigen Theatern aufgeführt werden. Wenn man aber in Norwegen daraus den Schluß zieht, daß diese wohlwollende Aufnahme einen bedeutenden oder nur nennenswerten pekuniären Vorteil für uns mit sich bringt, so irrt man sich leider gründlich. Vielmehr sind es die Übersetzer und ihre Verleger, die den Vorteil einheimsen, und wir norwegischen Dramatiker verfügen über keine Rechtsmittel, das zu verhindern. Beschaffen wir uns Übersetzungen auf eigene Kosten, so können wir so gut wie sicher sein, daß in kurzer Zeit eine oder mehrere billigere, konkurrierende Übersetzungen erscheinen und unsere eigenen verdrängen.

Daß Norwegen freiwillig einen Schritt tun würde, um eine allgemeine internationale Konvention betr. des literarischen Urheberrechts zustandezubringen, oder richtiger gesagt, um der Konvention beizutreten, die bereits zwischen den meisten europäischen Ländern besteht, ist natürlich undenkbar. Als guter Noweger kann ich das mit Rücksicht auf mein Land auch nicht einmal wünschen, denn es leuchtet ja ein, daß eine solche Konvention bei uns jedes ausländische Buch in hohem Maße verteuern würde – ob nun wissenschaftlich oder poetisch –, das man durch eine Übersetzung der Allgemeinheit zugänglich zu machen wünscht. Es wäre dasselbe, als wollte man einen großen Teil der Aufklärungsquellen verstopfen, die jetzt dem norwegischen Volk gratis zufließen. Gratis? Ja, gratis für den Staat, aber nicht für Bjørnson und mich. Denn wir beide sind es, die seit Jahren und auch in Zukunft den größten Teil der Einfuhrsteuern für ausländische literarische Aufklärungsmittel zahlen. Und das sind keine geringen Beträge. Ich darf mit gutem Gewissen behaupten, daß Bjørnson und ich die beiden verhältnismäßig höchst besteuerten Männer Norwegens sind.

Ich richte daher eine ergebene Anfrage an Sie, ob Sie sich vielleicht dieser Sache annehmen wollen und die Aufmerksamkeit des Stortings auf die Verhältnisse lenken, die ich hier in größtmöglicher Kürze vorgetragen habe. Der Staatsbeitrag, den Bjørnson und ich bisher erhalten haben, entspricht bei weitem nicht den Verlusten, die wir vielfach erlitten haben und weiterhin in Norwegen und im Ausland erleiden werden. Sollte das Storting es nicht recht und billig finden, uns eine angemessene Erstattung hierfür zu bewilligen, indem es unsere Dichtergagen von jetzt ab erhöht? Es ist doch wohl gang und gäbe, daß man Staatsbürgern den Verlust ersetzt, dem sie aus Staatsraison unterworfen sind? Und in Norwegen haben die Verfasser lange gelitten, besonders die dramatischen. Es ist bezeichnend für unser Land, daß das eßbare Wild eher durch Gesetz geschützt wurde als die Dichter. Gegenüber dem Ausland stehen wir fast noch auf der Stufe der Schädlinge. Jeder kann uns unbehindert jagen, und das Bitterste ist: wir müssen das Schußgeld obendrein noch selbst bezahlen.

[...]

Betreffs der Größe der erwünschten Gagenerhöhung erdreiste ich mich nicht, einen Vorschlag zu unterbreiten. Ich erlaube mir nur, ergebenst daran zu erinnern, daß der schwedische Reichstag Nils [Adolf Erik] Nordenskiöld und [Louis] Palander nach der Entdeckung der Nordostpassage [1878/79] je 4000 Kr. jährlich bewilligte. Ich gestatte mir, an die Möglichkeit zu denken, daß Bjørnson und ich auf unseren Dichterfahrten etliche Nordost- und Nordwestpassagen gefunden haben können, die in Zukunft von nordischen Völkern ebenso befahren werden dürften wie jene, die Palander und Nordenskiöld eröffnet haben.　　　　(HI XVII, 422 ff)

Ibsen an Hagbard Emanuel Berner   Rom, 18. Februar 1882

Mit lebhafter Freude habe ich durch das »Tageblatt« (Dagbladet) erfahren, daß Sie dem z. Zt. tagenden Storting vorgeschlagen haben, Bjørnsons und meine Dichtergage zu erhöhen. Aus einigen Äußerungen in Ihrem Brief darf ich schließen, daß die Angelegenheit in der diesjährigen Nationalversammlung wahrscheinlich Gehör findet.

Sie halten nähere Auskünfte über die Verluste für wünschenswert, die Bjørnson und mir nach meiner Meinung durch das Fehlen einer literarischen Konvention mit Norwegen entstanden sind. Was Bjørnson betrifft, so kann ich derartige Auskünfte nicht geben, aber was mich anbelangt, erlaube ich mir, folgende mehr oder weniger wichtige Posten aufzuführen:

In Finnland sind viele oder, richtiger, die meisten meiner dramatischen Arbeiten übersetzt und gespielt worden, sowohl in schwedischer als auch in finnischer Sprache.[6]

Mit Sicherheit weiß ich, daß jedenfalls *Der Bund der Jugend* in Rußland übersetzt und gespielt worden ist. Aus Zeitungsberichten habe ich ersehen, daß dies auch der Fall sein soll mit *Ein Puppenheim*.

Das letztgenannte Stück ist auch ins Polnische übersetzt und in Warschau aufgeführt worden. Dort ist auch vor einigen Jahren eine Übersetzung meiner *Gedichte* erschienen. Da diese aber von der russischen Zensur stark beschnitten war, wurde eine neue, vollständige Ausgabe in Krakau gedruckt, also auf österreichischem Boden.

Nordische Heerfahrt ist ins Ungarische übersetzt und gespielt worden. Wie es heißt, auch *Ein Puppenheim,* jedenfalls ist die Aufführung vorgesehen.

In England existieren zwei Übersetzungen der eben genannten Stücke. Die *Stützen der Gesellschaft* sind auch ins Englische übersetzt und in London aufgeführt worden.

Mit ziemlicher Sicherheit darf man davon ausgehen, daß in ver-

---

6 Die Amtssprache und die der gebildeten Kreise war auch noch unter russischer Herrschaft seit 1809 Schwedisch, daneben wurde finnisch und russisch gesprochen. Erst am 18. November 1863 wurde die finnische Sprache der schwedischen durch Gesetz gleichgestellt.

schiedenen Ländern Übersetzungen von etlichen meiner Arbeiten existieren, die sich meiner Kenntnis entziehen.

Daß ich für die genannten Übersetzungen und Aufführungen überhaupt kein Honorar erhalten habe, ist natürlich selbstverständlich. Betreffs meiner literarischen Angelegenheiten in Deutschland erlaube ich mir, hier eine kurzgefaßte Übersicht zu geben:

Nordische Heerfahrt ist auf meine Kosten übersetzt worden von Emma Klingenfeld, auch gedruckt und – ebenfalls auf meine Kosten und ohne irgendwelches Autorenhonorar – erschienen bei Theodor Ackermann in München, der außerdem als Kommissionär 50% der Einnahmen aus den verkauften Exemplaren für sich berechnet. Auf einen wirklichen Verlag für die Arbeiten der norwegischen Dramatiker wagen die deutschen Buchhändler sich nicht einzulassen, da sie wegen der fehlenden Konvention [betr. der Urheberrechte] nie sicher sein können vor Konkurrenzausgaben.

Frau Inger aus Östrot ist unter denselben Bedingungen wie *Nordische Heerfahrt* übersetzt und herausgegeben worden.

Stützen der Gesellschaft ebenso. Dieses Stück ist außerdem von Wilhelm Lange in Berlin übersetzt worden, der es auf eigene Rechnung an vielen deutschen Bühnen hat aufführen lassen und es bei Ph[ilipp] Reclam in Leipzig in dessen Universalbibliothek herausgegeben hat. Dadurch konnte Langes Übersetzung für 20 Pf. verkauft werden. Meine eigene, anständig ausgestattete kostet 2 Rm und findet deshalb nur geringen Absatz. Weiter hat Herr Emil Jonas in Berlin eine »Bearbeitung« des Stückes herausgegeben, die ebenfalls als Billigkeitsauflage gedruckt und an vielen Orten in Deutschland gespielt worden ist.

Der Bund der Jugend ist von Adolf Strodtmann in Berlin übersetzt worden und bei Duncker daselbst erschienen. Ich habe nichts damit zu tun, und es bringt mir natürlich nichts ein. Eine andere Übersetzung des Stückes stammt von W. Lange, auch damit habe ich nichts zu tun.

Die Kronprätendenten sind von Adolf Strodtmann übersetzt und ebenso herausgegeben wie *Der Bund der Jugend*. Die Honorare der Theater fallen ausschließlich dem Übersetzer zu.

Brand ist von P. F. Siebold in Kassel übersetzt worden und dort in zwei Auflagen erschienen. Dito von Julie Ruhkopf in Dresden, erschienen bei Kühtmann in Bremen in der »Bibliothek ausländischer Classiker«. Dito von Baron Alfred von Wolzogen in Schwerin, erschienen in Weimar. Dito von L[udwig] Passarge in Königsberg, erschienen in Leipzig.

Peer Gynt ebenfalls von L. Passarge übersetzt und erschienen in Leipzig.

Die meisten meiner *Gedichte* sind übersetzt von A. Strodtmann und in Berlin erschienen in seinem Buch »Das geistige Leben in Dänemark usw.«

Um einer Wiederholung der Geschichte mit *Stützen der Gesellschaft* vorzubeugen, schlug ich – als das Puppenheim-Manuskript fertig war – W. Lange vor, das Stück gemeinsam [mit ihm] auf deutsch herauszubringen. Er ging darauf ein und erhielt die Korrekturbogen nach und nach aus Kopenhagen. Die Bedingungen waren, daß der Übersetzer das gesamte Buchhandelshonorar für sich allein erhält, während wir die Theaterhonorare je zur Hälfte unter uns teilen. An diesem Stück habe ich somit durch die deutschen Theater einiges verdient, aber dieses Verfahren ist trotzdem nicht brauchbar für die Zukunft. Um uns soweit wie möglich vor der Konkurrenz anderer Übersetzer zu schützen, müssen wir danach trachten, die deutsche Übersetzung gleichzeitig mit dem Original erscheinen zu lassen. Das geschah auch bei Reclam in Leipzig. Aber der benutzte sofort die Gelegenheit, seine Billigkeitsausgabe in großen Mengen nach Skandinavien zu schicken, wo sie nur 20 Pf. kostet und durch den großen Absatz die Originalausgabe zu 2.25 Kr. merkbar verdrängte. Durch geschäftliche Verbindungen erfuhr ich damals, daß ein einzelner Buchhändler in Kopenhagen 6000–8000 Exemplare der deutschen *Nora* (Et dukkehjem) verkauft hatte. Auf diese Weise kann ich ausrechnen, daß ich alles wieder verloren habe, was ich an deutschen Theatern verdient hatte. Alles nur deshalb, weil wir keine literarische Konvention haben.

Eine andere Folge des fehlenden Schutzgesetztes ist, daß viele Hoftheater und andere große Bühnen in Deutschland den norwegischen Dramatikern absolut verschlossen bleiben. Diese Theater verlangen nämlich vor Annahme eines Stückes die Erklärung des Autors, daß sein Stück an keinem anderen Theater derselben Stadt aufgeführt werden darf. Eine solche Erklärung können wir norwegischen Dramatiker natürlich nicht abgeben, da wir keinen Theaterdirektor daran zu hindern vermögen, sich das Stück von dem einen oder anderen konkurrierenden Übersetzer zu verschaffen und es zu spielen, wo und wie oft er will.

Noch einen weiteren Umstand muß ich hervorheben, der für uns von großem Schaden ist. Die Theater, die sich trotz der oben erwähnten Unsicherheit darauf einlassen, unsere Stücke zu spielen, wagen jedenfalls nicht, große Gelder in die Ausstattung zu stecken. Die Folge ist, daß unsere Stücke in Deutschland nicht so viele Aufführungen erleben, wie es der Fall wäre, wenn wir den Schutz eines internationalen Gesetzes genössen.

Diese beiden Umstände muß man notwendiger Weise in Betracht ziehen, wenn die Rede von den Verlusten norwegischer Autoren an deutschen Theatern ist. Wie groß Bjørnsons und meine Verluste überhaupt waren, ist natürlich unmöglich auch nur annähernd auszurechnen.

Was Schweden betrifft, kann ich dagegen meine Verluste am Königlichen Theater genau angeben. Da die beiden Schauspiele *Der Bund der Jugend* und *Nordische Heerfahrt* mit »Gratialien« und nicht nach dem Regulativ honoriert wurden, das bei dieser Gelegenheit für mich als Norweger nicht anwendbar war, habe ich ca. 3000 Kr weniger eingenommen.

Am Königlichen Theater in Kopenhagen verhält es sich folgendermaßen: *Der Bund der Jugend* wurde nach Ermessen honoriert mit 1200 Kr, *Die Kronprätendenten* ebenso mit 1200 Kr, weiter *Nordische Heerfahrt* mit 2000 Kr und *Stützen der Gesellschaft* ebenfalls mit 2000 Kr, zusammen 6400 Kr.

Als ich *Ein Puppenheim* einreichte, war die literarische Konvention mit Dänemark in Kraft getreten. Dieses Stück mußte also nach dem Regulativ bezahlt werden und brachte mir ca. 9000 Kr ein.

Nun ist es eine Tatsache, daß jedes der vier erstgenannten Stücke im Laufe der Zeit ungefähr ebenso viele und ebenso gut besuchte Vorstellungen erlebt hat wie *Ein Puppenheim*. Hätten wir schon 1870 das literarische Schutzgesetz gegenüber Dänemark gehabt, so würde ich also von diesen vier Stücken, statt 6400 Kr, eine Einnahme von 36 000 Kr gehabt haben. Zieht man davon die erhaltenen 6400 Kr ab, so bleibt ein Betrag von 29 600 Kr. Um jedoch auf keinen Fall zu hoch zu greifen, will ich für jedes der vier Stücke weitere 2000 Kr, zusammen 8000 Kr, abziehen. Dann kommt jedenfalls ein Verlust von 21 600 Kr heraus. Rechnet man den in Schweden erlittenen Verlust von 3000 Kr hinzu, so beläuft sich der Gesamtbetrag auf 24 600 Kr.

Also: An nur *zwei* Theatern und für nur zwei bzw. vier Stücke habe ich auf Grund des fehlenden Schutzgesetzes fast 25 000 Kr an Einnahmen eingebüßt.

Und nun stelle man sich vor – wenn Bjørnson und ich für unsere sämtlichen dramatischen Arbeiten an Deutschlands *150* Bühnen den Schutz des Urheberrechts genossen hätten!

Ich will mich nicht weiter verbreiten über diese Verhältnisse, obgleich noch vieles hinzuzufügen wäre. Aber ich hoffe, daß das bereits Angeführte einen genügenden Überblick bietet. Ich lege die Sache getrost in Ihre Hände und verlasse mich auf die Großmut und das Gerechtigkeitsgefühl des Stortings.   (HI XVII, 458 ff)

Ibsen an Henrik Jaeger   München, 17. November 1888
Auf den Vorschlag der Direktion, *Das Fest auf Solhaug* mit 10⁰/₀ der Bruttoeinnahmen jeder Vorstellung zu honorieren, kann ich aus Prinzip nicht eingehen.

Solange die Theater in Norwegen ausländische Stücke für einen geringen Betrag an den Übersetzer erwerben können, müssen die norwegischen dramatischen Arbeiten mit einem bestimmten Pauschalbetrag honoriert werden.

Würde es bei uns Sitte und Brauch, jede Aufführung norwegischer Stücke mit 10⁰/₀ Steuern zu belegen, so würde für unsere bedrängten Theater die Versuchung naheliegen, diese Stücke so selten wie möglich zu spielen. Ist dagegen das Gesamthonorar im voraus bezahlt, dann liegt es ja im Interesse der Theater, den erlegten Betrag so schnell wie möglich wieder einzuspielen.

Ich muß deshalb auf der alten Honorierung bestehen als der einzig brauchbaren unter dem jetzt geltenden Gesetz für das literarische Urheberrecht.   (HI XVII, 187 f)

Anhang

Ibsen hat in selbstkritischer Einsicht früh erkannt, daß die epische Prosa ihm nicht lag. Alle Versuche in dieser Richtung sind auch in Anfangsskizzen steckengeblieben. Dagegen hat er mit ebensoviel Nachdruck hervorgehoben, daß er Dramatiker und nur Dramatiker sei, und so wurde sein gesamtes Werk von grundlegender Bedeutung für den heraufdämmernden Bühnennaturalismus.

Wenngleich der Dichter sich nicht gern mit den Gestalten seiner Dramen identifizieren wollte (»Ich bin nicht verantwortlich für das Geschwätz des Dr. Stockmann«, sagte er z. B. in einem Interview), so erkennt man natürlich trotzdem hier und da persönliche Charakterzüge und Lebensanschauungen des Autors. Zwar hat er sich mit dem Gedanken getragen, autobiographische Aufzeichnungen zu überliefern, aber daraus ist nichts geworden. So sind wir letzten Endes auf dem Wege zu dem Menschen Ibsen auf seine Briefe und auf Äußerungen seiner Zeitgenossen angewiesen.

Aber auch da kommt Ibsen dem Leser nur unwillig entgegen. Er bekannte unumwunden, daß er höchst ungern Briefe schrieb, weil er den Partner gegenwärtig wissen wollte, um sich öffnen zu können. Immer wieder schob er seine Briefschulden auf, weil sie ihn von seiner Gedankenarbeit am nächsten Stück ablenkten. Schließlich erging er sich nicht selten in Klagen über die erdrückende Korrespondenz. Sachlich und kühl, ja pedantisch waren seine Geschäftsbriefe, aber im Zorn konnte ein echtes Temperament aufleuchten – besonders wenn es den Kampf um das Urheberrecht galt. Nicht selten drückte der Absender sich vor Höflichkeit recht umständlich aus, dann wieder kategorisch und fordernd – immer aber bestrebt, gerecht zu urteilen.

Aus den publizierten Briefen und Gesprächen tritt uns ein paradoxes Bild entgegen. Jener Mann, der so bitter das Bürgertum seiner Zeit geißelte, lebte selbst das Leben eines korrekten Bürgers. Vorbildlich, wenn man so will, aber doch in dessen engen Grenzen. Sein Tageslauf war fast auf die Minute eingeteilt, und die Regelmäßigkeit machte ihn nahezu zum Opfer seines Schemas. Davon wich er nur selten freiwillig ab. Schon früh erhob er sich und verbrachte lange Zeit mit dem Ankleiden, wobei er sich den täglichen Arbeitsplan zurechtlegte. Nach einem leichten Frühstück setzte er sich um 9 Uhr an den Schreibtisch, arbeitete vier Stunden und machte vor dem Lunch einen Spaziergang. Nachmittags pflegte er zu lesen, aß früh zu Abend und begab sich nicht allzu spät zur Ruhe.

Ein neues Sujet trug er lange in Gedanken mit sich herum, ehe es reif zur ersten Niederschrift war. Nicht selten geschah es, daß er durch die offenen Räume wanderte und sich dabei den Stoff erarbeitete. Nach der Entstehung des Konzepts war er schließlich mit seinen Gestalten so innig vertraut, daß er ein fertiges Manuskript verfassen konnte. Aber nicht genug damit. Erst danach fertigte er die endgültige Reinschrift an, nicht ohne auch an ihr noch zu feilen, ehe er sie auf den Weg zu seinem Verleger brachte.

So sieht nicht das Leben eines Kämpfers aus. Und doch war er ein unnachgiebiger Streiter, wie wir im folgenden sehen werden. Er zog zu Felde gegen die Exploitation geistigen Eigentums, gegen Raubdrucke gewissenloser Verleger, gegen Bearbeitungen verantwortungsloser Übersetzer und engagierte sich lebhaft in der norwegischen Sprachfehde – ganz abgesehen von der Lebenslüge und der Treulosigkeit gegen das eigene Ich, die er durch sein dramatisches Werk bekämpfte.

Schon zu Ibsens Zeiten wogte ein heftiger Kampf um die Neugestaltung der norwegischen Sprache (s. Ibsens Stellungnahme vom 28. Oktober 1899, Bd. II, S. 270 f.). Der Herausgeber dieser Ibsen-Bände besitzt selbst noch ein vor ungefähr hundert Jahren in Kopenhagen erschienenes Dänisch-Norwegisch-Deutsches Wörterbuch, das wie kaum ein anderes Indiz beweist, in welchem Maße noch damals die dänische Sprache mit der norwegischen (und umgekehrt) zu echter Verwandtschaft verflochten war. Der Verlag hatte die beiden nordischen Sprachen sozusagen über ein und denselben Kamm scheren können, ohne irgendwelche Unterschiede kenntlich zu machen.

Unter diesem Aspekt ist es verständlich, daß sich in Norwegen philologisch-nationalistische Kreise regten, die die norwegische Sprache von dänischen Einflüssen befreien wollten. Die Initiative ergriff 1853 der Sprachforscher Ivar Aasen, der eine neunorwegische Sprache aus Restbeständen alter Dialekte zusammenstellte, die 1892 als zweite offizielle Sprache der Reichssprache gleichgestellt wurde. Ibsen dagegen trat energisch für Beibehaltung der dänisch-norwegischen Sprache ein.

Während seiner Lebenszeit hat die Orthographie der norwegischen Reichssprache einige Abwandlungen und Reformen erfahren. Während Ibsen sich anfangs der üblichen Rechtschreibung bediente, wich er schon bei der Arbeit an der *Nordischen Heerfahrt* von veralteten Formen ab. Er schloß sich damit im gewissen Sinne den Reformbestrebungen des Philologen Knud Knudsen an. Eigenwillig, wie Ibsen zeit seines Lebens war, ging er allmählich zu einer Schreibweise nach der Aussprache über. Inzwischen wurde Knudsens vereinfachte Orthographie auch vom Kirchendepartement anerkannt und den Schulen zur Anwendung im Unterricht gestattet. In diesem Stil schrieb Ibsen seine *Komödie der Liebe,* und drei Jahre später begann er, auch Substantive mit kleinem Anfangsbuchstaben zu schreiben. Im Juli 1869 fand in Stockholm ein Rechtschreibungskongreß statt, der zur Angleichung der skandinavischen Sprachen beitragen sollte. Der norwegische Delegierte war Henrik Ibsen. Dort wurden neue Vereinfachungen anempfohlen, die Ibsen bereits von sich aus praktiziert hatte. Neu hinzugekommene Änderungen übernahm Ibsen sehr bald, allerdings nicht, ohne vorher seinen Kopenhagener Verleger Hegel um dessen Meinung zu fragen. Der hatte gegen die Anwendung der vom Sprachkongreß beschlossenen Reformen keine Bedenken, was Ibsen dankbar und erfreut damit quittierte, daß er von jenem Zeitpunkt an bei der reformierten Orthographie blieb.

Ibsen sah es gern, daß die Öffentlichkeit davon erfuhr, wenn er an einem neuen Stück arbeitete, aber er schwieg wie eine Sphinx, wenn es galt, den Titel des nächsten Werkes zu enthüllen. Selbst sein Verleger erfuhr oft erst im letzten Augenblick, manchmal erst nach Ablieferung des Manuskripts, wie es heißen sollte. Bis dahin gebot der Dichter tiefstes Schweigen und verlangte, daß keinem unbefugten Auge die Erspähung des Geheimnisses möglich gemacht werde. Mehrfach ordnete er an, daß das Titelblatt erst nach dem Druck des Buches hergestellt werden durfte. Typisch für dies Verhalten ist eine Mitteilung vom 23. November 1884 an seinen Verleger, worin er konstatiert: »Ich habe beim Erscheinen der *Wildente* wieder bestätigt bekommen, wie klug es ist, den Inhalt einer neuen Arbeit geheimzuhalten, bis der Band sich im Handel befindet.«

Vielleicht steckte aber doch weniger Eitelkeit und Sensationslust dahinter, als man vermuten möchte. Jedenfalls erklärte Ibsen, er sei zu dieser Geheimnistuerei durch seine deutschen und englischen Verleger vertraglich verpflichtet. Eine Klausel besage, daß die Ausgabe in Kopenhagen nicht eher erscheinen dürfe, als bis die ausländischen fertiggestellt seien, und daß nichts über den Inhalt verlautbart werden dürfe, solange das Stück nicht im Buchhandel des betreffenden Landes der Öffentlichkeit zugänglich gemacht sei. So erklärt es sich, daß Ibsen in seiner Korrespondenz wochen-, ja monatelang nur von seiner »neuen Arbeit« spricht, ohne ihren Titel anzudeuten.

Um den Leser nicht im unklaren zu lassen, hatten wir ursprünglich jeweils den Titel in eckigen Klammern hinzugefügt, haben aber dann doch weitgehend darauf verzichtet, um Ibsens Verhalten deutlich und werkgetreu zu demonstrieren.

Ibsen war nicht nur ein sehr geschickter Szenen-Konstrukteur, er war auch ein großartiger Charaktergestalter. Die Frauen im Mittelpunkt seiner Dramen haben von je her berühmte Schauspielerinnen zur Darstellung gelockt, selbst dann, wenn sie als Nora contre cœur spielen mußten, weil sie *ihre* Kinder nie verlassen würden! Weltberühmte Tragödinnen haben nicht selten Ibsen um eine Wunschrolle gebeten. Aber er wies den Begriff der Rolle energisch und kategorisch von sich. Dem befreundeten Berliner Theaterdirektor Otto Brahm, seinem eifrigsten Förderer, erklärte er einmal: »Da spricht man noch immer von Rollen am Theater, und die Schauspielerinnen fragen mich nach einer schönen Rolle. Das Wort kann nur Unheil anstiften. Fort damit! Ich schreibe keine Rollen, ich schildere Menschen!« Und im Dezember 1890 an anderer Stelle: »Ich habe versucht, Menschen zu schildern, so exakt wie möglich, so detailliert wie möglich, nichts anderes.« Dann wieder in einer Dankesrede auf einer Premierenfeier in Kristiania am 14. September 1891: »Ich habe keine Rollen für Schauspieler und Schauspielerinnen geschrieben. Ich habe geschrieben, um menschliche Schicksale zu schildern, nicht um Rollen zu schreiben!«

Man bezeichnet Ibsen gern als einen Vorkämpfer der Frauenemanzipation. Das war er zweifellos, doch empfand er selbst es nicht so. In einer Rede in Kristiania sagte er am 26. Mai 1898 u. a.: »Ich muß die Ehre, für die Frauenfrage eingetreten zu sein, abweisen. Ich bin mir nicht einmal darüber klar, was die Frauenfrage eigentlich ist. Für mich ist sie eine menschliche Angelegenheit. Und liest man meine Bücher aufmerksam, dann wird man es verstehen. Es ist durchaus zu wünschen, daß die Frauenfrage gelöst wird – so nebenher. Doch ist das nicht meine Absicht gewesen. Meine Aufgabe war die *Menschenschilderung*.«

Als Ibsen auf der Höhe seines Schaffens stand, waren die europäischen Autoren noch rechtlos und ungeschützt den Nutznießern ihrer Werke ausgeliefert. Zwar gab es in Deutschland schon seit dem 11. Juni 1870 ein »Gesetz betr. das Urheberrecht an Schriftwerken, Abbildungen, musikalischen Kompositionen und dramatischen Werken«, aber es schützte nur Werke in ihren Ursprungsländern, nicht jenseits der Grenzen. Somit war Ibsen in Deutschland nicht geschützt, d. h. jeder deutsche Verleger durfte skandinavische Autoren in jeder beliebigen Übersetzung, ja sogar im Original drucken und herausgeben – ohne Honorar zahlen oder die Genehmigung des Verfassers einholen zu *müssen*. Dieselbe Freiheit genossen alle Übersetzer.

Auf dem Weg zu den späteren Tantiemen-Abkommen wurde um jene Zeit in Dänemark und Norwegen ein Regulativ geschaffen, wonach Bühnenwerke, die als *Manuskript* bei den Bühnen eingereicht wurden, mit einem gewissen Prozentsatz der Abendkasse honoriert werden mußten. Waren sie dagegen bereits gedruckt und im Buchhandel erschienen, dann konnte das Honorar als Pauschale bis zum Nullpunkt sinken. Eine andere Möglichkeit stipulierte, daß nach der beispielsweise 20. Vorstellung die nächste Rate einer Pauschale fällig war, weshalb es vorkam, daß das betreffende Stück nach der 19. Vorstellung abgesetzt wurde, um der Restzahlung zu entgehen. (Ibsens häufige Anfragen nach der 20. Vorstellung sprechen für sich.)

Die Rechtlosigkeit der skandinavischen Autoren führte sowohl in ihrer Heimat als auch in Deutschland zu Raubdrucken und zu wilden Übersetzungen. Die Zahl derer, die sich mit Ibsens zunehmenden Erfolgen zu Übertragungen berufen fühlten, ohne es zu sein, nahm derartig überhand, daß er sich schließlich nicht mehr vor ihnen retten konnte. Es stand ja jedem frei, ob er nun Norwegisch verstand oder nicht, nicht nur darauflos zu übersetzen, sondern darüber hinaus auch noch »Bearbeitungen« anzufertigen, die meistens nichts anderes als Verschlimmbesserungen waren. Die Übersetzer suchten dann ihrerseits einen Verleger, der zwar die Übersetzung mehr oder weniger lukrativ bezahlte, dann aber an dem Buch verdiente. Während also Übersetzer und Verleger für ihre Arbeit entschädigt wurden, hatte Ibsen oft das Nachsehen.

In Skandinavien besserten sich die Verhältnisse etwas, als 1877 ein »Gesetz betr. das Eigentumsrecht an Schriften« erlassen wurde. Aber die Auswirkungen und Durchführungen der darin enthaltenen Bestimmungen erstreckten sich nur auf die internen Verhältnisse, nicht auf die kulturellen Verbindungen mit Deutschland. So war es immer noch möglich, deutsche Übersetzungen in den nordischen Ländern ohne Entschädigung des Autors zu verkaufen. Das ging so weit, daß die billigen Hefte von Reclams Universalbibliothek die teureren Originalausgaben in Skandinavien zeitweilig verdrängten. Auch darüber klagte Ibsen bitter. Es ist auch vorgekommen, daß ein Theaterdirektor ohne Ibsens Wissen und Einverständnis in der norwegischen Hauptstadt eine schwedische (sic!) Übersetzung von *Stützen der Gesellschaft* gespielt hat Und das noch *nach* dem Erlaß des obenerwähnten Gesetzes von 1877!

Immerhin zahlten die größeren Theater allmählich feste und höhere Honorare, die kleinen Bühnen und die Tourneegesellschaften dagegen oft überhaupt nichts. Noch 1881 hatte Norwegen kein urheberrechtliches Übereinkommen mit Deutschland oder einem anderen Land außerhalb Skandinaviens geschlossen, und Ibsen mußte – gemeinsam mit Bjørnstjerne Bjørnson – weiterkämpfen. Sehr aufschlußreich ist in dieser Beziehung Ibsens ausführlicher Brief vom 27. März 1881 (s. S. 282 ff.) an den norwegischen Politiker Hagbard Berner, den er als Mitglied des Stortings über die Schutzlosigkeit der Autoren in Kenntnis setzte und um Intervention bat.

All diesen untragbaren Zuständen wurde erst Einhalt geboten durch den Abschluß der Berner Konvention vom 9. September 1886, die zum erstenmal 1896 in Paris revidiert wurde. Es war die lange fällige internationale Vereinbarung zum Schutze der Urheberrechte aller Autoren der Mitgliedstaaten. Deutschland trat der Konvention sofort bei. Von jenem Zeitpunkt an wurde die Konkurrenz der Verleger in geregelte Bahnen gelenkt, und die Translatoren konnten nicht mehr ohne Autorisation ihre Übersetzungen verkaufen.

Trotzdem kamen noch häufig Übertretungen vor, um so mehr als die Verhältnisse in Skandinavien zunächst noch relativ unklar blieben. Norwegen schloß sich erst 1896 der Konvention an, Dänemark 1903 und Schweden 1904. Da hatte Ibsen schon seit langem sein letztes Stück geschrieben.

Obwohl jedermann sich das Recht anmaßen konnte, ein Werk von Ibsen zu übersetzen und es ohne sein Einverständnis als »Eigentum« an die Verleger zu verkaufen, ließ Ibsen sich gegenüber dieser Tatsache nicht zur Gleichgültigkeit verleiten. Wo er nur konnte, ob gefragt oder nicht, gab er seine Vorschläge mit konsequenter Pedanterie bis auf das I-Tüpfelchen an. Immer wieder ersuchte er um die Einhaltung einer natürlich fließenden Alltagssprache im Dialog. Er verabscheute das Pathos, ihn störte jede Steifheit. Es lag ihm »ganz besonders daran, daß die Übersetzung mit größtmöglicher Sorgfalt ausgeführt wird ... Die Sprache muß natürlich klingen und für alle Personen im Stück charakteristisch sein. Jeder Mensch drückt sich ja auf seine Weise aus«, schreibt er u. a. an den schwedischen Regisseur August Lindberg, der es als erster in Skandinavien wagte, *Gespenster* zur öffentlichen Aufführung zu bringen. In diesen Worten liegt Ibsens ganze prinzipielle und kritische Einstellung zu allem, was Übersetzung heißt. Und an anderer Stelle gibt er zu verstehen: »Ausdrücke und Wendungen, die nur in Bücher gehören, müssen in dramatischen Arbeiten sorgfältig vermieden werden.«

Möge der Dichter an dieser Stelle auch als Schiedsrichter zitiert werden! Sein historisches Schauspiel *Hærmændene paa Helgeland* ist auf deutsch auch unter dem fast wörtlichen Titel *Die Helden auf Helgeland* gespielt worden. Im allgemeinen hat sich aber der weitaus schönere Titel *Nordische Heerfahrt* durchgesetzt und erhalten. Dazu Ibsen am 9. September 1898 an Julius Elias: »*Nordische Heerfahrt* soll beibehalten werden. Dieser Titel wurde ursprünglich von Kapellmeister Levy vorgeschlagen und von mir gebilligt. Fräulein Klingenfeld hat keinen Anteil daran.« Sie war es nämlich, die ihrer Übersetzung den banal klingenden Titel *Die Helden auf Helgeland* gegeben hatte.

Komödie der Liebe wird im Deutschen oft mit Artikel angeführt. Ibsen nennt das Stück in seiner Korrespondenz mit Julius Hoffory auf deutsch aber *ohne* Artikel, was auch dem Sinn des norwegischen Titels *Kjærlighedens Komedie* (eigtl. Der Liebe Komödie) entspricht. Ähnlich verhält es sich mit *Stützen der Gesellschaft* (Samfundets støtter = Der Gesellschaft Stützen). Ibsen selbst hat 1878, 1889 und noch 1891 wiederholt in Briefen den Titel auf deutsch *ohne* Artikel zitiert. Hinzu kommt, daß die Hauptfigur, Konsul Bernick, im Lauf der Handlung zwar als eine der wichtigsten Stützen der Gesellschaft gilt, Ibsen aber erst am Schluß enthüllt, daß Wahrheit und Freiheit die wirklichen Stützen der Gesellschaft sind. Schon um den Zuschauer und den Leser bis zum letzten Vorhang im unklaren zu lassen, ist es richtiger, den Titel nicht zu fixieren.

Jene Gesellschaft, die Ibsen zu seiner Zeit kritisierte und anklagte, ist von den Stürmen zweier Weltkriege hinweggefegt worden. Die Lebenslüge, Ibsens bevorzugtes Angriffsziel, jenes Trugbild, in das sich seine Gestalten aus Flucht vor sich selbst verstrickten, ist von dem krassen Realismus unserer Tage zerbrochen worden. Auch hat die Emanzipation der Frau seitdem wesentliche Fortschritte gemacht, obzwar der Weg bis zur völligen Gleichberechtigung mit dem Mann noch weit ist. Was damals eine Welt schockierte, scheint historisch überwunden.

Dennoch! Im Grunde hat die Gesellschaft nur eine Strukturveränderung erfahren. Ihre Symptome sind in abgewandelter Erscheinungsform noch immer vorhanden. Profitsucht und kapitalistisches Denken eines Konsul Bernick, gut gemeinte Urkundenfälschungen einer Nora, die durch verantwortungslose Promiskuität wieder auftauchenden Gespenster, die von latenten Volksfeinden durch Industrieabwässer und Öltanker verschmutzten Flüsse und Meere, die von Atombombenexperimenten verseuchten Himmelsschichten, der Verzicht einer Ellida auf den eigentlich Geliebten zugunsten ihres wahrhaft edelmütigen Mannes, die Ambitionen einer Hedda, die es liebt, einem anderen den Partner zu nehmen und ihn durch teuflisches Spiel in den Tod zu treiben, die Liebe eines alternden Solness zur blühenden Jugend eines Mädchens, wie überhaupt alle Probleme im engen Zusammenleben zweier Menschen – das alles begegnet uns tagtäglich und fordert uns zur Stellungnahme heraus. Wir können diesen Daseinsproblemen nicht entgehen, ob mit oder ohne Lebenslüge. Eben deshalb hat Ibsen der Welt immer noch etwas zu sagen, und das mittels einer überlegenen dramaturgischen Technik, die Zuhörer und Zuschauer stets aufs neue bezwingt.
Ibsen ist tot! Es lebe Ibsen!

Stockholm, Juni 1972   Verner Arpe

Zur Edition

Es hat sich aus verlagstechnischen Gründen als günstig erwiesen, diese Ausgabe von Ibsens Äußerungen über sein Werk in zwei Bände zu teilen. Auch aus der Sicht von Ibsens Schaffen ergibt sich beinahe zwangsläufig ein entscheidender Schnitt an dem Punkt, da er – mit Ausnahme seiner beiden Komödien – die Reihe der Kostümdramen abgeschlossen hatte. Allerdings erschien sein Gedichtband noch *vor* dem welthistorischen Schauspiel *Kaiser und Galiläer*. Trotzdem findet sich das Kapitel *Gedichte* am Ende des 1. Bandes, einerseits, weil Ibsen bei der Zusammenstellung seiner sämtlichen Werke wiederholt den Wunsch geäußert hat, die Gedichte mögen am Ende stehen, und andererseits, weil ein Teil der Gedichte ohnehin aus einer späteren Periode stammt als die Entstehung von *Kaiser und Galiläer*. So erscheint der Abschluß des 1. Bandes mit dem Kapitel über die *Gedichte* als gerechtfertigt.

In einer Pressenotiz vom 11. Dezember 1899 gab Ibsen in bezug auf sein letztes Stück, *Wenn wir Toten erwachen,* eine aufschlußreiche Erklärung zu seinem Gesamtwerk ab: »Was ich mit der Bezeichnung ›Ein dramatischer Epilog‹ gemeint habe, bedeutet nur, daß das Stück den Epilog zu einer Reihe meiner Dramen bildet, die mit *Ein Puppenheim* beginnt und nun mit *Wenn wir Toten erwache*n abgeschlossen ist. Diese jüngste Arbeit gehört zu den Erlebnissen, die ich in der ganzen Reihe schildern wollte. Sie bildet eine Ganzheit, eine Einheit.« Ohne den Autor in irgendeiner Weise berichtigen zu wollen, ist der Herausgeber der Ansicht, daß *Stützen der Gesellschaft* an den Anfang dieser Serie gehört, die man als sozialkritische Werke zu bezeichnen pflegt und die Ibsen in ihrer Geschlossenheit zu »Gegenwartsdramen« erklärte.

In deutschen Arbeiten über Ibsen findet man häufig voneinander abweichende Schreibweisen der Stücktitel. Aus literaturhistorischen Gründen ist in dieser Ausgabe Ibsens anfängliche Orthographie beibehalten worden.

In den Aufzeichnungen und Notizen des Dichters sind die Personennamen hin und wieder geändert worden. Auch hier handelt es sich keineswegs um Druckfehler, sondern einzig und allein um Ibsens eigene Schreibweise, die zudem den Gedankengang in seiner stufenweisen Entwicklung erkennen läßt.

Der Name der norwegischen Hauptstadt Christiania (seit 1925 Oslo) wurde ab 1877 in Matrikeln und im Staatskalender mit »K« geschrieben, was auch in dieser Ausgabe zeitgemäß befolgt worden ist. Das Christiania Theater behielt jedoch das »Ch« am Anfang bei.

Auch Uraufführungsdaten werden in deutschen Arbeiten oft unterschiedlich angegeben. Nach internationalem Brauch pflegt man die erste *öffentliche* Vorstellung in welcher Sprache auch immer als Uraufführung zu betrachten. In vereinzelten Fällen sind Laienbühnen den professionalen Theatern zuvorgekommen. So geschah es, daß Ibsens Familiendrama *Gespenster* zum erstenmal in Chicago gespielt wurde und daß seine letzten vier Stücke ihre Uraufführung in London erlebten, wie es heißt, aus urheberrechtlichen Gründen. Diesen Tatsachen mußte aus theaterhistorischen Gründen Rechnung getragen werden.

1877 Das ursprünglich als Lustspiel geplante Schauspiel *Stützen der Gesellschaft* liegt endlich im Juni fertig vor. Wenngleich Ibsen schon in seinem dramatischen Gedicht *Peer Gynt* die norwegische Mentalität seinem scharfen Urteil unterzog, so leitet er mit *Stützen der Gesellschaft* endgültig die Periode des Gesellschaftskritikers ein. Schon am 14. November kommt *Stützen der Gesellschaft* am Theater in Odense (Dänemark) zur Uraufführung.

1878 Ibsen kehrt nach Rom zurück.

1879 Im September in Amalfi *Ein Puppenheim* (Nora) abgeschlossen. Uraufführung bereits ein Vierteljahr später am 21. Dezember am Königlichen Theater in Kopenhagen. Das Stück entfacht überall heftige Frauendebatten, Schauspielerinnen und Bühnenleiter verlangen ein Happy-End.

1881 Im Sommer und Herbst entsteht in Italien das Familiendrama *Gespenster*. Allseitige Empörung. Die skandinavischen Bühnen lehnen jegliche Aufführung ab. – Im November plant Ibsen ein autobiographisches Werk unter dem Titel *Von Skien bis Rom*. – Am 3. Dezember Uraufführung des Erstlings *Catilina* am Neuen Theater in Stockholm.

1882 Ohne Ibsens Einverständnis bringt ein dänisch-norwegisches Amateur-Wandertheater am 20. Mai *Gespenster* in der Aurora Turner Hall in Chicago zur Uraufführung. Die Rolle der Frau Alving wird jedoch von einer dänischen Berufsschauspielerin dargestellt. – Im Juni *Ein Volksfeind* in Rom abgeschlossen.

1883 Am 13. Januar Uraufführung des Schauspiels *Ein Volksfeind* am Christiania Theater. – *Gespenster* am 22. August zum ersten Mal auf einer skandinavischen Bühne in Hälsingborg (Schweden). – Ibsen mit Bjørnson ausgesöhnt.

1884 Im August in Gossensaß (Tirol) *Die Wildente* zu Ende gebracht.

1885 Am 9. Januar Uraufführung der *Wildente* am Nationaltheater in Bergen. – Am 24. März Uraufführung von *Brand* am Neuen Theater in Stockholm. – Umzug nach München. – Entwurf zu *Weiße Rosse*.

1886 Im September in München *Rosmersholm* abgeschlossen.

1887 Am 17. Januar kommt *Rosmersholm* am Nationaltheater in Bergen zur Uraufführung.

1888 Im September in München das Schauspiel *Die Frau vom Meer* beendet.

1889 Am 12. Februar Uraufführung des Schauspiels *Die Frau vom Meer* am Christiania Theater. – Sommerliche Romanze mit Emilie Bardach in Gossensaß. Gewisse Züge ihres Charakters übernimmt Ibsen für seine Hedda Gabler.

1890 Im November das Schauspiel *Hedda Gabler* in München vollendet.

1891 Am 31. Januar Uraufführung von *Hedda Gabler* am Hoftheater in München. – Im Spätsommer kehrt Ibsen endgültig nach Kristiania zurück.

1892 Im September kann der Dichter das Schauspiel *Baumeister Solness* nach einem Jahre in Kristiania abschließen. – Uraufführung von *Baumeister Solness* am 7. Dezember im Haymarket Theatre in London durch eine Laienbühne.

1894 Am 13. Oktober kann Ibsen das fertige Manuskript des Schauspiels *Klein Eyolf* an seinen Verleger in Kopenhagen abschicken. Wenige Wochen später, am 3. Dezember, wird es von Laienspielern am Londoner Haymarket Theatre uraufgeführt.

1896 Im Oktober ist das Schauspiel *John Gabriel Borkman* fertig. – Das welthistorische Drama *Kaiser und Galiläer* erblickt nach 23 Jahren endlich das Licht der Rampe am 5. Dezember im Stadttheater zu Leipzig. Dagegen findet die Uraufführung des jüngsten Stückes, *John Gabriel Borkman,* schon am

14. Dezember in London statt, wiederum von Laien gespielt, aber im Avenue Theatre.

1898 Aus Anlaß der Vollendung seines 70. Lebensjahres wird Ibsen in vielen europäischen Ländern gefeiert und geehrt.

1899 Im November ist der als *Tag der Auferstehung* geplante dramatische Epilog *Wenn wir Toten erwachen* abgeschlossen. Und damit eine von Ibsen unter gewissen Aspekten beabsichtigte Reihe. Keine vier Wochen später bringt wiederum ein Laienensemble das Stück im Londoner Haymarket Theatre am 16. Dezember zur Uraufführung.

1900 Erster Schlaganfall.

1901 Wiederholter Schlaganfall. Teilweise Lähmung.

1906 Am 23. Mai stirbt Ibsen nach langem Krankenlager und wird auf Staatskosten in Kristiania beigesetzt.

Deutschsprachige Erstaufführungen

(nach Angaben des literaturwissenschaftlichen Seminars
der Universität Hamburg)

Baumeister Solness: 19. 1. 1893 Berlin, Lessingtheater
Brand: 19. 3. 1898 Berlin, Schillertheater
Catilina: 12. 10. 1906 Zürich
Das Fest auf Solhaug: 21. 11. 1891 Wien, Carltheater
Das Hünengrab: 22. 2. 1900 Wien, Dtsch. Volkstheater
Der Bund der Jugend: 18. 10. 1891 Berlin, Freie Volksbühne
Die Frau vom Meer: 5. 3. 1889 Berlin, Kgl. Schauspielhaus
Die Kronprätendenten: 1875 München oder Meiningen
Die Wildente: 4. 3. 1888 Berlin, Residenztheater
Ein Puppenheim (Nora): 24. 2. 1880 Kiel, Stadttheater
Ein Volksfeind: 5. 3. 1887 Berlin, Ostendtheater
Frau Inger auf Östrot: 11. 1888 Berlin, Ostendtheater
Gespenster: 14. 4. 1886 Augsburg
Hedda Gabler: 31. 1. 1891 München, Hoftheater (zugleich Uraufführung)
John Gabriel Borkman: 16. 1. 1897 Frankfurt/M., Stadttheater
Kaiser und Galiläer: 5. 12. 1896 Leipzig, Stadttheater (zugleich Uraufführung)
Klein Eyolf: 12. 1. 1895 Berlin, Deutsches Theater
Komödie der Liebe: 18. 10. 1896 Berlin, Belle-Alliance-Theater
Nora (s. Ein Puppenheim): 24. 2. 1880, Kiel, Stadttheater
Nordische Heerfahrt: 10. 4. 1876 München, Hoftheater
Peer Gynt: 9. 5. 1902 Wien, Dtsch. Volkstheater
Rosmersholm: 6. 4. 1887 Augsburg, Stadttheater
Stützen der Gesellschaft: 25. 1. 1878 Berlin, Belle-Alliance-Theater
Wenn wir Toten erwachen: 26. 1. 1900 Stuttgart, Hoftheater

A = Øyvind Anker (Hrg.), Henrik Ibsens brevveksling med Christiania Theater 1878–1899 (Henrik Ibsens Briefwechsel mit dem Christiania Theater 1878–1899). Oslo 1965

AA = André Antoine, Mes Souvenirs sur le Théâtre Libre (Meine Erinnerungen an das Théâtre Libre). Paris 1921

AB = Aftenbladet (Abendblatt), Kristiania

AP = Aftenposten (Abendpost), Oslo

BI = Bergliot Ibsen, De tre. Erindringar (Die drei. Erinnerungen). Oslo 1948

DR = Deutsche Rundschau, Berlin

DT = Theaterhistorisk Museum (Theaterhistorisches Museum), Kopenhagen

ED = Edda. Nordisk tidskrift for litteraturforskning (Nordische Zeitschift für Literaturforschung), Kristiania ab 1914

EG = Edvard Grieg, Briefe an die Verleger der Edition Peters 1866–1907 (Hrsg. Elsa v. Zschonsky-Troxler)

EH = Else Høst, Hedda Gabler. En monografi. Oslo 1958

ES = Einar Skavlan, Gunnar Heiberg. Oslo 1950

FB = Francis Bull, Biografi av Henrik Ibsen. Oslo 1960

GM = Max Grube, Geschichte der Meininger. Stuttgart 1926

HI = Henrik Ibsen, Samlede verker. Hundreårsutgave (Gesammelte Werke. Jahrhundertausgabe), Oslo 1928–1952, 30 Bände (Hrg. Francis Bull, Halvdan Koht, Didrik Arup Seip)

HJ = Henrik Jaeger, Henrik Ibsen 1828–1888. Et literaert livsbillede (Ein literarisches Lebensbild). Kopenhagen 1888 (2 Bände)

HK = Halvdan Koht, Henrik Ibsen. Oslo 1954

INR = Im neuen Reich (Wochenschrift), Dresden 1871

IÅ = Ibsen-årbok (Ibsen-Jahrbuch). Skien 1959, 1962, 1964

JP = John Paulsen, Samliv med Ibsen (Leben mit Ibsen). Kopenhagen und Kristiania 1906 u. 1913 (2 Bände)

JPE = John Paulsen, Erindringer I–III (Erinnerungen I–III). Kopenhagen 1900–1903

KB = Kungliga Biblioteket (Königliche Bibliothek), Stockholm

LD = Lorentz Dietrichson, Svundne Tider I–III (Entschwundene Zeiten I–III). Kristiania 1896–1901

MB = Morgenbladet (Morgenblatt), Kristiania 1898

MR = Monthly Review

MT = Morgenbladet (Morgenblatt), Kopenhagen 1891

OB = Otto Brahm, Theater, Dramatiker, Schauspieler. Berlin 1961

PB = Peter Blytt, Minder fra den første norske Scene i Bergen (Erinnerungen an die erste norwegische Bühne in Bergen) o. J.

PM = Peter de Mendelssohn, S. Fischer und sein Verlag. Frankfurt/M. 1970

UO = Universitetsbiblioteket (Universitätsbibliothek), Oslo

VG = Verdens Gang (Lauf der Welt), Oslo 1868–1923

VV = Valfrid Vasenius, Henrik Ibsen ett skaldeporträtt (Henrik Ibsen, ein Dichterporträt). Stockholm 1882

WAZ = Wiener Allgemeine Zeitung

---

[1] Wo die Schreibweise von der im Text abweicht, ist die in den Registern die richtige.

Politiker. I 31, 46, 68, 79, 84, 100, 105, 120f, 152f, 170, 178, 187, 189, 224, 229, 264. II 21, 75, 97f, 120, 124, 145, 238, 245, 264, 270, 280–286, 289f, 304

Bloch, William Edvard (1845 bis 1926), Regisseur am Kgl. Theater in Kopenhagen. II 133, 213

Bluhme, Helga von, dän. Schauspielerin. Kreierte Frau Alving in *Gespenster* 1882 in Chicago.

Blumenthal, Oskar (1852–1917), Theaterdirektor und Lustspielautor in Berlin. II 65, 93, 200

Blytt, Peter, Jugendfreund von Ibsen. I 28, 35, 61

Bøgh, Johan W. H. (1848–1901), Gründer des Theatervereins in Bergen, später in der Leitung des dortigen Nationaltheaters. I 75, 76, 78

Bogh, Erik, Kritiker und Buchrezensent. I 229

Bolin, Wilhelm (1835–1924), Bibliothekar und Schriftsteller, auch Direktor des Schwed. Theaters in Finnland. II 125

Borch, Marie von (gest. 1895), deutsche Übersetzerin nordischer Literatur. I 96. II 129, 146, 168, 193f, 202, 209

Borchsenius, Otto (1844–1925), dän. Schriftsteller, eifriger An-

hänger des Skandinavismus. I 265f. II 75, 78

Borgaard, Carl Peter (1801 bis 1868), dän. Literat, später Theaterdirektor. I 56, 60

Botten-Hansen, Paul (1824 bis 1869), norw. Redakteur und Universitätsbibliothekar. I 29, 34, 56, 59, 62, 84, 85. II 278

Brahm, Otto (1856–1912), Kritiker, Mitbegründer der »Freien Bühne«, Theaterdirektor und Ibsen-Förderer. I 141. II 65, 89, 93, 197f, 200, 204, 219, 252, 301

Brandes, Edvard (1847–1931), dän. Schriftsteller und radikaler Politiker. I 259. II 98, 151, 239, 257

Brandes, Georg (1842–1927), dän. Kritiker und Literaturhistoriker. I 13, 48, 51, 124, 130f, 133, 154, 166, 171, 175 bis 177, 210, 214, 224, 226, 229, 233, 248, 258, 259, 261, 262, 269. II 16, 73, 98, 105, 108, 118, 151, 163, 223, 228, 239, 252

Bravo, Johann (1797–1876), dän. Konsul und Etatsrat. I 180, 213

Brausewetter, Ernst (1863–1904), dtsch. Übersetzer und Essayist. I 235, 236. II 150, 168, 254

Broglie, Albert de (1821–1901), frz. Historiker und Politiker. I 192, 204f, 209

Brun, Hans Salvesen (1834 bis 1901), norw. Schauspieler und Sänger. 1177

Brun, Johannes Finne (1832 bis 1890), norw. Schauspieler in Bergen und Kristiania. II 35, 103f, 124, 144, 169

Bruun, Constance (1864–1894), norw. Schauspielerin in Kristiania. II 145, 169, 199

Bucher, Ole Johan S. (1828 bis 1895), norw. Schauspieler am Christiana Theater. I 37. II 125

Bülow, Hans von (1830–1894), Dirigent und Klaviervirtuose. II 172

Bukovics, Emerich von, Direktor des Wiener Volkstheaters. II 132

Bull, Francis (geb. 1887), norw. Literaturhistoriker. II 119

Burckhard, Max (1854–1912), Ende des vorigen Jahrhunderts Direktor des Burgtheaters. II 205, 212

Cammermeyer, Albert Frederik (1838–1893), Verlagsbuchhändler in Christiana. I 268

Capuana, Luigi (1839–1915), ital. Kritiker und Novellist, auch Übersetzer. II 65

Caspari, Carl Theodor (1853 bis 1948), norw. Lyriker. II 119

Cavling, Henrik (1858–1933), norw. Journalist und Verfasser. II 219

Cetti, Frederik A. Ch. (1838 bis 1906) Theaterdirektor in Bergen 1870/71. II 59

Christian IV. (1577–1648), König von Dänemark, nahm vorübergehend am Dreißigjährigen Krieg teil. I 145

Christiansen, Arne Einar (1861 bis 1939), Direktor am Kgl. Theater in Kopenhagen. II 231

Christophersen, Wilhelm Ch. (1832–1913), norw. Generalkonsul in Antwerpen. II 90

Chronegk, Ludwig (1837–1891), dtsch. Schauspieler, Mitglied der »Meininger«, später Intendant des Hoftheaters. II 90

Cicero, Marcus Tullius (106 bis 43 v. Chr.), röm. Redner und Schriftsteller. I 15

Clarette, Jules, frz. Journalist um 1897. II 205, 215

Collett, Jacobine Camilla (1813 bis 1895), norw. Verfasserin von Tendenzromanen, Vorkämpferin der Frauenemanzipation. II 29, 172

Collin, Jonas Sigismund (1840 bis 1905), dän. Zoologe. I 179

Conrad, Michael Georg (1846 bis 1927), Pionier des dtsch. Naturalismus, Literat und Novellist. I 20f

Cortes, Thomas (1819–1901), dän. Wandertheaterdirektor. II 33 f, 49

Daae, Ludvig (1829–1893), Ibsens Jugendfreund, norw. Politiker in Christiana. I 19, 33, 36, 84, 215 f, 219 f, 221 bis 223

Dahl, Johan Anton (1807–1877), Verlagsbuchhändler in Christiania. I 103 ff. II 237

Danchertsen, dän. Generalkonsul in Neapel 1867. I 150.

Danneskjold-Samsøe, Christian C. S. (1836–1908), Intendant des Kgl. Theaters in Kopenhagen ab 1894. I 119. II 151, 232

Darzens, Rodolphe, frz. Ibsen-Übersetzer. II 91 f

Dehli, Arnt, pflegte und begleitete Ibsen in den letzten Jahren. I 237

Devrient, Otto (1838–1894), Schauspieler und Dramatiker aus der berühmten Theaterfamilie. I 80

Dietrichson, Lorentz (1834 bis 1917), norw. Literaturhistoriker, Dozent in Uppsala, Univ.-Prof. in Christiania. I 128 f, 130, 164, 173, 174 f, 188 f, 245. II 53

Dingelstedt, Franz von (1814 bis 1881), Direktor des Wiener Burgtheaters. I 78

Dove, Alfred W. (1844–1916), dtsch. Historiker. I 251

Drachmann, Holger (1846 bis 1908), dän. Dichter, Schüler des Brandes-Radikalismus. II 98, 110, 146

Due, Christopher Lorentz (1827 bis 1923), Jugendfreund Ibsens. I 16

Dumas, d. Ä., Alexandre (1802 bis 1870), frz. Novellist und Dramatiker der Romantik. II 252

Dunker, Bernhard (1809–1870), Advokat, Mitglied im Aufsichtsrat des Christiania Theaters. I 119

Duse, Eleonora (1858–1924), berühmte italienische Tragödin und Darstellerin Ibsenscher Frauengestalten. II 65

Dybwad, Journalist? I 84

Echegaray y Eizaguirre, José (1832–1916), spanischer Dramatiker, von Ibsen beeinflußt. II 87

Eckardt, Josephine Hortensia (1839–1906), dän. Schauspielerin am Kgl. Theater in Kopenhagen. II 225

Edholm, Erik af (1817–1897), Chef der Kgl. Theater in Stockholm. I 176

Elias, Julius (1861–1927), Literaturhistoriker, Mitherausgeber und Übersetzer von Ibsens

Goos, August (1835–1917), dän. Rechtsgelehrter und Politiker. II 76

Gosse, Edmund William (1849 bis 1928), engl. Bibliothekar und Übersetzer Ibsenscher Werke. I 88, 90, 111f, 134, 135, 155, 215, 218, 226, 232, 251, 253. II 47, 62, 201, 208, 271

Graebe, E., norw. Buchdrucker. II 219

Grässe, J. G. T. (geb. ca. 1816), dtsch. Literaturhistoriker in Dresden. I 129

Greif, Martin (1839–1911), dtsch. Militär, dann Schriftsteller mit nationalistischen Tendenzen. I 20f

Greinz, Hugo (1873–1946), dtsch. Journalist und Kritiker. Übersetzte *Catilina*. I 21

Grieg, Edvard (1843–1907), norw. Komponist, schrieb die Musik zu *Peer Gynt*. I 57, 80f, 155ff, 158, 160, 161

Grieg, John (1856–1905), Buchdrucker in Bergen. Bruder von Edvard G. I 100f

Grønvold, Bernt (1859–1923), norw. Maler. II 85, 152

Grønvold, Didrik. II 251

Grønvold, Markus (1845–1929), norw. Maler, 1877 in München. I 137, 183

Grube, Max (1854–1934), Regisseur und Intendant, vorüber-gehend Mitglied der »Meininger«. I 118

Grundtvig, Nicolai F.S. (1783 bis 1872), Dichter und Historiker, Initiator der dänischen Volkshochschulbewegung. I 240. II 109

Gundersen, Laura Sofie (1832 bis 1898), norw. Schauspielerin am Christiania Theater. I 82, 141. II 124, 144f, 167, 199

Gundersen, Sigvard Emil (1842 bis 1904), norw. Schauspieler am Christiania Theater. I 141. II 35, 102f, 125, 144f, 167

Gustafson, Johan Gustaf (1835 bis 1884), schwed. Schauspieler, später Theaterdirektor in Göteborg. II 25, 28, 51

Hagemann, C., Rechtsanwalt in Bergen. II 245

Hals, Karl Marius (1822–1898), Jugendfreund von Ibsen, später Politiker. II 194

Halvorsen, Jens Braage (1845 bis 1900), Literaturhistoriker, gab das Norwegische Autorenlexikon (Norsk forfatterlexikon) bis zum Buchstaben T heraus. I 97

Halvorsen, Nicolai Martin (1860 bis 1922), norw. Schauspieler am Christiania Theater. I 41

Hammer, Hjalmar (1846–1896), norw. Schauspieler am Christiania Theater. II 124, 145

Hansen, Emanuel, übersetzte *Johan Gabriel Borkman* ins Russische. Ansässig in St. Petersburg. II 224

Hansen, Peter (1840–1905), dän. Gelehrter, im Vorstand des Kgl. Theaters in Kopenhagen. I 12f, 31, 44, 88, 99, 107, 132, 154, 182, 190, 240, 242, 243. II 220, 224, 247

Hansson, Olaf Mørch (1856 bis 1912), norw. Schauspieler und Bühnenleiter. II 103, 143, 145f, 167, 169, 225f

Hauch, Johannes Carsten (1790 bis 1872), dän. Dichter, vorwiegend Lyriker, aber auch Dramatiker. I 100, 189, 190

Haverland, Anna (1851–1908), dtsch. Schauspielerin, gastierte als *Hedda Gabler* 1901 in Berlin. II 202

Hebbe, Signe (1837–1925), schwed. Opernsängerin. I 39f

Hedberg, Frans (1828–1908), schwed. Dramatiker und Übersetzer. II 52

Heese, Clara (1851–1921), dtsch. Schauspielerin in München. II 202

Hegel, Frederik Vilhelm (1817 bis 1887), Ibsens wichtigster Verleger in Skandinavien, Inhaber der Verlagsbuchhandlung »Gyldendalske Boghandel« in Kopenhagen. I 13f, 18f, 31ff, 34f, 36–39, 44ff, 51, 52, 62–69, 71, 73, 74, 78, 79, 83–86, 88, 90–93, 95f, 100, 102–108, 110–118, 120–122, 124–128, 130, 133–141, 145, 149–153, 155, 159, 163, 166 bis 168, 170ff, 176–186, 189f, 210f, 222–226, 228–233, 238 bis 248, 251, 253–255, 258f, 261–263, 265–267. II 9f, 15 bis 25, 28f, 32–34, 39, 41, 46 bis 50, 52–54, 56, 60, 62, 69 bis 71, 73, 75, 77, 79, 81–83, 87f, 90, 95, 97–99, 102, 105f, 108, 118f, 121–124, 126f, 129, 134, 136f, 139–141, 143, 146, 150, 194, 196, 238f, 250, 261, 264, 269, 271, 279f, 300

Hegel, Jacob Frederik (1851 bis 1918), Sohn des vorigen, Verleger und Buchhändler in Kopenhagen als Nachfolger im väterlichen Verlag. I 20, 42, 58, 81, 99, 141f, 169, 236, 268, 269, 270. II 66, 94, 106, 133, 152, 161, 163, 167, 206 bis 211, 213, 215–219, 224f, 229f, 254, 264

Heiberg, Didi (Didrikke), (1863 bis 1915), norw. Schauspielerin in Bergen und Christiania. II 151

Heiberg, Gunnar (1857–1929), norw. Regisseur, Bühnenleiter und sozialkritischer Schriftsteller. I 41. II 232

Heiberg, Johanne Luise (1812 bis 1890), dän. Schauspielerin

am Kgl. Theater in Kopenhagen. I 65, 110, 246f. II 199

Heinemann, W., engl. Verleger Ibsenscher Werke. II 201, 207f., 220, 253

Heise, Peter Arnold (1830–1879), dän. Komponist von Liedern und Romanzen. I 106, 187

Helms, dtsch. Buchhändler in Leipzig? I 128

Hennings, Betty (1850–1939), dän. Schauspielerin am Kgl. Theater in Kopenhagen. Kreierte die *Nora*. II 134, 168, 225

Hennings, Henrik (1848–1923), Gatte der vorigen, Leiter des Kgl. Musikhandels in Kopenhagen. I 52. II 225

Herrmann, Paul, dtsch. Übersetzer. I 21, 235, 236

Hertz, Henrik (1797–1870), dän. Dramatiker. I 47f.

Hillberg, Emil (1852–1929), schwed. Schauspieler am Kgl. Dramatischen Theater in Stockholm. I 240

Hoffory, Julius P. J. (1855–1897), dän. Univ.-Prof. für nordische Philologie in Berlin, auch Übersetzer. I 42, 96f, 118, 185, 235, 236. II 40, 90, 129, 147, 150, 162, 164, 167f, 170, 172

Holst, Harald, Direktor des Christiania Theaters 1878. II 34ff

Holst, Rikke, Ibsens Jugendgeliebte. I 31

Horn, Wilhelm C.L. (1841 bis 1913), Rezensent I 231

Hostrup, Jens Christian (1818 bis 1892), dän. Geistlicher und Dichter. II 250

Hwasser, Elise (1831–1894), schwed. Schauspielerin an den Kgl. Theatern in Stockholm. II 128

Ibsen, Bergliot (1869–1953), Bjørnstjerne Bjørnsons Tochter, später Ibsens Schwiegertochter. I 29, 145f, 169. II 47, 66, 216, 265

Ibsen, Sigurd (1859–1930), Henrik Ibsens Sohn, Politiker und Schriftsteller. I 80, 183. II 22, 217

Ibsen, Suzannah (1836–1914), Ibsens Frau. I 29, 79, 142, 169, 259. II 65, 85, 119–122, 131f, 171, 205, 220–222, 228

Isachsen, Andreas Hornbak (1829–1903), norw. Schauspieler am Christiania Theater. I 32, 58, 89f, 227–231, 247, 248. II 35, 124, 127, 133, 143

Jacobsen, Julius, dän. Theaterdirektor. II 66

Jaeger, Henrik (1854–1910), norw. Schriftsteller, Dramaturg am Christiania Theater. II 152, 162, 250, 261, 290

Jenke, Regisseur am Münchner Hoftheater 1877, I 183

bis 1893), dän. Justizminister.
I 247

Kristensen, Bjørn, Student 1887.
II 148

Kristensen-Randers, Jens Peter
(1854–1926), Hochschulrektor und Kirchenforscher.
II 173

Krogh, Christian (1852–1925),
norw. Maler des Naturalismus. I 268, 269.

Krohn, norw. Graphiker. I 248

Lammers, Thorvald (1841 bis
1922), norw. Musiker, Opernsänger und Gesangslehrer.
Vermutlich Modell zu *Brand*.
I 138 f

Landstad, Magnus Brostrup
(1802–1880), norw. Geistlicher und Verfasser von Kirchenliedern. I 49. II 237

Lange, Wilhelm, dtsch. Ibsen-
Übersetzer. II 32, 56, 99, 139 f,
146, 254, 287 f

Lange-Müller, Peter Erasmus
(1850–1926), dän. Komponist
von Opern und Bühnenmusik.
I 52, 53

Langen, Albert (1869–1909),
dtsch. Verleger nord. Autoren. Verh. m. Bjørnsons Tochter Dagny. II 253 f

Larsen, Bühnentechniker am
Theater in Bergen. 1856. I 43

Larsen, August, Korrektor und
Buchhalter, später Prokurist

bei Jacob Hegel. I 19, 21, 37,
91, 96 f, 142, 222, 225, 229,
245–247. II 34, 48, 62, 94,
138, 141, 161, 163 f, 192–195,
201, 207 f, 210, 217, 219 f, 224,
226 f, 230 f, 233

Larssen, Edvard, norw. Literat
und Photograph. II 109

Lassen, Hartvig Marcus (1824
bis 1897), Dramaturg am
Christiania Theater, norw.
Literaturhistoriker. I 68, 72,
160 ff, 260. II 280

Laube, Heinrich (1806–1884),
Dramatiker und künstlerischer
Leiter des Burgtheaters in
Wien. I 102. II 57

Lautenburg, Sigmund (1851 bis
1918), Direktor des Berliner
Residenztheaters. I 185. II 40,
165, 198

Lawrence, William M., amerikanischer Übersetzer. II 76 f

Lea, Marion, amerikanische
Schauspielerin. II 205

Lemaître, Jules (1853–1914), frz.
Schriftsteller und Kritiker.
II 252

Lerche, Johanne Juliane Camilla
(1836–1914), dän. Schauspielerin in Kopenhagen. II 77

Levi, Hermann (1839–1900),
dtsch. Operndirigent, ab 1872
in München. I 82. II 305

Lie, Jonas (1833–1908), bekannter norw. Schriftsteller, zeitweise Besitzer des »Nach

Petersen, Peter Vilhelm (1852 bis 1939), dän. Wanderbühnenleiter in Norwegen. II 215, 225

Ploug, Carl (1813–1894), dän. Journalist und Schriftseller. I 242, 255 f. II 72

Poestion, Josef Calasanz (1853 bis 1922), österr. Schriftsteller und Übersetzer. II 217

Possart, Ernst von (1841–1921), berühmter dtsch. Charakterspieler, auch Regisseur und Intendant. II 32

Poulsen, Emil (1842–1911), dän. Schauspieler am Kgl. Theater in Kopenhagen. II 129

Poulsen, Olaf (1849–1923), Bruder des vorigen, Schauspieler. II 129

Prozor, Moritz Graf von (1849 bis 1928), poln.-frz. Diplomat, verh. mit der schwed. Gräfin Bonde. Gemeinsame Ibsen-Übersetzer. II 63–65, 90–92, 130–132, 195 f, 202, 208 f, 217, 257, 273

Raff, Helene (1865–1942), dtsch. Malerin in München. I 169. II 251

Raffael (1483–1520), ital. Maler und Architekt. I 154

Ramlo, Maria, dtsch. Schauspielerin in Berlin und München. II 58, 202

Ranft, Albert (1858–1938),

schwed. Theaterunternehmer. II 221, 233

Rasmussen, Paul August (1838 bis 1922), dän. Theaterdirektor. I 75 f. II 17, 29, 33, 49, 53 f, 56, 70, 221

Reclam, Philipp (1807–1896), bekannter dtsch. Verleger, Pionier der billigen Taschenbücher. I 235, 236. II 150, 168, 195, 202 f, 209–211, 218

Reimers, Arnoldus (1844–1899), norw. Schauspieler am Christiania Theater. II 103 f, 124, 144, 167, 199

Reimers, Sophie (1853–1932), norw. Schauspielerin am Christiania Theater. Schwester von Arnoldus R. II 50, 124, 148

Réjane, Gabrielle (1856–1920), frz. Schauspielerin. II 66

Richardt, Ernst Christian (1831 bis 1892), dän. Lyriker. Stark religiös. I 242

Riis-Knudsen, Christen (1863 bis 1932), Direktor des Dagmartheaters in Kopenhagen. I 143

Ristori, Adelaide (1822–1906), berühmte ital. Tragödin. I 40

Robins, Elizabeth (geb. 1865), amerikanische Schauspielerin und Schriftstellerin. II 205

Roger, Mr., Vorsitzender der »Société des auteurs et compositeurs dramatiques« in Paris. II 273

Rolfsen, Nordahl Brun (1848 bis 1928), norw. Journalist und Schriftsteller. II 30

Rosenberg, C., Kritiker. I 110, 179

Rosenberg, Peter Andreas (1858 bis 1935), anfangs Lehrer, später Regisseur am Dagmartheater in Kopenhagen. I 143f, 237, 270. II 107, 133, 265

Ruhkopf, Julie, Romanschriftstellerin und Übersetzerin. I 134, 138. II 271, 287

Sacher-Masoch, Leopold Ritter von (1836–1895), österr. Schriftsteller. II 250

Sallust (86–35 v. Chr.), römischer Geschichtsschreiber. I 15

Salomonsen. I 125

Sand, George (1804–1876), frz. Romanschriftstellerin. II 252

Sardou, Victorien (1831–1908), frz. Dramatiker der Salonkomödie. II 65f

Sars, J. Ernst Welhaven (1835 bis 1917), norw. Historiker, Hrsg. der Nyt Tidsskrift (Neue Zeitschrift für europ. Geistesleben). I 84

Schanche, Berent (1848–1918), norw. Schauspieler, ab 1879 am Christiania Theater. II 103, 169

Schandorph, Sophus (1836 bis 1901), dän. Erzähler. II 73

Schibsted, Amandus Theodor (1849–1913), norw. Redakteur und Zeitungsbesitzer. I 185

Schiller, Friedrich von (1759 bis 1805), dtsch. Dramatiker und Schriftsteller. I 250

Schjøll, Bühnenmeister in Bergen 1856. I 43

Schlenther, Paul (1854–1916), Kritiker, später Direktor des Burgtheaters in Wien. I 27. II 89, 200, 254

Schmidt, Rudolf (1836–1899), dän. Journalist und Schriftsteller. I 171, 238f. II 238

Schneekloth, Martin (1844 bis 1871), dän. Student. I 127, 173, 190

Scholander, Sven (1860–1936), schwed. Liedersänger. I 143

Schrøder, Hans F.L. (1836 bis 1902), Direktor des Christiania Theaters. I 53. II 70, 100, 102f, 124, 126, 133, 141–147, 149, 166, 169f, 199, 214, 225

Schubert, Rezensent. II 60

Schulerud, Ole (1827–1859), Jugendfreund Ibsens. I 11, 14, 16f, 22, 24, 237f

Schweinitz von, dtsch. Militär. General. I 129f

Seelig, Lotten (1867–1924), schwed. Ibsen-Schauspielerin. II 129

Selmer, Jens (1845–1928), norw. Schauspieler am Christiania Theater. II 103, 124, 143, 167

---

[1] In diesem Register sind nicht nur Ibsens eigene, sondern auch alle anderen Werke zusammengestellt, die er erwähnt.

Inhalt

Werke und Fragmente (Fortsetzung)

Dichter über ihre Dichtungen

Verantwortliche Herausgeber
Rudolf Hirsch und Werner Vordtriede

Band 1 Franz Kafka

Hg. von Erich Heller und Joachim Beug, 1969. 188 S. (Heimeran/S. Fischer)
Leinenausgabe 18,– DM Studienausgabe 12,– DM

Band 2 Heinrich von Kleist

Hg. von Helmut Sembdner, 1969. 104 S.
Leinenausgabe 12,– DM Studienausgabe 9,– DM

Band 3 Friedrich Schiller I/II

Hg. von Bodo Lecke. Teil I: Von den Anfängen bis 1795. 1969, 988 S.
Teil II: Von 1795–1805. 1970. 976 S.
Leinenausgabe: Jeder Band 54,– DM
Studienausgabe: Jeder Band 38,– DM

Band 4 Gottfried Keller

Hg. von Klaus Jeziorkowski, 1969. 620 S.
Leinenausgabe 38,– DM Studienausgabe 28,– DM

Band 5 Gottfried Benn

Hg. von Edgar Lohner, 1969. 362 S. (Heimeran/Limes)
Leinenausgabe 28,– DM Studienausgabe 18,– DM

Band 6 Clemens Brentano

Hg. von Werner Vordtriede in Zusammenarbeit mit
Gabriele Bartenschlager, 1970. 328 S.
Leinenausgabe 22,– DM Studienausgabe 16,– DM

Band 7 Franz Grillparzer

Hg. von Karl Pörnbacher, 1970. 344 S.
Leinenausgabe 24,– DM Studienausgabe 18,– DM

Band 8 Heinrich Heine I/II/III

Hg. von Norbert Altenhofer, 1971. Teil I: 484 S., Teil II: 424 S.,
Teil III: 528 S.
Leinenausgabe: Jeder Band 28,– DM
Studienausgabe: Jeder Band 18,– DM

Band 9 Ludwig Tieck I/II/III

Hg. von Uwe Schweikert, 1971. Teil I: 361 S., Teil II: 361 S.,
Teil III: 397 S.
Leinenausgabe: Jeder Band 28,– DM
Studienausgabe: Jeder Band 18,– DM

Band 10 Henrik Ibsen I/II

Übertr. und hg. von Verner Arpe. Teil I: 284 S.,
Teil II: 344 Seiten
Leinenausgabe je 28,– DM Studienausgabe je 22,– DM

Bei mehrbändigen Werken finden sich Nachwort, Zeittafel und die Register im letzten Band. Nur Schiller I hat ein eigenes Nachwort und eine Zeittafel, Henrik Ibsen I eine eigene Zeittafel.

Seit Herbst 1971 erscheinen alle Bände in broschierten Studienausgaben.

Weitere Bände in Vorbereitung:

Achim von Arnim, Hg. von Walter Migge
Charles Baudelaire. Hg. von Robert Kopp
Hermann Broch. Hg. von Paul M. Lützeler und Werner Vordtriede
Theodor Fontane. Hg. von Richard Brinkmann
Friedrich Hölderlin. Hg. von Friedrich Beißner
Hugo von Hofmannsthal. Hg. von Rudolf Hirsch
Gotthold Ephraim Lessing. Hg. von Paul Raabe
Thomas Mann. Hg. von Hans Wysling
Eduard Mörike. Hg. von Bernhard Zeller
Friedrich Nietzsche. Hg. von Hans Heinz Holz
Novalis. Hg. von Hans-Joachim Mähl
Edgar Allen Poe. Hg. von Edgar Lohner
Arthur Schnitzler. Hg. von Reinhard Urbach
Adalbert Stifter. Hg. von Martin Selge
August Strindberg. Übertr. u. hg. von Verner Arpe

Die Reihe wird fortgesetzt

© 1972 Heimeran Verlag München
Alle Rechte an dieser Zusammenstellung vorbehalten
Alle Rechte der Aufführung durch Berufs- und Laienbühnen, Rundfunk,
Fernsehen, einschließlich der Aufzeichnung solcher Aufführungen
durch Schallplatte, Tonband, Audioviseokassette und entsprechende
Mittel vergibt der Ralf Steyer Verlag, München 23, Klopstockstr. 6/1203
Gesetzt aus der Sabon Antiqua, gedruckt und
gebunden bei der Passavia AG Passau
Umschlaggestaltung Horst Bätz
Printed in Germany 1972
Archiv 454
ISBN 3 7765 3035 9 (Leinenausgabe)
ISBN 3 7765 3036 7 (Studienausgabe)